国家检察官学院 2022 年度科研基金项目研究成果
广西壮族自治区法学会 2022 年度法学研究委托课题研究成果

基层检察理论研究

吴家文 著

燕山大学出版社
·秦皇岛·

图书在版编目（CIP）数据

基层检察理论研究/吴家文著. —秦皇岛：燕山大学出版社，2023.2
ISBN 978-7-5761-0400-4

Ⅰ.①基… Ⅱ.①吴… Ⅲ.①检察机关－工作－研究－中国 Ⅳ.① D926.304

中国版本图书馆 CIP 数据核字（2022）第 178025 号

基层检察理论研究
JICENG JIANCHA LILUN YANJIU

吴家文 著

出 版 人：陈 玉	
责任编辑：李 冉	策划编辑：李 冉
责任印制：吴 波	封面设计：方志强
出版发行：燕山大学出版社	电 话：0335-8387555
地 址：河北省秦皇岛市河北大街西段 438 号	邮政编码：066004
印 刷：英格拉姆印刷(固安)有限公司	经 销：全国新华书店
开 本：710mm×1000mm 1/16	印 张：20
版 次：2023 年 2 月第 1 版	印 次：2023 年 2 月第 1 次印刷
书 号：ISBN 978-7-5761-0400-4	字 数：329 千字
定 价：80.00 元	

版权所有　侵权必究
如发生印刷、装订质量问题，读者可与出版社联系调换
联系电话：0335-8387718

序

2021年7月，我被提拔到桂平市人民检察院担任党组书记、检察长。在此之前，我都在贵港市人民检察院工作，与吴家文同志并没有工作业务上的对接，私下也没有什么交流。但是，在贵港检察系统，都说吴家文同志是个人才，勤奋好学、文字功底好、工作能力强，也比较有个性，在检察理论研究、检察信息宣传、检察综合文稿等方面都能独当一面，有较好成绩。在每年的贵港检察理论研究年会、广西检察理论研究年会上也都能看到吴家文同志的研究成果获奖。

我到任后，通过查阅干部任免表、开展个别谈话等方式，对全院干警的学习背景、家庭情况、工作能力进行全面深入的了解。借此机会，对吴家文同志我也有了更深的了解和认识。

学习能力较强，能够不断追求进步。2006年9月，吴家文同志通过高考，从福建来到广西玉林师范学院经济学本科专业学习，大学期间加入中国共产党。2010年6月，大学毕业，取得经济学学士学位，同年通过广西政法干警定向招录考试，考上我们桂平市人民检察院。2012年7月，在定向培养学校中南财经政法大学完成两年的法学专业课程，取得法学第二学士学位后，回到我们桂平市人民检察院工作至今，其间一次性通过在职法硕全国统考，考上广西师范大学法律硕士，并于2017年12月按时毕业，取得法律硕士学位。2021年又考上兰州大学法学院的博士。

工作能力突出，能够较好完成任务。吴家文同志在我们桂平市人民检察院工作至今，主要负责检察理论研究、综合文稿等工作，其间曾借调到中共桂平市委办、中共贵港市委宣传部、桂平市权力清单办、贵港市委组织部工作，也曾被选派到桂平市大洋镇、桂平市麻垌镇参与脱贫攻坚工作。无论在哪个部门、哪个岗位工作，吴家文同志都能本着谦虚谨慎、负责担当的工作态度，尽心尽力做好各项工作，取得了不少工作成绩。他的多篇理论研究成果获奖发表，为单位多次争得先进集体荣誉；综合文稿质量较好，得到各级领导、同志的好评。据说他被借调时，中共贵港市委宣传部、贵港市委组织部都想直接办理正调，因吴家文同志是定向政法干警未满7年的定向服务期限而正调未果。

生活积极乐观，能够正视人生苦难。吴家文同志的母亲因帕金森综合征去世多年，父亲也曾两次摔到脑袋，留下后遗症需要人照顾，在桂平立业成家后，他不忘孝敬父母，每年都回福建老家探亲，也常常自责不能常伴父母左右。在母亲走后，父亲需要照顾时，能够接父亲和兄长一起到桂平生活。吴家文同志面对生活的不如意，能够以积极乐观的心态淡然处之，并没有怨天尤人，而是感激一路走来在学习、工作、生活上给予其关心、支持和帮助的亲朋好友、兄弟姐妹、老师同学、领导同事们。他待人接物、为人处世率真实诚、公道正派，赢得了广泛认可。

前几天，吴家文同志发信息向我汇报，他将从检十年的检察理论研究获奖和发表的成果选编成了《基层检察理论研究》一书，并邀请我作序。我利用业余时间翻看了吴家文同志的这本书稿，内容比较丰富，几乎涵盖了基层检察工作的方方面面，对抓好检察工作、推进基层检察工作高质量发展具有一定的参考价值。其中，既有基层检察文化建设、检察机关自身反腐倡廉建设、检察经费保障、检察职能延伸、检察公益诉讼等方面的理论研究；也有从具体案例出发，对刑事和解适用、强制医疗程序适用、未检工作的案例分析；还有通过检察数据统计分析，开展检察调查研究形成的调查报告；此外，还有检察机关参与社会治理的研究成果。研究成果的论文种类也比较齐全，普通论文类、案例分析类、调查报告类等基层检察理论研究类型都包括在内，对从事基层检察理论研究的检察人员来说，具有一定的学习价值。

《基层检察理论研究》一书，是吴家文同志从检十年从事基层检察理论研究的成果，也见证了他的成长历程。作为吴家文同志的领导，对他能将从检十年来的基层检察理论研究成果成书出版，我为他感到骄傲，也希望他能够在检察理论研究这个领域越走越远，越走越好，写出越来越多越来越好的成果。作为吴家文同志的长辈，对他在逆境中能够成长成才，我也感到欣慰，也希望他能够在未来的学习工作中，不忘初心，潜心向学，文以志业，追求进步，追求优秀。作为吴家文的朋友、老哥，我为他能够一直保持积极乐观的生活态度感到高兴，希望他能够在未来的生活中继续心怀感恩，逆风飞翔，健康生活，笑对人生。

桂平市人民检察院 党组书记 检察长 赵鹏
2022 年 3 月 12 于贵港

检道文心

（自序）

大学毕业后，考进基层检察院。由于工作的关系，也源于对文字的敏感与对写作的兴趣，自进入基层检察院工作以来，我一直都比较关注检察理论研究与实务的热点问题，也勤于思考，乐于动笔，坚持以基层检察实践为切入点，不间断地开展检察理论研究，撰写检察理论文章，积累了一定成果，其中，不少成果获奖或发表。一方面，为记录自己从事基层检察理论研究的成长历程，另一方面，也为见证基层检察理论研究折射检察制度的发展方向，便将自己从检以来获奖或发表的研究成果选编成《基层检察理论研究》一书。

起这个书名，我想了很久。起先想借鉴"文以载道"拟定"文载检道"的书名，但考虑"载"意指包涵、记载、说明，"道"仅指道理、学说之意，并没有道路之意。觉得"用文字记载或者说明检察道理"还不能完全体现我想表达的意思。自己觉得，"检道"既可以指与检察有关的道理，也可以指检察之路；"文心"可以表示潜心向学、崇文厚学的初心，以及文以志业、笔走天涯的决心。"检道文心"既指用文字记录从检之路，也指用文字说明检察道理。如此解释，正是我心中所想，于是，就想以"检道文心"作为书名的大标题。因学术专著书名多中规中矩，故最后还是笼统地以"基层检察理论研究"作为书名。

我将这本书的框架分为基础理论篇、案例分析篇、调查报告篇、社会治理篇四个部分，每个部分所选论文按论文成稿后获奖或发表的时间顺序排列，只做了格式的统一和错别字的勘误，未作大幅度的修改，尽量保留了原汁原味。论文种类比较齐全，几乎涵盖了基层检察理论研究的所有论文类型。所选论文内容丰富，既有关注司法体制改革下基层检察文化建设、检察经费保障、检察职能延伸、行政公益诉讼、少捕慎诉慎押等基础理论研究的普通论文类论文，也有以具体案例为切入点，关注未检工作发展、刑事和解适用、强制医疗程序适用等检察应用研究的案例分析类论文，还有通过检察数据统计分析方式，开展检察调查研究而形成的调查报告类论文。此外，还有我在参与权力清单审核、脱贫攻坚和乡村振兴过程中所关注的社会治理领域的研究成果。

本书所选论文充分展现了我从检以来的研究成绩，见证了我立足工作岗位，坚持开展基层检察理论研究的成长历程。但是，由于我的研究旨趣所限，知识积累也不够，所关注的研究领域还不能完全涵盖基层检察工作的方方面面，研究的内容也比较浅显，还有待进一步深入研究。我的研究成果只是整个基层检察理论研究的一个小小缩影，并不能代表基层检察理论研究的现状。

就基层检察理论研究整体现状而言，我觉得并不乐观。尽管近年来，最高人民检察院高度重视检察理论研究，先后出台了一系列加强检察理论研究的规定办法，各级检察机关相继出台了加强检察理论研究的一系列举措，推动系统内外广泛参与检察理论研究，促进了检察理论研究的高质量发展。但是，毋庸讳言，检察理论研究，尤其是基层检察理论研究依然滞后于检察制度的发展，检察理论供给不足，还无法满足指导基层检察实践的需要。

具体而言，基层检察理论研究存在以下三个方面的现实困境：一是思想上不够重视。受"重业务，轻研究"观念的影响，对检察理论研究重视不够，党组会议、院务会议等重要工作会议很少将检察理论研究作为一项议题，加以研究讨论，谋划推进。大部分基层检察干警存在"我办好我的案，检察理论研究与我无关"的思想。"重业务，轻研究"的固有刻板印象，导致很难形成全院"一盘棋"、上下一心、共同推进检察理论研究的工作格局。二是措施上执行乏力。检察理论研究工作机制未能严格执行到位，未完成检察理论研究任务的，并未取消评先评优的资格。激励机制未能及时兑现，物质奖励被取消，精神鼓励不及时，不能为检察理论研究成果有三篇获得省级以上奖励的检察干警申报各级嘉奖等精神奖励，在一定程度上打击了干警参与检察理论研究的积极性。三是人才上难以为继。尽管基层检察队伍庞大，占到全国八成，但是绝大部分检察干警都投入办案一线，基层检察院也未设专门的检察理论研究部门，导致基层检察理论研究没有专门人才。加之，检察理论研究需要一定的文字功底、扎实的理论知识、丰富的经验积累和较高的领悟能力，是一门技术活，不是即学即会的短平快技巧，还需要有研究的兴趣以及耐得了坐冷板凳，这使得一般人干不了，干得了的干不久、不愿干，导致基层检察理论研究人才难以为继。

习近平总书记指出，坚持和发展中国特色社会主义，必须高度重视理论的作用，增强理论自信和战略定力，勇于推进实践基础上的理论创新。当前，检察机关面对着恢复重建以来影响最为深远的转折、重构和提升，坚持、发展、创新中国特色社会主义的检察制度，更应该以此为指导，加强检察理论研究。就加强基层检察理论研究而言，应该从以下三个方面着手：

一是转变思想观念，充分认识基层检察理论研究的重要性。检察理论研究是检察工作的重要组成部分，要从讲政治的高度，重视检察理论研究工作，将检察理论研究列入党组会、院务会的重要议题议程；要把检察理论研究与"执法办案"等检察业务工作有机结合，摆在同等重要的高度狠抓落实；要构建"大研究""大调研"格局，从领导干部到普通干警，要上下一心、统一思想，形成共同推进检察理论研究全员参与的大格局，为推进检察理论研究工作营造良好氛围。

二是完善工作机制，确保基层检察理论研究高质量发展。要健全完善基层检察理论研究机制，院党组、领导干部要重视、关心、支持检察理论研究，以上率下，带头开展检察理论研究。全体检察干警要积极参与检察理论研究，要完成检察理论研究任务，否则取消年度评先评优资格。要建立健全检察理论研究激励机制，对发表检察理论研究成果并获奖的干警，优先考虑评先评优。通过加大精神鼓励，提高基层检察干警参与检察理论研究的积极性。

三是加强队伍建设，加大基层检察理论研究人才的培养力度。首先，要引进来。通过公务员、定向选调生招录考试，招录选拔一批专业知识丰富、理论功底扎实、具有写作特长、学习能力强的检察理论研究人才；还要畅通法学院校和科研单位专家学者到检察机关挂职通道，以此充实基层检察理论研究人才队伍。其次，要走出去。选派检察理论研究骨干参加上级检察机关以及其他有关部门举办的各类专题素能培训班，选派检察理论研究人才到高校、科研单位兼任教师，以提升检察理论研究水平。再次，要提起来。对于在检察理论研究取得突出成绩的业务骨干要"高看一眼，厚爱三分"，评先评优、提拔任用时优先考虑。最后，要管起来。上级检察机关要建立检察理论研究人才库，将检察理论研究人才统一管起来，自上而下建立健全检察理论研究人才管理机制。

是为序。

吴家文

2022 年 3 月 3 日于兰州大学积石堂

目 录

基础理论篇

司法改革背景下基层检察文化建设研究 ········· 3
司法改革背景下检察经费保障制度重构 ········· 12
法治中国背景下职务犯罪侦查路径选择 ········· 21
乡镇检察室发挥法律监督职能路径建构 ········· 30
行政公益诉讼：国有资产流失的法律监督 ········ 38
少捕慎诉慎押：理念生成与发展进路 ··········· 52
中华优秀传统法律文化中的公平正义观 ········· 71
中美环境公益诉讼运行机制比较研究 ··········· 82

案例分析篇

社会管理创新背景下未成年人检察工作研究
　　——以两起"附条件不起诉"案件为切入点 ······ 108
刑事和解制度适用问题及其对策研究
　　——基于蒋某某刑事和解不起诉案的思考 ······ 116
检察阶段适用强制医疗程序研究
　　——以王某一强制医疗案为切入点 ············ 125
全媒体时代网络犯罪侦查的法律监督
　　——以全链条网络诈骗第一案为切入点 ········ 135
检察机关自身反腐倡廉建设的路径选择
　　——以两起检察官腐败案件为切入点 ·········· 147

检察行政公益诉讼：实践考察和制度完善
　　——以全国首例与广西首例检察行政公益诉讼案为切入点 ········ 155

调查报告篇

关于农村危房改造领域职务犯罪案件的调查报告 ············ 179
关于指定居所监视居住适用问题的调查报告 ·············· 186

社会治理篇

事业单位会计存在的问题及其制度完善 ················ 199
法治语境下服务型政府的建构路径研究 ················ 207
生态旅游可持续发展的法律规制路径 ················· 220
权力清单：地方法治政府建设路径抉择 ················ 228
新时代农村社会治理法治路径研究 ·················· 240
以权力清单推进地方法治政府建设研究 ················ 257

后记 ································· 304

基础理论篇

基础理论篇主要是对有关基层检察的检察机关建设、检察经费保障、检察制度运行、法律监督延伸、检察侦查方式等基础理论进行概念阐述、理论梳理、现状分析、制度建构等，所形成的研究成果。

司法改革背景下基层检察文化建设研究[①]

摘要：检察文化是与"检察"有关的文化，是中国特色社会主义文化的重要组成部分，加强检察文化建设，是适应新形势新要求、推动检察工作全面协调可持续发展的重要保障，是强化队伍整体素质、提升检察机关执法公信力的重要途径。作为检察机关的中坚力量，基层检察院不仅承担着绝大部分的办案任务，在检察文化建设中，也起着举足轻重的作用，然而，在司法体制改革的大背景下，尽管基层检察文化建设取得了一定的成果，但是由于对检察文化建设重视不够、投入不足，以及与检察业务工作结合不好，导致基层检察文化建设存在认识误区、精神实质把握不准、形式过于单一、浮于表面等问题。为巩固基层检察文化建设取得的成果，保证检察文化建设更好地服务检察工作，应当将检察文化建设与检察工作紧密结合，并贯穿于检察业务工作始终。

关键词：基层检察院；检察文化；地域文化

党的十八大对坚定不移走中国特色社会主义文化发展道路、推动社会主义文化大发展大繁荣、建设社会主义文化强国作出了重大部署。[②]检察文化作为中国特色社会主义文化的重要组成部分，对推动检察工作全面协调可持续发展、强化队伍整体素质、提升执法公信力，发挥着教育、引导、规范、凝聚、激励等作用。作为全国检察机关的中坚力量，在司法体制改革的大背景下，基层检察院在加强检察文化建设的进程中，既是主要实践者，又是检察文化建设

[①] 本文荣获 2014 年第三届中国检察官文化论坛征文活动三等奖，并获邀到现场作主题发言。

[②] 胡锦涛：《坚定不移沿着中国特色社会主义道路前进 为全面建成小康社会而奋斗——在中国共产党第十八次全国代表大会上的报告》，《党建》2012 年第 12 期，第 13-30 页。

的受益者。但是，由于对检察文化建设认识不足、重视不够、投入不足，以及与检察业务工作结合不够默契，导致基层检察院在加强检察文化建设中存在形式过于单一、载体不够丰富、与业务工作脱节等问题，因此，加强基层检察文化建设的探索与研究显得迫切而必要。

一、检察文化界定

所谓检察文化，是指与"检察"有关的"文化"。因此，界定"检察文化"必须从"文化"的定义着手。而由于文化本身的复杂性，使得古今中外的学者对文化有着不同的阐释。美国人类学家阿尔弗雷德·克罗伯和克莱德·克拉克洪做过一个统计，从1871年至1951年的80年间共出现过161种文化定义[①]。被誉为"人类学之父"的19世纪英国学者泰勒在其1871年的代表作《原始文化》中把文化和文明共用，用列举的方式、描述性的语言，尽可能穷尽文化的内涵，他把文化看成一个复杂的整体，指出："文化，或文明，就其广泛的民族学意义来说，是包括全部的知识、信仰、艺术、道德、法律、风俗以及作为社会成员的人所掌握和接受的任何其他的才能和习惯的复合体。"[②]《辞海》则用哲学抽象的方法，给"文化"下了一个更符合现代语义用法的定义："文化，广义指人类在社会实践过程中所获得的物质、精神的生产能力和创造的物质、精神财富的总和。狭义指精神生产能力和精神产品，包括一切社会意识形式：自然科学、技术科学、社会意识形态。有时又专指教育、科学、文学、艺术、卫生、体育等方面的知识与实施。"[③]尽管对文化的定义林林总总，但是通过比较不难发现，这些概念基本的核心内涵都是一致的，只是定义的方法、角度和对应物不同而已。

从语义学上来分析，检察作为文化的定语，便框定了检察文化的概念，即与检察有关的文化。而检察又涵盖了检察官、检察机关、检察职能等方方面面。因此，对检察文化的界定也层出不穷，但是归纳起来主要有三种观点。一

---

① 谢鹏程：《检察文化的概念重构》，《国家检察官学院学报》2013年第3期，第40-48页。
② 陈伦双：《我国西部地区检察文化建设研究》，西南大学2010年硕士学位论文。
③《辞海》第六版，上海辞书出版社2010年版，第1975页。

是检察官说，检察文化是检察官在行使宪法和法律赋予的职权的过程中形成的价值观念、思维模式、道德准则、精神风范等一系列抽象的精神成果[①]。二是检察机关说，检察文化是检察机关在检察实践中创造的制度文化、精神文化乃至物质文化的综合[②]。三是检察职能说，检察文化是检察机关和检察人员在履行法律监督职责的过程中形成的价值观念、思维模式、行为准则以及与之相关联的物质表现的总和。中国检察文化是具有中国特色的检察文化，是中国检察机关和全体检察人员在长期的工作、生活及其他社会实践中所创造的物质财富和精神财富的体现，是以强化法律监督、维护公平正义为核心的检察精神文明、制度文明、物质文明的总和，是人民检察官群体通向守卫社会正义基本价值取向的重要路径[③]。在1997年召开的中共十五大上，江泽民同志明确提出，"依法治国，建设社会主义法治国家"。在现代法治的大环境下，检察体制改革在司法体制改革的大潮中摸索着前进，随着检察改革的深入，以文化建设提高检察机关群体素质，促进"强化法律监督，维护公平正义"目标的实现，已成为检察机关的共识。于是，各地检察机关纷纷尝试加强检察文化建设。2010年最高人民检察院以高检发政字〔2010〕120号文件下发了《关于加强检察文化建设的意见》，明确了加强检察文化建设的意义、指导思想、总体目标和基本原则，指出了加强检察文化建设的方式方法、内容和载体，并对检察文化进行了比较全面的阐释："检察文化是检察机关在长期法律监督实践和管理活动中逐步形成的与中国特色社会主义检察制度相关的思想观念、职业精神、道德规范、行为方式以及相关载体和物质表现的总和，是社会主义先进文化的重要组成部分，是检察事业不断发展的重要力量源泉。"

二、基层检察文化建设存在的问题

据统计，全国检察机关80%在基层，全国检察人员80%在基层，并承担

[①] 刘佑生：《在竞争中发展检察文化》，《基层建设与检察文化》，中国检察出版社2005年版，第355页。

[②] 陈伦双：《我国西部地区检察文化建设研究》，西南大学2010年硕士学位论文。

[③] 钟勇，等：《国家软实力与检察文化软实力构建研究》，人民出版社2011年版，第28页。

着全国80%的办案数量。作为检察机关的基础，基层检察机关的作用举足轻重。因此，加强检察文化建设重点在基层，推动基层检察文化建设是培育先进检察文化、提高检察机关队伍整体素质的需要。

近年来，全国各级检察机关坚持以中国特色社会主义理论思想为指导，大力实施"文化兴检"战略，不断加强检察文化理论研究、制度创新和机制建设，充分发挥检察文化作用，在打造先进检察文化的探索中取得了显著成效。但是，受地域、经济、传统文化等各种综合因素影响，基层检察机关在推进检察文化建设的进程中仍存在重视不够、把握不准、浮于表面、流于形式等诸多问题。

一是对检察文化建设认识不足，存在误区。有些基层检察院和部分检察干警对检察文化的认识只停留在狭义和肤浅的层面上，简单地认为检察文化就是花钱组织读书、开晚会、打气排球、跳跳舞、唱唱歌等，然后总结几条经验，拍几张照片，发表一些文章，办几个板报，是花架子、形象工程，与检察业务脱节，缺少针对性和实效性。认为花大力气开展检察文化活动，不仅花费大量时间和精力，还要投入大量资金，但又看不到显著效果，还不如加强政治和业务学习，多钻研法律知识，多办几个案子。

二是对检察文化的精神实质把握不准，文化建设浮于表面。在加强检察文化建设过程中，检察物质文化只是手段和载体，要在检察物质文化中加强检察精神文化建设，检察精神文化才是检察文化的实质和内核，离开精神文化的支撑，单单加强物质文化建设，检察文化建设就会浮于表面，流于形式。比如，部分检察院的检察文化建设仅仅是为了搞活动而搞活动，而且每项活动又都是孤立的，没有一个检察文化范畴的内在逻辑联系和共同的建设目标贯穿始终。也有少数检察院甚至把检察文化建设的意义等同于对机关环境的改善和丰富干警职工的业余生活。

三是检察文化建设的方式方法不够灵活多样，特色不够明显。部分检察院把检察文化看作检察机关开展法律监督活动的管理方法和手段，把检察文化局限于加强业务学习和政治教育上，偏重强调检察文化的控制功能、激励功能和物质功能。有的检察院把建设学习型检察机关、开展检察机关为民务实清廉的演讲活动、完善检察机关绩效考评机制等工作等同于检察文化。在推进检察文化建设的过程中，忽视了检察文化所依托的基础和环境，未能结合地方历史文化特色以及本院与本院干警的精神特色，未能将检察文化与区域文化相结合，不能打造出体现本土化与自身特色的检察文化。

三、制约基层检察文化建设的原因分析

一是对检察文化建设重视不够。对加强检察文化建设的重要性认识不足。没能充分认识到，加强检察文化建设是服务社会主义文化大发展大繁荣的客观需要，是推动检察工作和检察队伍建设科学发展的内在要求，而简单地认为"检察文化建设就是搞花架子，没有什么实际作用"[①]。

二是对检察文化建设的投入不足。一方面，受制于经费短缺的制约，有些检察院没有将检察文化建设经费从检察业务工作中分离出来，没有给予检察文化建设额外的投入，而导致检察文化建设捉襟见肘，无米下锅。另一方面，有些检察院将检察文化建设从检察业务工作中分离出来，简单地认为检察文化只是一种思想层面的工作，与日常法律监督工作不相关联。囿于此，很多检察院就没有专门的机构和人力投入检察文化建设中，即使有也只是临时性的，只有少数部门参与，也没有明确具体的岗位职责。

三是检察文化建设和检察业务结合得不好。检察文化是思想意识的范畴，检察业务是实践的范畴，二者的关系表现在检察文化可以指导、规范检察业务，而检察文化是从检察业务实践中提炼出来的。但是二者的关系很难外在地表现出来。在司法实践中，也很难判断检察业务实践是否符合检察文化的内在要求。所以在具体的检察业务活动中，很难将检察文化建设和检察业务活动很好地结合起来，导致检察文化建设常常脱离检察业务活动而浮于表面、流于形式。

四、基层检察文化建设实践——以广西基层检察机关加强检察文化建设为例

一是将检察文化融入基础设施建设。一方面，加强文体娱乐场所建设。以"两房"建设（检察机关办案用房和专业技术用房建设）为契机，高起点谋划，

---

① 陈武：《简论检察文化建设》，《人民检察》2003年第4期，第12页。

精心定位，周密部署，打造一批既立足地方特色，又融合现代司法公平、公正、廉洁、清明理念的办案用房和专业技术用房。部分检察院还结合自身实际，建立了功能齐全、设施完善的"一房""两场""三室"（即健身房、灯光球场、室内球场、阅览室、荣誉室、院史展览室），完善了机关文体娱乐场所，也为加强检察文化建设夯实了基础。如广西柳州市柳城县人民检察院建立的院史展览馆，展示了检察制度的历史变革、内设机构及职能的变迁、检察改革、领导关怀、建设成就等内容，彰显了检察工作特色，弘扬了检察精神。另一方面，加强机关环境建设。广西各级检察机关结合"两房"建设工作，精心布置院落，种植各式盆栽花卉，营造优美、健康、和谐、充满活力的环境文化，让干警职工在优美和谐的环境中工作，增强对检察事业和检察工作的归属感和自豪感。比如，广西荔浦检察院占地近15亩，利用流经院内的小渠修建了一个池塘，此外，院落后面有一口鸳鸯井，井后有一座小山，荔浦检察院充分利用这些天然的环境，夯实了检察文化基础。该院办公楼、干警宿舍、文体活动中心外均为绿化带，并充分利用庭院空间，打造竹林、桂花、荷花、池塘、假山等自然景观，于自然景观中赋予检察文化。

二是将检察文化融入检察队伍建设。第一，建立系统培育机制，用素养和技能塑造人。如广西桂平检察院举办领导干部素能培训、召开青年干警座谈会等，广泛开展岗位练兵、庭审观摩、公诉人辩论赛、法律文书比赛等活动，提高干警学习能力、配合能力、创新能力；开展空缺中层领导干部公开竞聘活动，选拔业务尖子和办案能手。第二，开展各类文体活动，丰富干警业余生活。如成立篮球队、气排球队、合唱队、摄影组、"驴友组"等，广泛开展球类比赛、主题演讲等活动，通过开展丰富多彩的文化活动激发干警参与热情，以大家喜闻乐见的形式实现检察文化的无声传播。如广西贵港市港北区检察院组建合唱团，参加2009年贵港市政法机关庆祝中华人民共和国成立60周年歌唱比赛并荣获一等奖。第三，广泛开展主题教育实践活动。广西桂平检察院在开展政法干警核心价值观教育实践活动中，组织开展"我是人民检察官"主题演讲比赛，在开展党的群众路线教育实践活动中，组织党员干警重温入党誓词、观看电影《焦裕禄》，通过这一系列活动，使干警铭记革命奋斗历程，感受先进事迹，从历史中、从先进事迹中汲取精神力量，践行"忠诚、为民、公

正 廉洁"政法干警核心价值观。

三是将检察文化融入检察宣传。一方面,提炼检察文化理念,打造特色文化品牌。如广西罗城仫佬族自治县人民检察院坚持"永远追求最好"的检察文化理念,坚持"高点定位、高位运行、高水平发展"的治院思路,从一个落后的山区检察院成长为"全国文明单位""全国先进基层检察院",其成长历程被称为"常青树现象"。广西恭城瑶族自治县人民检察院依据其茶文化的传统,提出了"清风育检、我伴清廉"的茶文化理念,打造当地特色文化名片。柳州市鱼峰区检察院的"柳候文化"则发挥历史优势,把本地优秀的历史文化与检察文化相结合,让检察文化更具感染力和生命力。另一方面,将检察文化建设成果通过电视、广播、报刊、网络等媒体宣传出去,既展示了加强检察文化建设取得的成绩,也提升了检察机关的社会形象和执法公信力。

五、司法体制改革背景下加强基层检察文化建设的建议

十八大对坚定不移走中国特色社会主义文化发展道路、推动社会主义文化大发展大繁荣、建设社会主义文化强国作出了重大部署。面对新的形势,在司法体制改革的大背景下,如何加强检察文化建设,尤其是加强基层检察文化建设,以打造先进检察文化、促进检察工作和检察队伍建设不断科学发展,应从以下几个方面入手:

一是统一思想,正确认识加强检察文化建设的重要性和紧迫性。党的十八大指出,文化是民族的血脉,是人民的精神家园,是国家发展和民族振兴的强大力量[1]。检察文化是中国特色社会主义文化的重要组成部分,是检察机关的"灵魂",加强检察文化建设是贯彻落实中央要求、服务建设中国特色社会主义文化强国战略的重大举措,是适应新形势新要求、推动检察工作全面协调可持续发展的重要保障,是强化队伍整体素质、提升检察机关执法公信力的重要途径。加强检察文化建设对促进文化育检、保障"强化法律监督、维护公平正义"检察主题工作的实现、提高检察机关整体素质和工作效能、提升检察人员

---

[1] 胡锦涛:《坚定不移沿着中国特色社会主义道路前进 为全面建成小康社会而奋斗——在中国共产党第十八次全国代表大会上的报告》,《党建》2012年第12期,第13-30页。

的综合素质,发挥着规范、指导、凝聚、激励等功能。基层检察院要坚持以人为本,提高对加强检察文化建设重要性的认识,增强全体检察人员参与检察文化建设的积极性和主动性。

二是加强领导,保障并规范检察文化建设投入。一方面,要加强组织领导和责任落实。检察文化建设作为凝聚人心、提升检察形象的重要途径,必须将检察文化建设纳入检察整体工作来部署和谋划,必须与检察业务工作同部署、齐推进,更要将检察文化建设融入日常检察工作中。检察长要带头抓,分管副检察长要具体抓,一级抓一级,层层狠抓落实。要把加强检察文化建设作为考核的重要内容,建立健全目标管理、考核考评机制,由政工部门牵头负责协调,充分调动各部门和广大检察人员的积极性,整合资源,形成合力,推动检察文化建设与检察业务工作协调发展。另一方面,要加大对检察文化建设的经费投入。要将检察文化建设经费纳入年度预算,加强与有关部门的沟通和联系,争取财政支持,逐步加大对检察文化建设的投入,完善现代文化娱乐场所和设施建设。在人、财、物实现省直管后,基层检察机关要逐级上报需要支持费用,并单列出检察文化建设支出项目,再由省级财政统一负担,不断加强物质文化建设。

三是突出特色,加强检察文化内涵的提炼。首先,突出检察职能特色。不能将检察文化建设简单地等同于各种主题教育实践活动、政治思想工作和各种文体娱乐,不能浮于表面、流于形式,而要充分突出检察职能特色,要围绕检察工作的特点、检察官的职业需求来开展,在将检察文化建设贯穿于检察工作始终,在审查批捕、审查起诉、执行监督、控告申诉等检察业务工作中提炼"立检为公、执法为民"的检察宗旨文化。其次,突出检察官特色。检察官要树立职业形象,要从职业仪表、接访礼仪、诉讼礼仪、交往礼仪和业务礼仪五个方面加强检察礼仪方面的培训,检察官外在形象要仪表端庄、穿着得体、打扮适当、举止大方、言行有度、文明礼貌;工作时要按规定穿制服,平时穿便服时,亦应做到整洁、庄重;以礼貌、文明、善意的态度对待举报人、来访人、受害人、证人和诉讼代理人;依法使用规范的语言讯问犯罪嫌疑人和被告人,不得以权压人、以势压人;在出庭支持公诉中模范地遵守法庭纪律等,这些可概括为"检察行为文化"。再次,突出地方特色。结合地方历史文化特点,提炼检察文化精神，如前述广西恭城瑶族自治县检察院依据其茶文化的传统，提出了"清风育检、我伴清廉"的"茶文化理念"，打造了当地特色文化名片。

四是不断总结，加强检察文化建设研究和宣传。一方面，要加强检察文化理论研究。要加强检察文化建设人才培养，提高检察文化建设能力和水平，要在检察文化研究方面投入更多的精力、时间和经费，要明确检察文化调研课题，结合检察工作实际，不断总结检察文化建设规律，围绕检察文化内涵与特征、基本范畴、价值功能、实现方式、建设路径以及检察文化与检察业务工作的关系等基本理论和实践问题，开展调查研究，及时把实践升华为理论成果，为检察文化建设实践提供理论支持和科学指导。另一方面，在加强检察文化建设的进程中，要不断总结，加强宣传，将检察文化建设成果通过广播、电视、电台、报刊、网络等媒体宣传出去，以提升检察机关形象，提高检察机关在广大人民群众中的满意度。

总之，加强检察文化建设是检察机关在司法体制改革背景下适应新形势新要求的必然要求。基层检察院作为检察机关的中坚力量，在加强检察文化建设的过程中，要结合地方特色，争取上级支持，坚持以人为本，统一思想，提高认识，结合检察业务工作，结合党的群众路线教育实践活动等主题教育实践活动，开展丰富多彩的文娱活动，建设温馨和谐的检察院落环境，打造富有检察职能特色和地方历史文化特色的检察文化，以促进检察形象提升，促进检察人员执法公信力的提高。

司法改革背景下检察经费保障制度重构[①]

摘要："分级负责、分级管理"的检察经费管理体制存在的核心问题是检察经费保障不足，影响检察事业的全局发展和持续健康发展，也不利于检察权的依法独立公正行使。在司法改革的大背景下，改革过分依赖地方财政的"分级负责、分级管理"的检察经费管理体制，建立省以下地方检察院由省级财政部门统一拨付经费的管理模式，是目前解决检察机关因经费不足而引发人员待遇偏低、装备设施较差等问题的重要手段。

关键词：司法改革；检察经费；制度重构

我国是人民当家作主的社会主义国家，国家的性质决定了我国检察制度的特殊性。目前，我国检察机关实行的是以地方党委为主、上级检察机关为辅的双重领导体制，检察经费保障制度仍然实行"分级负责、分级管理"的管理体制，即检察经费主要由地方财政保障，并受制于地方党委及政府。而由于受地方财政的限制，各级检察机关或多或少都存在不同程度的经费保障困难，这不仅影响执法的力度与效果，也不利于检察队伍建设。因此，在司法改革的背景下，为了保障检察机关更有效地依法独立公正行使检察权，在推进检察机关人财物省级直管改革的进程中，构建新的检察经费保障制度显得迫切而必要。

一、检察经费保障制度发展历程

检察经费保障制度改革是随着财政体制改革而发展变化的。概括而言，经历了四个阶段：

[①] 本文荣获 2014 年度贵港检察理论研究（普通论文类）优秀成果一等奖、广西诉讼法学研究会 2015 年学术年会主题征文三等奖。

（一）中央统一划拨阶段

中央统一划拨阶段即 1985 年以前，由于地方财政开支实行的是逐级汇总，并最终向中央报批的管理模式，因此检察机关的经费也是由中央统一划拨。

（二）依靠地方财政阶段

该阶段从 1985 年始至 1998 年止。1985 年实行"划分税种、核实收支、分级包干"的财政体制后，地方检察院的经费来源发生了变化，其主要是依靠地方政府。

（三）以地方财政为主、中央拨付为辅阶段

1998 年，司法改革和司法独立的呼声高涨，公检法机关被明令禁止从事经商活动，检察经费保障制度改革才渐渐受到重视。1998 年 12 月 13 日，财政部、国家计委、监察部、高法院、高检院、公安部、国家工商总局联合发布了《关于进一步加强落实"收支两条线"规定工作的通知》，其中明确指出，"各级政府和财政部门要建立健全对公检法机关和工商行政管理部门的经费保障机制""对法院、检察院、公安部门的公用经费，按照高于当地一般行政机关一倍以上的标准安排"。2002 年 11 月 6 日，最高人民检察院以高检发〔2002〕19 号文件印发《最高人民检察院关于加强检察经费保障工作的意见》，要求各级检察机关"坚持经费来源的主渠道，充分依靠党委、政府的支持""在坚持'分级负责、分级管理'的现行财政管理体制的前提下，上级检察院要加大对下级检察院的支持和指导力度，帮助基层解决实际问题"。

（四）省级统筹阶段

最高人民检察院在 2002 年的《最高人民检察院关于加强检察经费保障工作的意见》中指出，"各省级检察院也要积极探索，大胆实践，推广办案预拨金等有效的做法，有选择地开展办案经费省级统筹的试点，从多方面探索保障检察经费的有效措施，为解决检察经费保障问题积累经验"，此意见对检察经费保障机制改革具有重要的意义。此后，经过各级检察机关的司法实践和检察理论探索，省级统筹的检察经费保障制度的优势明显体现。2014 年，随着党的十八届三中全会深化司法体制改革的提出，检察体制改革不断深入，明确了检察体制改革的目标，开始试点人财物省级直管。但是，省级直筹的检察经费保障制度至笔者成文时，囿于涉及多个部门、覆盖多个问题，还未全面落实到

位。因此，加强检察经费省级统筹方面的实践和理论研究，以谋求检察经费保障制度改革的意见和建议，具有重要的实践和理论意义。

二、检察经费保障制度存在的问题

我国检察机关实行的是"以地方党委为主、上级检察机关为辅"的双重领导体制，以及"分级负责、分级管理"的检察经费管理体制。由于大部分依靠地方财政供给，而地方财政划拨的随意性大，又没有有效的监督制约机制，审批程序又烦琐，导致各级检察机关在财务保障中存在办案经费不足、硬件装备较差等问题。具体而言，"分级负责、分级管理"的检察经费保障制度存在以下四个问题：

（一）财政拨款偏少，办案经费整体偏低

在中西部地区，检察机关人均财政拨款只有两三万元，一些贫困地区不足1万元。贫困地区的地方财政普遍实行"保工资、保人头"的做法，在年初的预算中，对检察机关办案经费不作安排或安排很少，导致检察机关办案经费严重短缺。

（二）基础设施和物质装备较差

基础设施方面，办公条件较差，尤其是基层检察院，办公场所已经不能满足检察事业发展的需要。如广西某基层人民检察院现有103名检察干警，仍在1988年建成的老办公楼里办公办案，办公办案条件有限，有些部门6名检察干警挤在不到24平方米的办公室里办公，办公条件达不到科员6平方米的最低标准。此外，该院没有专门的办案和专业技术用房，"办案区"、控申情绪疏导室、控申听证室均由仓库、食堂、车库等改造而成。尽管该院正加快"两房"（办案用房和检察技术用房）建设步伐，以改善办案办公条件，但是由于资金匮乏，工程推进缓慢，从2008年立项至笔者完成本文（2014年）时，尚未完全竣工。在物质条件方面，有些基层检察院不能满足检察专网和互联网共有的条件，比如办公室、政工部门、宣传部门负责综合文稿以及信息宣传调研的工作，需要通过互联网查阅大量资料，但是很多基层检察院，尤其是西部地区贫困基层检察院仍不能满足一个部门配备一台互联网电脑的要求，更不用说综合部门人手配备一台互联网电脑的需求。

（三）中央专款不到位，有截留现象

近年来，为支持政法工作，中央财政给地方政法部门补助专项经费，并逐步加大了政法专项经费转移支付的力度。中央专项经费是根据地方政法部门在一定时期内的特殊需要和财力安排的，带有补助性质的一次性经费。但是，中央专项经费补助不是检察机关可靠、稳定的经费来源，中央专款经费在实际分配使用中存在两个问题：其一，中央专款由财政部门单独发文，经费划拨需经两级或者三级财政，每年都有20%~30%的专款资金不能到位。这不仅不能解决基层检察机关的经费困难，也不利于专项经费及时发挥效益。其二，受地方财政限制，地方财政对中央补助专款安排的配套资金较少。

（四）检察机关负债沉重

由于经费保障不足，导致各级检察机关各项支出大量拖欠。据高检院计财局统计，自1998年以来，检察机关对外欠款呈不断上升趋势，1998年为25亿多元，2002年年底达到32亿多元。特别是基建欠款，2002年近25亿元，比1998年增加了四成[1]。广西某基层检察院自2008年"两房"立项以来，外债也逐年增加，2008年欠国土部门征地款166.7713万元，2012年增加置换土地及附属工程款378万元，2014年增加施工欠款250万元[2]。

三、检察经费保障制度弊端及改革必要性分析

如前所述，"分级负责、分级管理"检察财务保障制度存在诸多问题，归根结底就是经费保障不足。而这一问题的背后，实际上隐含着"分级负责、分级管理"检察经费保障制度的诸多弊端。具体而言，有以下几个方面：

（一）检察经费保障制度忽视地区经济差异，不利于检察事业的全局发展

地区经济协调、均衡发展是实行"分级负担"检察经费保障体制的前提，我国幅员辽阔，区域经济发展不平衡，东部沿海地区经济发展迅速，西部地区经济发展相对落后。因此，我国实行"分级负责、分级管理"的检察经费保障

---

[1] 参见最高人民检察院计财局2002年统计报告。

[2] 参见桂平市人民检察院2013年度财务工作总结。

体制，必然导致检察机关经费保障失衡，经济发达地区检察经费保障高点，经济发展落后地区经费保障低点，这种缺乏规范和统一的经费保障机制，不利于检察工作整体的稳步协调发展，还会导致检察工作出现经济发达地区、经济相对落后地区的两极分化。

（二）检察经费保障制度捉襟见肘的经费保障，不利于检察事业的持续健康发展

我国目前正处在深化改革的攻坚期和社会矛盾的凸显期，社会不稳定因素仍然存在，随着党中央反腐倡廉力度的不断加大，广大人民群众对检察工作的期待也不断提高；随着从优待检、人才兴检、科技强检、文化育检等检察战略目标的提出，检察工作不仅要追求持续健康发展，更要追求检察工作高质量发展，以更好地服务经济社会高质量发展。而要全面有效履行宪法赋予的检察监督职能，完成从优待检、人才兴检、科技强检、文化育检等战略目标都需要检察经费的保障。但是，"分级负责、分级管理"的检察经费管理体制不能提供充分的经费保障，已不能满足检察事业持续健康发展的需要[①]。其一，经费保障不足，"从优待检""人才兴检"无条件。检察干警福利待遇得不到充分保障，这在一定程度上打击检察干警为检察事业奋斗的积极性，而检察干警待遇偏低，尤其是中西部基层检察院检察干警每月到手工资不到2000元（2014年），不能满足高物价持续上涨的基本生活需求，导致检察人才流失严重，影响队伍稳定性，也不利于引进优秀法律人才，不利于检察队伍整体素质的提高。其二，经费保障不足，"文化育检""科技强检"无基础保障。没有充足的经费保障，文化育检和科技强检都只是一句空话。如前所述，由于经费困难，有的基层检察机关连现代化办公条件都不能满足，科技强检只是不断奋斗的工作目标。有的基层检察院由于经费困难，完成"两房"建设项目花了整整6年时间，为此背负了沉重债务。

（三）检察经费保障制度过分依赖地方政府，不利于检察权的有效行使

目前，各级检察机关的经费保障主要依靠地方财政拨付，检察机关增加教

[①] 黄钦贵、陈莉：《检察机关经费保障体制改革初探》，《法制与经济（上旬刊）》2008年第11期，第48-49页。

育培训经费、购置检察车辆经费、建设派驻乡镇检察室经费都需向地方政府申请审批。而由于地方财政划拨的随意性很大，又没有有效的监督制约机制，使得有些地方政府因检察机关执法办案影响了地方利益，抑或是为了统筹财政的需要，常以经费紧张为名，不及时划拨检察机关业务经费、相关专项经费，有的甚至以通过控制检察机关的经费来干预检察业务工作。而检察机关为了保障经费来源，有时在办理具体案件时不得不依据当地党委政府的"指示"行事。检察机关经费保障受制于地方，不仅有可能使检察机关与地方政府形成利益共同体，滋生地方保护主义，还会影响上级检察机关对下级检察机关工作的领导，影响检察机关依法独立履行法律监督职责，影响司法公正。

由于"分级负责、分级管理"检察经费保障制度存在上述弊端，有必要在司法体制改革的背景下，重构检察机关经费保障制度，以建立稳定的保障机制，减少经费划拨、经费使用过程中的人为干预，改变省以下检察院对地方财政的过分依赖，进而保障检察权依法独立公正行使。

四、司法体制改革背景下检察经费保障制度重构

（一）总体思路——建立"省级统一拨付"是解决经费保障问题的有效手段

"分级负责、分级管理"的检察经费管理体制，既受到地方经济发展水平的限制，不能满足检察经费保障的要求，又对地方政府过度依赖，不利于依法独立公正地行使检察权。鉴于财政不可能直接由中央拨付经费的情况下，依据高检院以〔2014〕12号文件下发的《关于印发〈关于深化检察改革的意见（2013—2017年工作规划）〉及工作方案的通知》，建立"省级统一拨付"的检察经费统一管理机制，是当前解决检察经费保障诸多问题的有效手段。

"省级统一拨付"，即省以下地方检察院经费由省级政府财政部门统一管理的机制。就是以省级为单位，实行检察机关经费的计划单列，省级财政统一预算，用于省以下地方检察院，确保省以下地方检察干警在职级待遇、办公、办案经费、技术装备、福利待遇上按政策规定落实到位。经费来源主要有四个渠道：一是中央财政对检察机关的专项转移支付经费；二是省级财政自身承担一部分；三是地方财政按照一定比例向省级财政上缴财政收入；四是检察机关罚没所得全部上交省财政。同时，前三项保障经费每年按一定幅度保持增长。

（二）基本原则——经费划拨要遵循"公开、公正、合理"的"三原则"

实行"省级统一拨付"的经费管理模式在一定程度上将会改善地方检察机关经费过于依赖地方政府而导致看地方政府"指示"办案的现象，有利于检察经费的统一管理，有利于检察权依法独立公正行使。省以下检察机关经费"省级统一拨付"，目前，理论界有两种划拨方式：一种是由省级财政统一划拨，另一种是由省级财政统一划拨到省级检察院，再由省级检察院划拨到省以下地方检察院。两种方式各有优缺点：前者的优点在于减少中间环节，可以有效避免经费被截留，缺点在于需追加经费时申请难度比向同级财政申请更大。后者的缺点就是省以下检察院的经费有可能被省级检察院截留，优点就是追加经费时，通过省级检察院向省级财政部门申请更容易一些。但是，无论采取哪种划拨方式，都应当遵循"公开、公正、合理"的"三原则"。

一是公开原则，即明确检察机关经费范围，并根据经济发展水平和财政状况，制定符合地方经济发展水平的经费保障标准，并将经费名目和标准在检察信息发布平台上作为"检务公开"的内容向社会公开，接受社会监督。根据检察机关维持运转和履行法律监督职责的需要，检察机关所需经费主要包括人员经费、业务经费、行政经费和基础设施建设经费四个部分。人员经费主要包括干警的基本工资、补助工资、岗位津贴、基本医疗保险、住房补贴（即住房公积金）等费用。业务经费包括办案经费、装备经费、服装费、会务费、教育培训费、奖励费、宣传费、人民监督员经费等费用。办公经费包括办公费、水电费、差旅费、物业管理费、维修费、通信费、一般办公购置费等费用。基础设施建设经费包括"两房建设"费用、办案区建设费用、派驻乡镇检察室建设费用等。

二是公正原则，即制定省以下检察院经费标准时，要从实际出发，既要正视客观存在的差异性，又要区别对待，以充分体现公平、公正原则。具体而言，要综合考虑省内不同地区经济社会发展水平、检察工作实际需要、检察人员数量、检察业务量等因素，将省以下检察机关按一定标准进行科学分类，在规定的经费范围内，制定每一类的经费基本保障标准，并允许一定幅度的超额。对未达到基本保障标准的，提高到基本保障标准，对超过基本保障标准的，尽量维持现有水平。

三是合理原则，一方面，基本经费保障标准要进行适时调整。这主要是由于随着社会经济的发展，财政保障能力会不断提高，检察业务量也会不断增加，广大人民群众对检察工作的要求会更高，检察机关对检察经费的需求也会随之增加。因此，基本经费保障标准要适时调整，调整的期限应以省级人大换届选举的五年为限，增长的幅度应不低于财政增长的速度。另一方面，要为省以下检察院设置机动经费[①]。因为检察机关在推进执法办案、服务大局中心工作的过程中可能会遭遇突发性事件而需额外经费；另外检察机关开展的"强信念、正风气、树形象"等一系列专项活动也需要额外经费的支持。

（三）具体措施——切实做到"三个到位"，完善检察经费保障制度

一是立法保障到位。通过法律法规等规范性文件形式确定"省级统一划拨"的检察经费保障制度。为保障省以下地方检察机关经费由省级财政部门统一管理机制的顺利推行，避免执行过程中的任意性，应当修订《中华人民共和国人民检察院组织法》，增设第十四条：最高人民检察院的经费由中央负担，地方各级人民检察院的经费由省级财政统筹、中央财政补助。[②] 最高人民检察院要联合财政部在调查研究的基础上，通过多方论证，系统科学地制订符合社会经济发展规律和特点、检察工作发展规律和特点的《人民检察院经费保障体制改革实施方案》，明确目标、原则、具体要求和方法步骤。各省级检察院要协同省级财政部门结合本辖区经济发展特点和检察工作实际，在调查研究的基础上，制定符合客观实际、体现公平公正的检察经费基本保障标准。

二是规范管理到位。其一，制定办公设备和装备配备标准，严格执行财务制度，按标准来管理经费支持，杜绝非正当性支出。其二，健全预算编制制度，在原有预算范围的基础上，将聘用人员工资福利、离退休干部管理活动经费、服务党委中心工作费用以及公务接待费用纳入预算，完善预算编制体系和方法，增强预算的计划性和严密性。其三，加强计财装备人才的培训和培养，

[①] 贾新怡、唐虎梅：《借鉴有益经验——构建符合我国国情的司法经费保障机制》，《财政研究》2006年第4期，第20页。

[②] 卞建林：《〈中华人民共和国人民检察院组织法〉修改专家意见稿》，中国检察出版社2006年版，第18页。

提高计财装备人员的专业素质。

三是执行监督到位。一方面，加强对经费使用情况的监督。由上级检察机关、本级审计部门对检察机关经费使用情况进行年度审查审计，检察机关应详细汇报说明经费的使用情况。另一方面，加强检务公开。在检察外网开设检务公开专栏，各级检察机关必须将检察经费年度预算表、检察经费使用情况年度报告作为检务公开的内容对外公布，接受社会监督。在本院明显位置设置院务公开栏，月、季度、年度各项经费使用情况必须张榜公布，以接受干警监督。

充足的经费保障是检察事业发展的基础，检察经费保障制度的发展与完善不可能一蹴而就，必须符合社会经济发展规律和财务制度的改革与发展。在全面深化改革的大背景下，司法体制改革不断深入，健全符合检察工作特点的检察经费保障制度是大势所趋。在一段时期内，"省级统一拨付"的检察经费保障制度是保障检察权依法独立公正行使的有效途径。而随着司法改革的进一步发展，司法独立的步伐进一步加快，"省级统一拨付"的检察经费保障制度也必将顺利过渡或者回归"中央统一拨付"的检察经费保障制度。

法治中国背景下职务犯罪侦查路径选择[①]

摘要：推进以审判为中心的诉讼制度改革，是从"侦查中心主义"到"审判中心主义"的一种法律进步的变革，其集中体现了司法公正、程序正义、司法民主、司法独立、证据裁判等原则。在审判中心主义下，检察机关职务犯罪侦查将面临三大转变，即诉讼模式从以侦查中心到控辩双方平等对抗转变、侦查模式从以口供为中心到以客观证据为中心转变、证据裁判从以笔录为中心的书面审查到严格贯彻证据裁判规则转变。面对新的挑战，职务犯罪侦查应当以转变执法理念为先导，以提升执法能力为支撑，以确保案件质量为根本，以提高执法公信力为目标，转变侦查策略，确保职务犯罪侦查体现公平正义。

关键词：审查中心主义；职务犯罪侦查；程序正义；司法公正

党的十八届四中全会通过了全面推进依法治国的一系列新思想、新观点、新论断、新举措，对建设社会主义法治国家、推进法治中国进程具有划时代的历史意义。其中，在司法改革方面，党的十八届四中全会明确提出"推进以审判为中心的诉讼制度改革，确保侦查、审查起诉的案件事实证据经得起法律的检验"，这标志着审判中心主义在我国的确立。而审判中心主义的确立，将对我国刑事司法权配置、刑事诉讼结构和刑事司法方法带来变革式的影响。而作为刑事司法权的一个重要权力，作为刑事诉讼活动的一个重要阶段，在审判中心主义下，职务犯罪侦查也必将受到重大影响，探讨新的职务犯罪侦查策略显得必要而迫切。

[①] 本文荣获首届全国检察官"阅百种名刊、读百家文献"阅读征文活动优秀奖、2016年"法治贵港"征文活动三等奖。

一、背景：从"侦查中心主义"到"审判中心主义"

刑事诉讼构造理论是刑事诉讼法学中的一个基本理论范畴，是刑事诉讼法所确定的刑事诉讼中控诉、辩护、审判三方在刑事诉讼中的地位及其相互间的法律关系。就理论而言，刑事诉讼构造主要有三种理论，即"三角结构理论""线形结构理论"和"双重结构理论"。

"三角结构理论"即控辩双方平等对立，审判方居其上，公正审判，三方形成等腰三角形关系，即"以审判为中心的当事人主义"。所谓"以审判为中心"，是指在刑事诉讼每个阶段的关系问题上，把刑事审判阶段作为整个刑事诉讼的中心，侦查、起诉等环节被看作审判程序开启的准备阶段；只有在审判阶段，诉讼参与人的合法权益才能得到最充分的保护，被告人的刑事责任问题才能得到最终最权威的确定。[①] 在这一理论下，审判中立是基本要求，只有审判中立才能保证审判公正。

而"线形结构理论"则简单地将诉讼看作"双方组合"，一方为侦查、起诉、审判的国家司法机关，一方为被告方（包括犯罪嫌疑人）。在这一构造下，作为一个整体的国家司法机关，在诉讼中居于主导地位，积极推动诉讼活动的进程。被告方在诉讼中则居于较低地位。侦查阶段实际成为刑事诉讼最主要、最关键的阶段，法庭审判则成为侦查过程和侦查结论的展示和推演。审判活动则为审判者积极审理、控辩方消极配合的状态，而被告方的地位被客体化，诉讼权利的行使或审判结果更有利于控方。

在现实的司法实践中，受控辩双方诉讼行为能力限制，"三角结构理论"在调查证据、发现真相时存在难以全面的情况，而导致公正客观的缺失，而"线形结构理论"则以侦查为中心，容易导致被告方人权难以得到有效保障。因此，在我国诉讼活动中，采取了综合"三角结构理论"和"线形结构理论"的"双重结构理论"。尽管，我国刑事诉讼活动适用"双重结构理论"，兼采职权主义和当事人主义，但是在多年的司法实践中，形成的立案、侦查、审查批捕、审查起诉、审判"五位一体"流水式追诉犯罪模式，更偏向于以侦查为中心。而在"侦查中心主义"模式下，案件事实及证据的认定往往决定着审判的

[①] 于绍元：《实用诉讼法学新词典》，吉林人民出版社2003年版，第52页。

结局，审判作为"流水作业"的后续工序只是为了给侦查活动背书，加盖合法的印章，以至于"真正决定中国犯罪嫌疑人和被告人命运的程序不是审判，而是侦查"。① 受"侦查中心主义"影响，庭审往往被审阅卷宗形式代替，庭审形式化，审判走过场。而过于依赖卷宗，证人、鉴定人很少出庭，辩护律师作用难以有效发挥，缺乏对控方证据实质性的质证和辩论，非法证据无法及时排除，法庭对于案件事实及证据的认定基本维持侦查机关和控诉机关的结论，就导致"公安绑架法官"现象的客观存在。

鉴于此，"推进以审判为中心的刑事诉讼制度改革，确保侦查、审查起诉的案件事实证据经得起法律的检验"就显得迫切而必要。

二、内涵：审判中心主义理论依据

如前所述，概括而言审判中心主义是指被告人的刑事责任只有在审判阶段才会得到最后确定，侦查、审查批捕和审查起诉阶段都只是为审判阶段作准备，都不能对犯罪嫌疑人进行定罪。作为近现代国家刑事诉讼制度中普遍认同的一项基本原则，刑事审判中心主义具有以下理论依据：

（一）司法公正

司法公正是人类社会的永恒价值追求，其深层内涵包括审判中心主义的程序构造。司法公正包括实体公正和程序公正两个方面。实体公正，要求客观发现案件事实真相和准确运用实体法，并以客观事实和实体法律来判断和裁决案件。其中，查明案件事实是基础，法官必须在查明案件事实的基础上，才能正确适用法律，否则容易造成裁判不公，导致冤假错案的发生。而程序公正则是指在司法活动推进过程中，程序要正当合理，要平等地对待各方当事人。以审判为中心是民主社会公正解决政府与个人之间利益冲突的客观需要。刑事诉讼的本质是解决政府权力与个人权利之间的冲突。

（二）程序正义

审判中心主义体现了程序正义的要求，是实行刑事程序法定原则达致程序法治化的必然结果。程序正义要求程序法定。具体而言，一方面，在打击犯罪

---

① 林钰雄：《刑事诉讼法》（上册 总编论），中国人民大学出版社2005年版，第87页。

的同时,强调保障人权理念,国家应当通过立法明确刑事程序。另一方面,在侦查、审查批捕、审查起诉、审判等诉讼程序活动中,采取限制人身自由、损害财产权益等强制措施以及定罪量刑时,都必须严格遵守法定程序。

(三)司法民主

司法民主是民众参与管理国家事务在司法领域的具体体现。以人民权力制约司法权力,从而有效防止司法独断,保障公民自由和民主。在侦查、审查批捕、审查起诉阶段,公众无法参与,民主也就无法体现。只有在审判阶段,人民才能参与到刑事诉讼活动中。据此,司法民主必然要求整个刑事诉讼活动以审判为中心,整个案件的侦查过程情况、查明的事实以及有关证据材料在庭审时接受公众的评判,从而保证人民的审判权力,体现司法民主和公正。

(四)司法独立

司法独立是法治社会的内在要求,只有司法独立,才能保证司法裁判的公平和正义。保障法院依法独立行使审判权,切实提高法院在整个国家体制中的地位,提高法官福利待遇,保障社会地位,使法院行使审判权时,有效排除来自侦查机关、起诉机关和其他行政机关的干扰,保证法官依法独立审判,这是司法独立的根本体现。而审判中心主义,强调法官超然于检察机关与被告人之外,中立公平地审理案件,体现了司法独立的根本要求。

(五)证据裁判原则

证据裁判原则,是指对于案件事实的认定,要依据有关证据作出,据以裁判的证据,必须具备证明能力,而且必须经过正式的法庭调查程序[①]。没有证据,就不得认定事实,就不能定罪量刑。在现代证据理论中,有一项最基本的原则性要求,就是据以定罪量刑的证据必须经过法庭调查,没有经过法庭调查的证据不能作为裁判的依据或理由。从这个层面来说,就客观地要求整个诉讼活动必须以审判为中心,侦查、审查批捕、审查起诉等活动必须围绕审判中心来收集证据、固定证据。

三、影响:审判中心主义下职务犯罪侦查限制

---

① 徐峰:《论刑事审判中心主义》,山东大学2009年硕士学位论文。

审判中心主义的诉讼制度改革实质上是对我国刑事诉讼构造的一种重构，是对刑事诉讼中侦查机关、检察机关和审判机关三者关系的一次调整，是从"公安做饭、检察院端饭、法院吃饭"以"侦查为中心"的流水式诉讼结构到以审判为中心的审判模式的一种深度调整。这种调整必然对职务犯罪侦查产生巨大影响，具体而言，体现为以下三个转变：

（一）诉讼模式转变：从以侦查为中心到控辩双方平等对抗

长期以来，我国刑事诉讼活动以侦查为中心，由于侦查权过于强大，犯罪嫌疑人被关押时，与外隔绝，孤立无援，其合法权利在一定程度上得不到有效保障。而审判实际上只是扮演着"做饭、端饭、吃饭"流水线上最后的"吃饭"的角色，即对侦查阶段所认定的犯罪事实和收集的证据的一种简单的、机械的、形式的审查和确认。而随着司法体制改革的深入，伴随着《律师法》《刑事诉讼法》等一系列法律法规的修改，侦查阶段律师辩护人身份的确定，律师辩护权、调查取证权、会见权等诉讼权利不断强化落实，并对侦查权形成相应的监督和制约，以往一家独大的侦查权，其强势的中心地位逐渐被控辩对抗取代。一直以来，检察机关对职务犯罪同时享有侦查权和批捕权，这种既是参赛者又是裁判者的职能定位，缺乏有效监督的侦查模式往往为理论界所诟病。由于检察机关是集体独立，上下级是领导与被领导的关系，即使司法实践中，职务犯罪案件的批捕权上提一级，也未能缓解侦查批捕权缺乏有效监督的困境。因此，在司法体制改革的大背景下，确保在侦查阶段，实现打击犯罪与保障人权的统一，职务犯罪侦查过程中应当慎之又慎，以推进以审判为中心的诉讼制度改革，确保侦查、审查起诉的案件事实证据经得起法律的检验。

（二）侦查模式转变：从以口供为中心到以客观证据为中心

在侦查程序中，犯罪嫌疑人在一定程度上享有基本权利，这是基于审判中心主义形成的共识，为此，在审判中心模式下，侦查阶段，犯罪嫌疑人为保障自己的程序权利，有权获得律师帮助，并就侦查活动合法性在庭审质证中作好辩护准备。犯罪嫌疑人不但没有法律上的义务，对侦查机关为查明案件事实而进行的侦查活动提供协助的义务，只是配合，而且在很多国家犯罪嫌疑人对侦查机关的侦查活动还享有沉默权和不受强制自证其罪的权利。在我国的司法实践中，职务犯罪侦查多采用"以口供为中心"的侦查模式，即侦查人员往往通过收集的口供、证人证言等言词证据作为突破案件的切入点，从而带动全案的侦破。以侦查为中心的侦查模式，在程序合法、口供属实的情况下，办案效率较高。但是过于依赖口供，在审判阶段犯罪嫌疑人如果当庭翻供，又没有其他证据印证补强的话，控方往往就会陷入尴尬被动处境。因此，随着司法体制改革的深入推进，检察机关在职务犯罪案件办理、侦查过程中，要改变"重口供，轻程序"的落后侦查模式，应向由证到供、以证促供、供证结合的现代侦查模式转变，坚持以客观证据为中心。

（三）证据裁判转变：从以笔录为中心的书面审查到严格贯彻证据裁判规则

以审判为中心的一项基本要求是庭审的实质化，即要全面贯彻证据裁判规则，让证人证言、物证、书证、鉴定意见等一切证据都在庭审中充分曝光，得到实质审查。违反宪法和法律、违反程序收集规范的证据要坚决排除。此外，要建立证据开示制度，以降低审判对侦查程序的过分依赖，实现庭审实质化。一段时期的司法实践中，我国庭审质证过程往往以笔录为中心，证据规则多以传闻证据（口供）为中心，即犯罪嫌疑人供述与辩解、证人证言、鉴定意见、勘验检查笔录、辨认笔录等证据，都是由侦查机关收集制作后，公诉人在法庭上宣读，很少有侦查人员、证人、鉴定人、勘验人员到庭参加质证。这种证据裁判模式与审判中心主义的要求还有很大差距。因此，在推进以审判为中心的诉讼制度改革中，要转变证据观念，全面贯彻证据裁判规则。

四、创新：职务犯罪侦查策略路径选择

党的十八届四中全会对全面推进依法治国作出了重要部署，并明确了司法改革的目标和具体措施。随着法治中国建设逐步推进，以审判为中心的诉讼制度改革必将得到全面贯彻落实。面对以审判为中心的诉讼制度改革所带来的挑战，职务犯罪侦查将面临新的路径选择，概括而言，以转变执法理念为先导，以提升执法能力为支撑，以确保案件质量为根本，以提高执法公信力为目标，发挥惩治腐败的法律监督职责，体现立检为公、执法为民的宗旨。

（一）转变执法理念，从根本上树立公平正义

1. 摒弃侦查中心思想，强化审判中心意识

侦查中心主义强调侦查在刑事诉讼活动中居于主导地位。司法实践中，侦查人员往往只顾侦破案件、抓获犯罪嫌疑人，很少考虑案件能否顺利移送审查起诉或者定罪判刑，由此导致侦查人员不太重视调查取证是否符合案件起诉、审判阶段认定案件事实和审查判断的需要，从而常常导致所收集的证据存在瑕疵，不能形成证据链，有合理怀疑，影响了案件最后的定罪和量刑。因此，转变侦查中心思想，强化审判中心意识，能够确保侦查人员在调查取证过程中充分认识到，侦查只是刑事诉讼活动的最初环节，仅仅是为审判阶段作好最初的准备，从而从根本上树立侦查取证为审查批捕、审查起诉服务，最终为法庭审理服务的大局意识。此外，在审判中心制度下，侦查人员还要强化诉讼意识，作好侦查人员出庭作证的心理准备，提高出庭应诉能力和水平，适应对抗性、实质性庭审。

2. 摒弃口供中心思想，强化证据裁判意识

当前党中央不断加大反腐力度，在推进以审判为中心的诉讼制度改革进程中，反腐形势将面临更加严峻的挑战。传统的以口供定罪的侦查模式，已不能满足确保侦查、审查起诉案件事实清楚、证据确实充分、经得起法律的检验等要求。在审判中心制度下，认定犯罪嫌疑人、被告人有罪并处以刑罚，要以事实为依据、以法律为准绳，而认定事实的根本是证据。证据的收集、固定必须严格遵守法定程序，确保证据从内容、形式和来源等各方面合法合理、确实充分，并能够经得起法庭调查，排除合理怀疑。因此，侦查人员必须强化证据意识，严格落实非法证据排除规则，把证据裁判原则贯穿侦查活动的各个环节，一切以证据说话，用证据证明。

（二）提升执法能力，建设高素质侦查队伍

1. 强化思想政治教育

加强理想信念教育，通过集中培训、网上自学、丰富机关文化等形式，广泛开展社会主义核心价值观和社会主义法治理念教育，培养一支忠于党、忠于国家、忠于人民、忠于宪法法律的高素质侦查队伍，并运用法治思维和法治方式解决侦查过程中遇到的问题。

2. 提升三项侦查能力

一是提升信息引导侦查能力。侦查的实质就是通过收集、研判、运用信息，并把信息转化为侦查线索和证据的过程。侦查人员要有证据辨别分析的能力，能够从复杂的信息中筛选出有用信息，并加以研判、转化。为此，要完善案件信息查询机制，建立统一高效的职务犯罪信息系统，发挥信息在拓展案源、引导侦查、提高决策水平等方面的作用。要建立信息机构，配备人员专门从事职务犯罪信息的收集和研究，建立侦查信息数据库，提高信息收集能力、分析水平和运用成效。二是提升调查取证能力。证据收集要确保达到"确实、充分"标准，还要确保证据收集符合法定程序，遵守程序规范，确保程序正义。三是提升出庭质证能力。随着以审判为中心的诉讼制度改革的推进，侦查人员出庭质证将成为常态，因此侦查人员要提高庭审应诉能力和水平。在庭审中，面对辩方提出的质疑，侦查人员能够坦然自如地与被告及其辩护人进行对质，以证明认定事实的真实性和调查取证的合法性。

3. 建立三种新关系

一是建立新型侦查协作关系。随着检察机关省级统管改革的推进，职务犯罪侦查工作将从以基层检察院为重点转向以三级检察院一体化办案为主，大量的异地办案将成为职务犯罪侦查一体化后的常态，因此要建立一体化侦查机制，提升侦查人员协调合作能力，以促进大侦查格局的顺利推进。二是建立新型侦查辩护关系。改变侦查权和辩护权的对立立场，其实，侦查权和辩护权应该是辩证统一的关系。侦查人员要妥善处理好与辩护律师的协作和监督关系，尤其在审判阶段，要实现检察官与律师的良性互动，做到对抗不对立、交锋不交恶。三是建立新型的侦查和公诉关系。建立侦查部门和公诉部门长效协作机制，健全完善公诉引导侦查机制，提高职务犯罪侦查质量。

（三）确保案件质量，提高司法公信力

1. 强化侦查预审，把好案件出口关

借鉴公安机关预审制度，建立专门职务犯罪侦查预审部门，配备具有丰富法律理论基础和执法办案经验的业务能手在案件审查终结前，预先对所侦查的职务犯罪案件事实、证据等进行全面审查，以确保案件质量。预审部门人员的配备应当专职化，少而精，且预审人员不承办、参办职务犯罪案件，以避免预审人员先入为主，确保中立性。预审人员不仅要对案件事实作进一步确认，还要对侦查过程中所收集证据的合法性、程序规范性进行审查，及时补正瑕疵证据，防范非法证据。

2. 完善同步审查，把好案件质量关

同步审查主要是指上级检察院的公诉部门对下级检察院职务犯罪案件侦查过程中，从立案、侦查、调查取证、讯问犯罪嫌疑人、询问证人等办案的各个环节进行同步监督审查，以确保案件质量。要建立重大疑难复杂案件立案前上报制度，由上级检察院把好立案关，建立重大疑难复杂案件上级检察院随案跟踪指导机制，把好调查取证关。

3. 建立追责机制，把好责任追究关

实行办案质量终身负责制和错案责任倒查问责制，让办案人员树立正确的业绩观，弘扬"忠诚、为民、公正、廉洁"的检察官精神，强化责任心，守望公平正义，坚决杜绝冤假错案的发生。

乡镇检察室发挥法律监督职能路径建构[①]

摘要：派驻乡镇检察室的建设发展经历了从设立到撤销再到设立发展的过程。目前，在建设法治中国的大背景下，由于农村法治建设进程的加快，派驻乡镇检察室的建立显得迫切而必要。作为法律监督机关，各级检察机关在积极推进法治中国建设的进程中，创新法律监督方式，延伸法律监督职能，派驻乡镇检察室的重新设立与发展正是检察机关发挥检力下沉的积极探索。然而在派驻乡镇检察室的建设发展过程中，出现了诸如职能定位不规范、保障工作不到位、推进发展不平衡、监督管理不合理等问题。当前，设置派驻乡镇检察室是延伸检察职能的根本路径，而派驻乡镇检察室发挥检察监督职能的途径是突出"三个功能"、拓宽"三条渠道"、搭建"三个监督平台"。

关键词：派驻乡镇检察室；检察职能延伸；法律监督；检力下沉

作为国家法律监督机关，各级检察机关在推进法治中国建设的进程中担负着重要使命，起到了特殊的推动作用。在法治中国建设的大背景下，全国各基层检察机关纷纷恢复设立派驻乡镇检察室，积极延伸法律监督触角，促进检力下沉，参与社会管理创新、参与基层社会治理，对优化检察职权配置、促进农村法治建设、强化农村法律监督、保障农民合法权益等具有不可替代的作用。然而，由于设置派驻乡镇检察室的法律依据不够明确、工作推进不够平稳、职能定位不够规范、经费保障不够充足等原因，派驻乡镇检察室在推进法治中国建设的过程中未能充分发挥延伸法律监督的作用，甚至出现了开展派驻乡镇检察室工作流于形式的"空壳检察室"。因此，加强派驻乡镇检察室发挥法律监督职能的途径探索显得迫切而必要。

[①] 本文荣获2017年广西检察机关检察理论研究年会普通论文类优秀奖。

一、派驻乡镇检察室建设发展历程及现状

我国派驻乡镇检察室的建设发展历经了从设立到撤销再到设立的过程。从1982年开始,一些地方检察机关就在基层设置了试点检察室。经过近十年的发展,最高人民检察院于1989年12月20日颁布实施了《人民检察院乡(镇)检察室工作条例(试行)》(该条例于1993年4月22日失效),与此同时,《人民检察院乡(镇)检察室工作条例》颁布施行,对乡镇检察室的建设发展提出了指导性意见。在1993年7月23日下发的《最高人民检察院政治部关于整顿各类检察室的通知》中,对乡镇检察室的工作表示了肯定,鼓励"重点发展乡镇检察室",也指出"检察室设置的范围过宽、过滥,管理工作薄弱,检察室工作人员专业水平低,不能充分发挥检察职能作用"[1]。在此后的几年里,乡镇检察室的设置和发展呈现出一片欣欣向荣的景象,"加强两所一室一庭(指派出所、司法所、乡镇检察室、法庭)建设"的提法在各种政法工作会议上频频出现。

然而到了20世纪90年代初期,由于管理不够系统规范,各地检察室普遍暴露出很多问题:比如缺乏有效管理和制约,出现一哄而上地盲目设置;权限范围不明晰,专业水平较低,工作不规范,超越权限办案、非法插手经济纠纷、变相羁押等现象时有发生,以至于1998年最高检明令暂不新设乡镇检察室。2001年3月24日,中共中央办公厅还印发了由中央编委提出的《地方各级人民检察院机构改革意见》,该意见指出,调整乡镇检察室设置。为有利于法律监督,兼顾工作效率,各地要根据实际情况合理调整乡镇检察室布局,作用不大的,予以撤销;确需设置的,由省级人民检察院批准,报最高人民检察院备案[2]。随之又产生了新的问题,不少基层检察院因噎废食,干脆撤销了所有乡镇检察室;一些基层院把乡镇检察室当成了自侦部门的办案点或监视居住场所,变相地羁押犯罪嫌疑人。有的地方乡镇党委政府还把乡镇检察室当成政府组成部分,随意支配检察室工作人员越权办案、征收提留、催粮催款、搞计划生育,等等,动辄关押、体罚"违规"百姓[3]。由此,乡镇检察室逐渐萎缩,甚至名存

---

[1] 参见1993年7月23日下发的《最高人民检察院政治部关于整顿各类检察室的通知》。

[2] 参见2001年3月24日,中共中央办公厅印发的《地方各级人民检察院机构改革意见》。

[3] 周浩、张坤:《乡镇检察室设置现状及发展前景分析》,《中国检察官》2002年第2期,第69-70页。

实亡或销声匿迹。

时至 2009 年，最高人民检察院下发了《关于充分发挥检察职能为经济平稳较快发展的服务意见》，乡镇检察室的设置才开始松动。2009 年 2 月 27 日，最高检在其发布的《2009—2012 年基层人民检察院建设规划》中提出，坚持工作中心下沉，把检察服务科学发展的阵地前移，深入街道、乡镇、社区，面对面倾听和解决人民群众的诉求，积极探索派驻街道、乡镇、社区检察机构的建设[①]。2010 年 10 月 2 日最高人民检察院颁布的《关于进一步加强和规范检察机关延伸法律监督视角促进检力下沉工作的指导意见》指出，新设检察室，要考虑工作需要和实际可能，解决好办公场所、机构设置、人员编制、办公经费等保障条件。这一指导意见在一定程度上对 1998 年不再设置乡镇检察室的通知精神进行了否定，再次明确了可以新设检察室，而且范围扩大了，不再局限于乡镇检察室，并根据刑法的修订及时地加入了社区检察室。于是，全国各地检察机关又都积极推进基层乡镇检察室建设。据统计，2008 年至 2013 年 4 月，广西壮族自治区先后有 93 个基层检察院设立了 180 个派驻乡镇检察室[②]。

派驻乡镇检察室之所以出现从无到有、从多到少、再到逐渐恢复设立的历程，究其原因主要在于不同的历史阶段有不同的司法需求。当前在推进法治中国建设的大背景下，广大基层人民群众民主意识不断增强，法律诉求逐渐增加，在乡镇建立检察室是检察机关参与社会管理创新、推动基层社会治理、推进法治中国建设的现实需求，是改善农村法治环境的重要方法，是延伸法律监督触角、促进检力下沉的有效途径。

二、当前派驻乡镇检察室发挥法律监督职能的瓶颈

一是职能定位不够规范，不利于法律监督作用的发挥。派驻乡镇检察室的职能应当定位于检察职能的延伸，要履行法律赋予的法律监督职能，所以其职能应当涉及预防涉农职务犯罪线索的收集初查（公益诉讼案件线索的收集与初查）、诉讼监督、参与社会治安综合治理、对行政执法机关的法律监督等各方面。但是在现实司法实践中，不少检察机关对派驻乡镇检察室工作职能认识不

---

① 参见 2009 年 2 月 27 日，最高检发布的《2009—2012 年基层人民检察院建设规划》。
② 梁洪、何重任：《群众身边有了"法律医生"》，《检察日报》2013 年 5 月 13 日，第 2 版。

清，检察室没有很好地履行法律监督职能，主要体现在：工作方法单一，工作打不开局面，仅停留在法制宣传、受理来信来访，没有深入基层人民群众中去搜集了解涉检涉稳信息和法律监督线索，工作缺乏主动性和创新性，未能达到强化法律监督的效果。有的派驻乡镇检察室没有正确履行职责，过多参与、协助政府从事计生、征地、拆迁等政府工作，偏离法律监督工作轨道。

二是保障工作不够充分，不利于检察室的建设发展。一方面是机构设置和人员配置难以解决。在机构编制方面，有的地方支持力度较大，如广西贵港桂平市人民检察院经申报后一次性获得3个机构编制名额，而有的地方经多方沟通后才获批1个名额，地方党委政府的支持力度明显不够；而在人员配置方面，在人少案多的矛盾下，派驻乡镇检察室人员很难得到落实。按照派驻乡镇检察室设置与中心法庭对应的工作布局，整个广西需要设置257个派驻乡镇检察室，部分基层院需要设置3个以上派驻乡镇检察室，按每个派驻乡镇检察室配备2名检察人员计算，部分基层检察院需从现有人员中抽调6名以上检察人员到派驻乡镇检察室工作。但是，目前在派驻乡镇检察室没有专项政法编制的情况下，从有限检力中抽调多名检察人员到检察室工作，很多基层检察院感到比较棘手。比如广西最大基层检察机关桂平市人民检察院就因为人员配置不足，导致2008年已经批复的派驻蒙圩镇检察室至今仍未正式挂牌。另一方面是办公条件比较简陋，检务保障水平有待提高。大部分派驻乡镇检察室办公经费没有列入地方财政预算，所需经费由派出检察院内部调剂解决，检务保障严重不足。绝大部分派驻乡镇检察室没有相对独立的办公用房，由乡镇政府提供一两间办公室办公，有的还是租用民用房办公，办公条件比较简陋，交通工具匮乏。派驻乡镇检察室"车马粮草"和派驻检察室检察人员的"衣食住行"问题有待进一步解决。

三是工作推进不够平衡，不利于检察室的统一发展。在乡镇检察室建设中，全国各地的推动进度不够统一，有的地方动作快，有的地方进展缓慢，这主要受制于各地的思想重视程度，以及与地方党委政府的协调沟通能力。当然，也存在部分地方盲目追求完成建设目标任务，而忽视对乡镇检察室的科学论证。各地在乡镇检察室的设置方式上也有较大差异：有的选择从远到近的方式，即从离基层检察院较远的边远乡镇着手；有的倾向于从近到远的方式，使派驻乡镇检察室在后勤保障方面能够及时满足正常开展工作的需求，做到成熟一个、设置一个、成功一个，继而逐步推广到其他边远乡镇；还有的优先从地方司法需求来考虑，选择经济条件较好、辐射区域较大、设置效果更明显的乡镇着手设置。无论哪一种方式，都应该根据各地的具体实际，进行充分的科学论证，上级检察机关也应当加强对基层检察院的指导。

四是监督管理不够到位，不利于检察工作的长远发展。由于没有权威而统一的制度规范，一些地方对派驻乡镇检察室的管理工作也尚未理顺，使得派驻乡镇检察室工作管理出现政工部、研究室、办公室等不同部门负责管理指导、副检察长专门分管或各自分管一个派驻乡镇检察室等情况。从长远来看，管理权限不明确或多头管理，不利于派驻乡镇检察室健康长远发展。

三、派驻乡镇检察室发挥延伸法律监督职能的路径选择

（一）突出"三个功能"，充分发挥派驻乡镇检察室法律服务的基础性作用

一是突出法律宣传教育功能。派驻乡镇检察室要联系政工、民行等部门，组织干警深入村屯、农户，广泛开展"送法进村、送法入户"活动，并有效利用圩日集市，广泛开展法律宣传教育，积极普及法律知识，提高基层人民群众懂法、知法、守法意识。据统计，广西检察机关派驻乡镇检察室2012年共开展法律宣传活动900场次，发放宣传资料近10万份，到基层组织和学校上法制课402次。通过法律宣传教育，检察室所辖乡镇村的广大群众知法、懂法、守法和依法维护个人权益的意识极大提高，推动了农村法制建设和基层稳定。

二是突出违法犯罪预防功能。派驻乡镇检察室要联合职务犯罪预防局（纪检监察委）成立讲师团，通过"以案说法""法制大讲坛"等形式，给乡镇干部和村"两委"干部上预防职务犯罪警示教育课，一方面让广大村镇干部懂得珍惜岗位，拉响警钟，筑牢自身反腐墙，更好地服务人民群众；另一方面，让广大人民群众充分了解检察职能以及举报程序和方法，让广大人民群众发挥监督作用。2012年，广西检察机关派驻乡镇检察室积极开展职务犯罪预防，举行职务犯罪预防专题讲座184次，召开联席会议座谈190次，帮助基层组织和有关单位完善规章制度94项。

三是突出法律咨询服务功能。派驻乡镇检察室是检察院的"窗口"和前沿

阵地，因此，派驻乡镇检察室要发挥主观能动性，主动贴近群众，密切联系群众，坚持经常性深入农户村屯，与广大农民群众交朋友，千方百计为基层群众提供法律咨询，为农村百姓答疑解惑，及时发现和解决农民身边的涉检涉法问题，最大限度地满足人民群众的司法需求。

（二）拓宽"三条渠道"，充分发挥派驻乡镇检察室化解社会矛盾的重要作用

一是拓宽排查化解矛盾纠纷渠道。派驻乡镇检察室要不断增强干警职业荣誉感，组织干警经常性深入村屯农户，"横到底、竖到边"地深入基层群众中去，与广大农民群众打成一片，倾听人民群众的呼声和建议，向群众讲法律、讲政策，以法释理，热情服务群众，认真开展矛盾纠纷化解工作。

二是拓宽信访接待渠道。建立集市巡防机制。在天气允许和没有特殊工作的情况下，组织干警到所辖乡镇的集市进行巡回法律宣传，受理信访举报控告和申诉，送法上门。建立预约下访机制。为了便于群众举报申诉等，发挥乡镇检察室遍布乡村的涉农检察联络员的作用，及时掌握基层群众所反映的问题，加强与检察室进行联系和预约，检察室根据预约及时下访受理举报和开展宣传。建立点名接访机制。针对部分群众指名要求检察院领导接访问题，检察室充分发挥好桥梁和中介作用，积极联系院领导来检察室与举报和申诉人"零距离"会面，或由检察室工作人员带领到检察院与点名的领导"面对面"，进行"零"距离信访，努力将问题解决在当面、解决在基层。2012年，广西检察机关各派驻乡镇检察室共受理来信531封，接待群众来访咨询2926人次，参与民事纠纷调解513件，刑事和解52件，调解和解成功259件。

三是拓宽案件线索渠道。派驻乡镇检察室要充分发挥先发现线索且掌握线索的优势，积极主动地协助和配合控告申诉、职务犯罪侦查等部门查办案件。据统计，广西检察机关派驻乡镇检察室2012年共受理职务犯罪举报191件，移送职务犯罪侦查部门后立案23件，协助自侦部门初查、侦查122件。

（三）搭建"三个监督平台"，充分发挥派驻乡镇检察室维护社会公平正义的终极作用

一是构筑对公安派出所执法活动的监督平台。首先，建立联络员及信息通报制度。检察室干警要分乡包片，充当检警联络员，必要时要到派出所参与疑难案件的研究、讨论，提前介入，引导侦查取证。通过了解公安机关立、破案情况和介入侦查活动，对刑事执法活动进行同步全程监督，及时纠正侦查活动中的不规范现象，保证准确及时地打击犯罪，保护公民的合法权利。此外，通过与派出所协商，建立办案联系制度，协商派出所将刑事案件的立、破、结案数量和案件基本情况（包括犯罪嫌疑人姓名、涉嫌罪名、嫌疑人是否在押、简要案情等）及时报送检察室。检察室设立专门台账，以便开展具体监督工作。其次，建立巡察制度。检察室干警每月要到辖区派出所，查阅相关刑事案卷材料、受理的治安案件材料和公安110指挥中心的派警记录等。深入了解、监督派出所办理刑事案件、治安案件处理情况。同时，对派出所行政处罚的案件进行随机抽查，发挥法律监督作用。第三，建立联席会议制度。通过协商，检察室与辖区派出所每季度召开一次联席会议，视情况也可以不定期召开，互通有关情况，共同研究侦查活动中出现的新情况和新问题，同时组织双方一线办案人员开展业务交流，研究证据收集、运用技巧，共同分析研究疑难案件、探讨侦查取证新思路。通过了解派出所立案、破案情况和介入侦查活动，适时参与疑难案件的研究、讨论，引导侦查取证等，对刑事执法活动进行同步监督，及时纠正侦查活动中的不规范现象，保证准确及时打击犯罪。

二是搭建基层法庭审判工作的监督平台。派驻乡镇检察室要主动与辖区乡镇人民法庭沟通联系，对群众反映强烈的、社会影响较大的案件的庭审工作进行临场监督，及时纠正审判程序缺失等现象。要积极主动参与社区矫正、社会管理创新、基层社会治理等，加强刑罚执行监督工作。2012年，广西检察机关各派驻乡镇检察室共参与社区矫正1463人次，对被不起诉人进行回访帮教41人。

三是建立对乡镇行政执法活动的监督平台。派驻乡镇检察室要将对行政执法机关和执法人员的监督纳入检察室工作范围，从人民群众反映强烈的热点、难点问题入手，敢于监督、善于监督。首先，从涉农资金专项治理入手，配合职务犯罪侦查部门、民政系统，对辖区内重点乡镇的涉农资金、惠农资金使用情况有针对性地进行清理。其次，对农村宅基地审批环节、救济优抚对象的确定、征地占地补偿款发放等进行必要的监督。再次，对行政权属纵向管理的工商、税务等加强监督，重点监督纠正不作为、乱作为、失职渎职、吃拿卡要等行为，有效规范行政执法行为。

在推进法治中国建设的大背景下，社会管理创新不断推进，广大农民群众的司法诉求不断增加，推进乡村法治建设迫在眉睫。加快派驻乡镇检察室建设步伐，促进检力下沉，以推动乡村法治建设进程，是当前各级检察机关延伸法律监督职能的题中应有之义。在法治中国的建设进程中，派驻乡镇检察室的建设与发展将会越来越完善，其参与社会管理创新、推动基层社会治理、发挥法律监督职能的途径也将越来越丰富，必将推进检察事业创新发展。

行政公益诉讼：国有资产流失的法律监督[①]

摘要：我国拥有国有资产总量居世界第一，但是国有资产缺乏有效司法保护，导致国有资产流失严重。包括国有资产保护、生态环境保护等领域在内的检察公益诉讼经过试点实验、经验总结、制度入法和全面铺开已经取得了一定成效，凭借其政策形成功能、权利创设功能和经济利益功能为有效规范社会行为、遏制国有资产流失、节约司法成本、提高法律和社会效益发挥了重大效能。但是，由于立法滞后于制度设计，在现有法律体系下，国有资产公益诉讼制度仍有追回权不明确、调查取证不精细、责任主体惩罚不完善、公益诉讼队伍建设有待加强等问题。因此，必须立足我国实际，遵循司法规律，总结司法实践经验，拓宽案件来源渠道，细化证明责任，明确资产追回权责，健全监督机制，加强公益诉讼队伍建设，并吸收借鉴域外有益启示，完善国有资产公益诉讼制度，以实现保护国有资产的司法目的。

关键词：国有资产流失；公益诉讼；法律监督；行政诉讼法

一、引言

随着经济体制改革的深入发展，我国已经积累了丰富的物质财富，已经一跃成为世界第二大经济体，国有资产总量居世界第一。然而，由于缺乏有效的保护和及时的救助，国有资产流失问题已成为我国经济社会发展中迫切需要解决的热点难题。通过对国有资产管理部门所提供的数据进行分析得出，从1982年至1991年，在这十年间国有资产流失总量已逾5000亿元，也就是平均每年

[①] 本文荣获广西经济法学学会2021年学术年会暨第十七届经济法理论研讨会二等奖、2021年广西行政法学年会优秀论文成果三等奖。

流失达 500 亿元[①]。据统计，到 2017 年年底，全国国有企业资产总额有 183.5 万亿元，但是，近年来的国有资产流失总量却不少于 1500 亿元[②]。有关国有资产流失问题，尽管学术界历来关注，有不少有关国有资产流失问题的研究，但大部分都聚焦在国有资产流失的立法政策研究，而对国有资产流失司法保护的研究还不是很多。在全面推进依法治国的新时代，公益诉讼制度已成为实务届和理论界广泛关注并热烈讨论的热点问题。维护国家和社会公共利益，是建立公益诉讼制度的立法本意。侵犯、破坏国有资产，最终导致国有资产流失，使得国家利益以及社会公共利益遭受损失。从这个层面上考量，国有资产保护和公益诉讼制度具有内在的一致性，二者具有共同的价值追求。利用公益诉讼制度保护国有资产，是对国有资产流失的有效救济，不仅为国有资产保护找到了一条有效的司法进路，而且为进一步深入研究国有资产流失各方面的问题提供了一定参考，也为经济社会的持续健康高质量发展起到保驾护航的作用。

从党的十八届四中全会提出"探索建立检察机关提起公益诉讼制度"[③]的决定到 2017 年 7 月 1 日新修订的《民事诉讼法》和《行政诉讼法》的颁布实施，从顶层制度设计到以立法形式确立检察机关提起/支持公益诉讼制度的过程，就立法过程考量，我国检察公益诉讼制度从探索到实践，经历了顶层设计、法律授权、试点先行、立法保障、全面推进五个环节的战略安排[④]，每个环节紧紧相扣，依次推进。公益诉讼制度经过两年试点和之后的全面推行，取得了一定的社会效果和法律效果。作为公益诉讼保护范围的国有资产公益诉讼，也在一定程度上有效防止了国有资产的流失。随着司法实践的发展，国有资产公益诉讼制度也在不断试错中完善。而在司法实践中，国有资产公益诉讼制度落实

---

① 李俊：《关于经济转轨时期我国国有资产流失问题的思考》，《华南热带农业大学学报》2002 年第 3 期。

② 国务院：《2017 年度国有资产管理情况的综合报告》，《中国人大》2018 年第 10 期。

③《中共中央关于全面推进依法治国若干重大问题的决定》，《人民日报》2014 年 10 月 29 日，第 1 版。

④ 王治国、史兆琨：《检察机关提起公益诉讼成为全面深化改革的一个典型样本》，《检察日报》2017 年 11 月 2 日，第 3 版。

如何？是否符合当前社会主要矛盾转变以及经济社会发展的实际需要和发展要求？在全面推进依法治国的背景下，如何进一步完善国有资产公益诉讼制度？针对前述这些问题，需要在厘清国有资产公益诉讼内涵及其功能、分析总结国有资产流失保护现状的基础上，总结国有资产流失的公益诉讼保护问题，并基于司法规律，提出完善国有资产流失公益诉讼制度的建议。

二、国有资产流失的公益诉讼保护价值功能

（一）国有资产公益诉讼的内涵

从法律史的角度来看，公益诉讼最早可以追溯到古罗马时代，当时的诉讼类型分为公益和私益，而比较于当时的私益诉讼来说，公益诉讼也只是维护国家利益的诉讼[①]。法谚有云："无救济即无权利"，也就是说救济与权利相伴而生，如果没有救济，那么权利也只是没有支撑的空中楼阁。因此，权利必须通过司法救济来保障。公共利益的实现在一定程度上说明了对权利的保障，对公权力的监督和制约。在社会转型过程中，各种社会矛盾叠加，冲突不断，最后以法律形式并依照一定法定程序得到公正解决，正是依法治国的必然要求。公益诉讼制度为国家和社会公共利益的实现提供了有效的司法保障。公益，顾名思义，就是公众的、公共的利益，是指人们维持社会正常秩序、保障公共生活安全、保障经济健康发展，所要保护的国家的、不特定的多数人的、公众的利益。正如马克思所说的："为了获取个人利益，必须保障公共安全，维持公共秩序，维护公共利益，否则个人的利益将难以实现。"[②]因此，在法律保护的公共利益被侵害时，经法律授权的组织和个人，就可以凭借法律规定，对违反公共利益的行为提起公益诉讼。

一如前述，新修订的《民事诉讼法》《行政诉讼法》以及两高为检察公益诉讼制度联合发布的司法解释，从立法的角度将检察公益诉讼划分为民事公益诉讼和行政公益诉讼，并且明确了检察机关提起行政公益诉讼的原告资格，尽管如此，但是对提起行政公益诉讼又进行了一些限制，比如案件来源必须是检

---

① 王珂瑾：《行政公益诉讼制度研究》，山东大学出版社2009年版，第37页。

② 马克思、恩格斯：《马克思恩格斯选集》（第二卷），人民出版社1972年版，第609页。

察机关在履行职责中发现的,案件领域仅限于包括国有资产保护在内的四大类,案件主体是实施了行政违法行为的行政机关、案件程序必须经过检察建议的前置程序。而且,学界对行政公益诉讼内涵的界定也未完全形成一致意见,都是各自基于自身研究旨趣对公益诉讼进行定义。其中,比较有代表性的学者有颜运秋教授①、马怀德教授②、王太高教授③。他们的论断可以概括为:没有直接利害关系的人,为了维护国家的、社会的公共利益,因行政主体的行政违法作为而遭受侵害或者陷入侵害危险时,向人民法院提起的诉讼活动。但是,他们并没有明确能够提出公益诉讼的适格原告。而新修订的《行政诉讼法》第二十五条,明确了行政公益诉讼的原告是具有法律监督职能的检察机关,结合学者论述进行文义解释,行政公益诉讼的内涵可以界定为,检察机关对行政机关不作为或违法行为,使得国家利益、社会公共利益遭受不法侵害的,依法向人民法院起诉的诉讼活动。

  从解释学循环的角度来看,国有资产流失是产生国有资产公益诉讼的基本前提。所谓国有资产,就是指国家和全民所有的财产及其收益,具体包括投资收益、行政权力依法确认的财产及其财产权利④。而就国有资产流失而言,顾功耘在《经济法教程》一书中从法学的角度对其进行了明确界定:国有资产的占有者、实际管理者以及经营投资者,因过失或者故意违反法律、法规以及国家关于国有资产经营、管理、监督之规定,从而使得国有资产流失或者陷入流失

---

① 颜运秋:《公益诉讼理念研究》,中国检察出版社2002年版,第56页。颜运秋教授将行政公益诉讼界定为:"行政主体的不作为抑或违法行政行为使得公共利益受到侵害,或者使得公共利益陷入侵害的危险,而又没有直接利害关系人维护公共利益时,根据法律授权的特殊主体,依法向法院提起行政诉讼,依法追究行政主体法律责任的诉讼活动。"

② 马怀德:《行政诉讼原理》,法律出版社2003年版,第151页。2003年,马怀德教授认为,行政公益诉讼就是"为了维护公共利益,对与自身权利无涉,且在法律上也无直接利害关系的事项,对行政机关及其行政人员的不作为或者违法行为所造成的公共利益损害的,提起诉讼"。

③ 王太高:《论行政公益诉讼》,《比较法研究》2003年第2期。王太高教授给行政公益诉讼下的定义为:"公民、法人或者其他组织对侵害社会公共利益的行为所提起的行政诉讼。"

④ 谢次昌:《国有资产法》,法律出版社1997年版,第3页。

风险的行为[1]。如此界定是基于国有资产产权变更的特定性和被侵害性的考量。国有资产公益诉讼，就是利用公益诉讼对国有资产进行司法保护，其背后蕴含着"国家积极作为论"的理论基础[2]；国家积极作为论强调权力制衡，用权力制衡权力，强调要用制度来限制权力，强调为实现公共利益的国家责任和义务，强调国家要努力加强法治建设。如果国家公权力被滥用，致使国家和社会公共利益被侵害，那么法律监督机关就必须代表国家依法追诉。从这个层面来讲，可以将国有资产公益诉讼界定为：作为法律监督机关的人民检察院，在履行宪法与法律赋予的法律监督职责的过程中，发现负有监管国有资产职责的行政主体的违法行政行为，致使国有资产流失严重，代表国家依法向法院提起公益诉讼的活动。

  检视国有资产公益诉讼背后的理论基础，国有资产公益诉讼具有鲜明特点。概括而言，可以总结为以下四个特点：一是国有资产公益诉讼原告的法定性。从顶层设计的中共中央决定，到试点工作决定、方案和办法，再到修订法律并出台司法解释[3]，都明确了作为法律监督机关的检察院是国有资产公益诉讼的原告资格。作为宪法法律明文规定的法律监督机关，人民检察院作为原告提起国有资产公益诉讼具有明显的先天地位优势。在比较法的视角下，一些西方国家和地区在公益诉讼制度的建构上，也更多地倾向于将检察机关作为起诉主体。如法国《民事诉讼法典》（1806年）就明确规定检察机关有参与公益诉讼权；检察官往往被视为公共利益和国家法律的守护人[4]。与普通诉讼相比，诉讼原告一般而言与案件有着直接的利害关系，而国有资产公益诉讼维护的是国

---

[1] 顾功耘：《经济法教程》，上海人民出版社2002年版，第397页。

[2] 杨东平：《国有资产公益诉讼法律制度研究》，湘潭大学2008年硕士学位论文。

[3] 《中共中央关于全面推进依法治国若干重大问题的决定》指出，检察机关在履行职责中发现行政机关不行使职权或者违法行使职权的行为，应该督促其纠正。随后出台的《全国人民代表大会常务委员会关于授权最高人民检察院在部分地区开展公益诉讼试点工作的决定》《检察机关提起公益诉讼试点方案》《人民检察院提起公益诉讼试点工作实施办法》等相关规范性文件，乃至修订后的《行政诉讼法》和最高法、最高检联合发布的《关于检察公益诉讼案件适用法律若干问题的解释》，都明确检察机关的原告资格。

[4] 梁景明：《检察制度的多元发展刍议》，《法学杂志》2009年第9期，第13-16页。

家公共利益,因此提起的主体只能是法律明文规定的检察机关。二是国有资产公益诉讼被告的特定性。国有资产公益诉讼旨在监督行政机关依法履行行政管理职责,实现权力监督权力,而不是为了实现行政管理的目的,因此,负有行政管理职责的行政机关就成了国有资产公益诉讼的唯一适格被告。三是国有资产公益诉讼目标的直接性。与私益诉讼相比,国有资产公益诉讼有着根本性的区别,前者追求的是保护当事人的合法权益,后者保护的是公共的利益。尽管通过保护私益能够在一定程度上起到保护公共利益的目的,但是所起到的保护效果并不明显,也缺乏针对性。在国有资产公益诉讼中,直接通过检察院对行政机关监管国有资产进行全面监督,实现对国家利益和社会公共利益的直接保护。四是国有资产公益诉讼违法的预防性。国有资产公益诉讼除了通过诉讼的方式监督行政机关纠正违法行为,以实现保护国有资产的作用外,还可以起到预防违法的作用。一方面,检察机关通过检察建议,乃至公益诉讼监督违法行政机关纠正违法行为,甚至通过惩罚性、强制性措施,以产生威慑效应,进而对其他行政机关起到预防作用。另一方面,检察机关通过及时制发检察建议,督促行政机关依法履职,从而预防国有资产潜在的流失风险。

(二)国有资产公益诉讼的功能

法作为一种社会规范,不管其是否能够直接影响社会,但是法的功能总是存在的[①]。所谓法的功能就是法所能发挥的价值和作用。国有资产公益诉讼的功能就是法律监督在国有资产保护中所能体现的功效,具体而言,国有资产公益诉讼依据其属性、要素、内容和机构的特性,具有形成政策、创设权利、创造效益三大功能。

其一,形成政策功能。国有资产公益诉讼通过解决个案问题,监督行政机关纠正违法行为,及时追回流失的国有资产,保护国家和社会公共利益。国有资产公益诉讼通过诉讼裁判结果指引行政机关,主动作为,依法履行国有资产管理职责,依法行使职权。国有资产公益诉讼通过诉讼程序,充分发挥检察机关的法律监督职责,来规范、监督、纠正行政行为,促进社会新准则的形成,进而促进国家立法完善,从根源上遏制国有资产流失。

---

① 卢云:《法学基础理论》,中国政法大学出版社 1994 年版,第 50 页。

其二，创设权利功能。一如前述，国有资产公益诉讼具有主体、客体的特殊性，是通过权力监督权力，来实现对国家和社会公共利益的保护，进而保障公众权利。国有资产公益诉讼通过顶层设计并经过两年的试点考察，取得了良好的法律效果和社会效果，最后从立法层面明确了检察机关国有资产公益诉讼的起诉人地位。为履行法律监督职责的检察院在国有资产保护方面创设了公益起诉权，为新时代检察事业创新发展，开拓了监督范围、延伸了监督触角。

其三，创造效益功能。一方面，确保效果最优化。在国有资产领域存在一种认识悖论，即国有资产管理者往往认为通过不作为，乃至违法行为侵犯国有资产，更能让其从中获利，也更能使国有资产发挥最大效用，而其自身却不用或者少付出机会成本。这种认识往往将国有资产当作私人谋取个人利益最大化的工具，忽略了国有资产全民的属性，将国家和人民的利益抛诸脑后，最终自己走向侵吞国有资产的违法犯罪深渊。国有资产公益诉讼通过诉讼模式，发挥检察机关的法律监督职能，有效监督行政机关履行法定职责，及时纠正行政违法行为，遏制国有资产流失，有效保护国有资产，促进法律效果、社会效果的最优化。另一方面，实现效益最大化。国有资产公益诉讼由人民检察院提起，既保障了国家和社会的公共利益，又节约了广大人民群众的私人成本，实现了成本节约。此外，国有资产公益诉讼通过个案办理，警示威慑其他国有资产管理者的方式，收获了预防性收益；通过督促行政机关、向申请审判机关强制执行及时追回流失的国有资产，实现了补偿性收益；通过依法履行宪法与法律赋予的法律监督职能，以检察权监督行政权，强化权力监督，让权力不任性，确保社会公平正义，实现了正义性收益。

三、国有资产流失的公益诉讼保护现状

（一）国有资产流失的现状

在原先的计划经济时代，政府是经济社会活动的控制中心，国有资产的经营管理一般都由中央统一安排部署，监督方式也相对比较严格全面，没有供官员或管理者"寻租"的空间，国有资产流失较为轻微。但是随着由计划经济发展到市场经济，实现了经济持续高速增长的伟大奇迹，国家经济实力不断增强，已成为世界第二大经济体，随着经济社会的快速发展，人民生活水平不断

提高，生活质量不断得到改善，给社会各层面带来了确确实实的利益。而与此同时，在经济转型发展带来国家经济社会发展变化的过程中，也出现了诸如国有资产严重流失等一些重大经济问题。

如前所述，从 1982 年到 1991 年，国有资产流失总量达 5000 亿元。[①] 而随着深化国有企业改革，国有企业数量减少，但是国有资产却大量集中，资产总量不断增加，到 2017 年年底，全国的国有企业资产总额达 183.5 万亿元，但是近几年来，国有资产流失却达到了 1500 亿元。[②]

国有资产流失表现形式多种多样，既有显性的，也有隐性的。经营性国有资产的流失既有管理者不擅于经营管理的原因，也有管理者滥用经营权因素。比如国有资产评估时，滥用权力不估、低估、漏估，造成国有资产流失或者贬值。在股份制改造过程中，为谋取私利而将国有资产直接无偿私自分配，或者低价折股、出售。在国有资产产权交易过程中，不规范交易，或经内幕交易被侵占。在固定资产投资中，盲目投资，重复投资。还有违反国家规定，将国有资产低价发包或租赁或变相转让，等等。而就非经营性国有资产的流失而言，则包括不善管理、破坏性开采、砍伐导致资源性国有资产流失；不规范交易国有土地使用权、偷税、漏税等造成国有资产收益和税收的流失；甚至侵占、贪污，等等。

自检察机关提起公益诉讼试点工作开展后，全国各地检察机关积极落实国有资产公益诉讼制度，在履行法律职责中，深挖案源，强化监督方式，通过走访调查、座谈磋商、制发检察建议督促国有资产管理行政机关依法履行职责，保护国有资产，对不履行法定职责的行政机关，造成国有资产流失的，依法向人民法院提起诉讼。据统计，从 2017 年 7 月至 2020 年 12 月，全国检察机关共办理国有财产保护和国有土地使用权出让领域公益诉讼案件 42413 件，督促收回国家所有财产和权益的价值 125 亿余元，督促收回欠缴的国有土地使用权

---

① 李俊：《关于经济转轨时期我国国有资产流失问题的思考》，《华南热带农业大学学报》2002 年第 3 期，第 38-45 页。

② 国务院：《国务院关于 2017 年度国有资产管理情况的综合报告——2018 年 10 月 24 日在第十三届全国人民代表大会常务委员会第六次会议上》，《中华人民共和国全国人民代表大会常务委员会公》2018 第 6 期，第 958-961 页。

出让金 285 亿余元[①]。

（二）国有资产流失的公益诉讼保护现状

国有资产公益诉讼制度经过中共中央顶层制度设计再到人大授权试点工作的摸索，从试点经验的总结提升再到制度入法全面铺开，国有资产公益诉讼保护在立法层面和司法实践层面不断完善，为国有资产提供了强有力的公益诉讼保护。但是，就国有资产公益诉讼的司法现状而言，仍存在以下几个方面的问题，需要进一步加以完善。

其一，案件来源相对狭窄。现行法律明确规定了国有资产公益诉讼的案件来源，即作为法律监督机关的人民检察院在履职过程中发现的，负有监管职责的行政机关不作为、违法作为或者滥用职权导致国有资产流失或者陷入流失风险的情形。按照导致国有资产流失原因的不同，可以把国有资产公益诉讼案件归纳为两种：行政机关的不作为导致的国有资产流失、行政机关的违法行政导致的国有资产的流失。但是，由于国有资产有经营性和非经营性之分，两种类型的国有资产流失的方式又多种多样，但就从作为与不作为的方式区分行政机关的责任，还不能涵盖所有的国有资产流失的案件类型。

其二，举证责任规范不明。举证责任，简单地说，就是提供证据证明自己主张的法律义务。在行政诉讼中，因为行政机关具有行政职权，与普通公民相比，在取证方面具有明显的优势，因此主要实行举证责任倒置原则。所谓举证责任倒置，是指在行政诉讼程序中，本该由原告行政相对人证明自己的诉讼起诉主张，但是由于行政机关地位的优越性而由作为被告的行政机关提供证据证明自身行政行为的合法性。而在国有资产公益诉讼中，作为起诉主体的检察机关也有宪法与法律赋予的先天优越性，并被赋予了调查核实权，比被监督的行政机关更具有地位优势。但是，在现行法律框架下，国有资产公益诉讼制度对举证责任的分担并没有明确的规定，从公平正义论的角度考量，依据行政诉讼法实行举证责任倒置原则，就显得有失公平。但是，现行法律赋予国有资产公益诉讼起诉主体调查核实权的同时，又对调查核实权加以了限制，明确要求检

[①] 闫晶晶：《最高检发布国有财产保护、国有土地使用权出让领域行政公益诉讼典型案例 督促收回国有财产和国有土地出让金 410 余亿元》，《检察日报》2020 年 12 月 18 日，第 1 版。

察机关在调查核实过程中不得采取查封、扣押、冻结财产和限制人身自由的强制性措施，导致在司法实践中，检察机关对国有资产的保护大都止步于发出检察建议的诉前程序。根据有关统计，检察公益诉讼试点两年期间，80% 的行政公益诉讼案件是以提出检察建议的诉前程序结案的[①]。而根据最高检发布的全国检察机关主要办案数据统计，2020 年全国检察机关行政公益诉讼案件中，以提出行政诉前检察建议结案的共 117573 件，占比高达 99.25%，而最终提起行政公益诉讼的案件只有 844 件，占比不到 10%[②]。但是单单依靠检察建议的诉前程序很难实现有效监督、保护国有资产安全的目的，如甘肃陇南宕昌县人民检察院诉县水务局国有资产公益诉讼一案，即我国国有资产公益诉讼第一案[③]，通过检察建议督促整改，追回国有资产损失 310 万元，但是仍有 356 万元损失未能追回。而且在具体的司法实践中，在检察机关调查核实过程中，作为被监督的对象，有的行政机关存在抵触情绪，不愿配合，"脸难看、事难办"，有的甚至干扰取证，将有关材料藏匿，影响检察机关履行法律监督职责。

其三，追回权责尚未规定。国有资产属于国家和全民所有，任何组织和个人都有保护国有资产不受侵害的义务。但是我国现行法律并未明确规定，在负有监管职责的行政机关不依法履行监管职责追回，或者无法通过依法行政追回流失的国有资产时，由哪个特定主体依法负责追回因行政机关监管不善而流失的国有资产。如前所述，我国国有资产公益诉讼首例案件中，对于尚未追缴的 356 万元，究竟应该由哪个主体承担责任，由哪个主体履行追回权，在司法实

---

① 吴家文：《检察行政公益诉讼：理论基础、实践考察和制度完善——基于比较法视野下的思考》，《南海法学》2018 年第 2 期。

② 最高人民检察院：《2020 年全国检察机关主要办案数据》，中华人民共和国最高人民检察院网：https://www.spp.gov.cn/spp/xwfbh/wsfbt/202103/t20210308_511343.shtml#1，2021 年 11 月 29 日访问。

③ 许沛洁：《不履行法定职责 酒泉市肃州区检察院起诉财政局》，《兰州晚报》2016 年 11 月 15 日，第 2 版。甘肃陇南宕昌县人民检察院诉县水务局国有资产公益诉讼一案，检察机关在履行法律监督职能时发现，宕昌县水务局违反规定，降低收费标准，少收管理费用，导致国有资产流失 666 万元，经检察机关提出检察建议后，县水务局采纳了检察建议，采取了补救措施，及时追缴了 310 万元，但是仍有 356 万元采砂管理费仍未追缴。

践中已陷入了推诿扯皮的"囚徒困境",导致国有资产流失悬而未决。

其四,责任主体惩罚乏力。有权必有责,尽管我国现行的《行政诉讼法》明确规定,行政机关及其公务人员违法行政必须承担相应的法律责任。但是,就国有资产保护方面来说,对负有国有资产监管的行政主体,因行政违法造成国有资产流失的,并没有专门的具体的责任规定,公益诉讼相关规定中,也没有具体的责任追究机制。这就导致在司法实践中,如前述案例所呈现的流失的国有资产"悬而未决"。

其五,队伍建设有待加强。包括国有资产保护、生态环境保护等领域在内的行政公益诉讼案件具有发现线索难、调查取证难、提起诉讼难、诉讼监督难等特质,因此,需要一批政治素质过硬、理论功底深厚、专业知识丰富、业务能力较强的公益诉讼队伍,承担起深挖案件线索、组织调查取证、及时汇报案件、撰写法律文书、出庭支持公诉、开展诉讼监督等一体化公益诉讼职能。但是,在检察机关自上而下的回溯性内设机构改革中,明确由先前负责民事检察和行政检察的部门办理行政公益诉讼案件,而民事、行政检察部门的主要职责是对当事人申请的,生效的判决、裁定、调解书依法受理申诉,提出抗诉,对审判程序、执行程序中的违法行为进行法律监督。总体而言,民事、行政检察监督案件相对较少,就笔者所在市辖的5个基层检察院,每个基层检察院每年所办理的民事抗诉案件、行政抗诉案件基本都是1至2件,有的基层检察院甚至一年都没有民事抗诉和行政抗诉案件。受依申请履行法律监督的被动思想影响,加之修订后的《民事诉讼法》明确再审程序必须先到法院申请的前置程序,导致检察机关民事、行政检察部门传统案件少,所配备的检察人员不多,且多是"老弱病残孕",尽管司法体制改革后,明确了公益诉讼检察,检察机关内部自上而下也相应地调整了民事、行政检察部门的人员配备,但是公益诉讼检察队伍整体水平还不能满足新时代做好公益诉讼检察的需要。在国有资产保护方面,公益诉讼检察人员案件线索发现能力、调查取证能力、法律文书撰写能力、起诉庭审能力、法律监督能力等综合业务能力都有待进一步增强。

四、国有资产流失的公益诉讼保护完善进路

国有资产流失的公益诉讼保护方式尽管经过授权试点、经验总结、立法建

构、全面施行的司法实践，体制机制也不断健全。但是，从法律发展规律角度而言，法律总是落后于时代需求。国有资产流失的公益诉讼保护制度也存在上述诸多问题，还需在实践中加以完善。

其一，拓宽案件来源渠道。一如前述，国有资产公益诉讼案件来源，就目前我国法律框架而言，仅限于人民检察院在履行法律监督职责过程中发现的。而现实社会生活中，诸如市场监督管理部门、审计部门、监察部门等其他行政机关在依法履职中发现的因行政机关行政违法行为致使国有资产流失的情况也很多。因此，为更加有效地保护国有资产，应当通过司法解释，通过采取列举加概括的模式，明确规定群众来信来访举报案件、上级检察机关交办案件、其他机关依法履职发现的案件等都是国有资产公益诉讼的案件来源，以此拓宽国有资产流失公益诉讼案件的来源渠道，做到全方位的有效预防。

其二，细化证明责任分配。国有资产公益诉讼是一种原告特定的行政诉讼。因其行政诉讼的本质，故应该遵循现行《行政诉讼法》的举证责任倒置的证明责任，由负有国有资产监管职责的行政机关对其作出的行政行为合法性进行证明。但是考虑作为法律监督机关的检察院这一提起诉讼主体的特殊性及其地位的优越性，应该在现行法律框架下，通过司法解释，践行公平原则，明确由作为原告的检察机关提出初步证据，证明行政机关的行政行为导致了国有资产流失的事实，由被告行政机关证明其行政行为是否合法，以此来分配证明责任，彰显公平正义。此外，鉴于保障国家和社会公共利益的立法目的和调查取证难的现实困境，在国有资产流失案件的调查过程中，应当类比公安机关的调查取证权，赋予检察机关除调查案件材料、询问外更大的调查核实权，要进一步明确规定对国有资产已陷入流失风险的、证据材料有可能被藏匿、销毁的，检察机关可以采取查封、扣押、冻结财产的强制措施，对于不配合调查的行政机关及其行政人员，检察机关可以对行政机关的主要领导人员和具体的行政人员采取限制人身自由等强制性措施等。还要通过司法解释的方式进一步明确调查取证、实地勘查、司法鉴定、检察听证等程序，明确对于重大疑难、专业性强的案件可以邀请专家论证，听取专家意见，明确专家意见制度，等等。

其三，明确资产追回权责。负有监管职责的行政机关有法定义务追回流失的国有资产。但是，如前所述，在负有国有资产监管的行政机关无能、无法、无意追回流失的国有资产时,应该如何追回流失的国有资产,以保障国家和社会的公共利益?对此,应该通过完善立法,明确人民检察院和人民法院在国有资产公益诉讼的各自阶段的司法追偿权。具体而言,在检察环节,赋予检察机关司法追偿权,当被建议行政机关,采纳不及时履行职责、不采纳不履行职责导致国有资产流失或者继续流失风险的,检察机关依法履行追偿权,保护国有资产,及时止损。并就不履行监管职责的行政机关的违纪违法行为,通报上级行政机关和同级纪委监委,依据党纪国法对责任行政机关及其主要责任人员依法依规依纪问责处理。在审判执行阶段,赋予人民法院司法追偿权,当被确定行政违法的行政机关不履行法定职责,导致国有资产继续流失,无法追偿时,人民法院可以依作为原告的检察机关的申请,进行强制执行,以保护国有资产。

其四,健全责任监督机制。在国有资产公益诉讼中,检察机关履行的法律监督职责既包括对负有国有资产监管职责的行政机关行政行为的监督,也包括对生效裁定判决执行的监督。对于不履行法律监督职责的行政机关及其行政人员,在检察阶段,应该明确检察机关有权对行政机关的主要领导人员及其具体行政人员进行司法拘留等强制措施,涉及不作为违纪、渎职等犯罪的,应当移送纪委监委立案调查。

其五,加强专业队伍建设。如前所述,由于国有资产保护、生态环境保护等方面的公益诉讼案件专业性较强,而目前整体行政公益诉讼队伍配备不够,专业化建设不强,尤其是基层检察院基本都需要兼顾民事公益诉讼,公益诉讼队伍还远远不能满足办理公益诉讼案件的需要。因此,从做好公益诉讼检察的角度来说,为保障国有资产,保护国家和人民的利益免受侵害,必须加强公益诉讼队伍的专业化建设。一方面,要配足配强公益诉讼队伍,改变检察内部"重刑事轻民事""重民事轻行政"等传统落后观念。立足协调推进"四大检察",做好公益诉讼检察,首要的是配足配强公益诉讼检察官,调整一批既具有丰富侦查工作经验,又有公诉业务经验的复合型检察官充实民事行政检察(公益诉讼检察)部门,确保公益诉讼队伍满足新时代做好公益诉讼检察的需要。另一方面,加强专业化培训。通过参加上级培训、到法学院校学习,邀请全国公益诉讼业务专家、法学院校专家教授授课等"走出去和请进来"以及开设网络培训班等模式,定期组织开展法律专业知识、公益诉讼业务培训,重点开展生态环境资源保护知识、食品药品安全知识、国有资产保护等领域的专业知识培训，切实促进公益诉讼检察人员的思想政治意识不断增强，专业素质能力不断提升，打造一支政治过硬、专业过硬、业务过硬，具有不断学习能力和较强案件线索发现能力、调查取证能力、起诉庭审能力、法律监督能力等综合业务能力的公益诉讼队伍。

五、结语

国有资产是我国经济高速发展基底，在我国经济社会发展中起着根基、柱石的作用。保护国有资产就是保障国民之根本。在全面推进依法治国的当下，通过先行先试、总结提升、立法明确建立公益诉讼制度，是防止国有资产流失的一项重要手段，也是统筹推进"五位一体"总体布局、协调推进"四个全面"战略布局的重要举措。尽管在司法实践中，国有资产公益诉讼制度还有案件来源相对狭窄、举证责任规范不明、追回权责尚未规定、责任主体惩罚乏力、队伍建设有待加强等问题。但是，只要遵循司法规律，不断总结经验，并借鉴域外有益启示，通过加强公益诉讼队伍建设，完善立法规范、细化司法解释，进一步明确证明责任分配、资产追回权责等相关责任义务、程序规则，那么公益诉讼制度就会越来越完善，越来越能发挥保护国有资产、保障国家和社会公共利益的功能。

少捕慎诉慎押：理念生成与发展进路[①]

摘要： 少捕慎诉慎押理念是贯彻宽严相济刑事政策的具体体现，提出少捕慎诉慎押司法理念具有一定的历史背景，是深化司法体制改革，融合未成年人司法保护制度、认罪认罚从宽制度以及企业合规司法审查制度落实，强化人权司法保护的实践需要，其中蕴含着习近平法治观中的审慎刑法观、为民司法观和人权保障观，也是贯彻落实习近平法治思想的需要。少捕慎诉慎押司法理念具有转变司法观念、强化人权保障、促进社会治理、节约司法成本的功能，但是在实践中也存在观念、制度和机制上的困境，需要通过强化政治自觉、法治自觉和检察自觉，进一步促进司法观念的转变、制度立法的完善和配套机制的健全。

关键词： 习近平法治思想；宽严相济；少捕慎诉慎押；刑事司法政策

一、问题提出：少捕慎诉慎押司法理念提出的时代背景

少捕慎诉慎押，是指检察机关在履行审查批捕、审查起诉以及羁押必要性审查等宪法与法律赋予的法律监督过程中，充分考量犯罪主体类型、情节表现以及社会危险性等因素，全面贯彻宽严相济刑事政策，对大量轻罪案件，应宽尽宽，能不捕就不捕，能不诉就不诉，能不羁押就不羁押。落实少捕慎诉慎押司法理念是全面推行认罪认罚从宽制度的必然要求，是全面贯彻宽严相济刑事政策的具体体现，是全面深化司法体制改革的创新举措，是全面落实习近平法治思想的生动实践。

习近平指出，"司法公正是维护社会公平正义的最后一道防线"[②]，但是受多

[①] 本文荣获 2021 年第四届漓江廉政论坛一等奖。

[②] 《习近平在中共中央政治局第四次集体学习时强调 依法治国依法执政依法行政共同推进法治国家法治政府法治社会一体建设》，《党建》2013 年第 3 期。

种因素影响，在司法实践中，司法不公、冤假错案①、司法腐败等现象仍时有发生，严重影响了社会公平正义。因此，党的十八大以来，习近平总书记曾多次对司法体制改革的指导思想、目标任务以及方式方法作出重要论述，并作了具体的部署安排。习近平总书记曾多次提出"要努力让人民群众在每一个司法案件中都感受到公平正义"②的司法体制改革目标，为此，他强调，"完善司法制度、深化司法体制改革，要遵循司法活动的客观规律"③"要遵循司法规律，把深化司法体制改革和现代科技应用结合起来"④"要全面落实司法责任制，深入推进以审判为中心的刑事诉讼制度改革，开展综合配套改革试点，提升改革整体效能"⑤，这些重要论述为深化司法体制改革，指明了方向，提供了根本遵循。

作为司法体制改革的具体内容之一，"落实少捕慎诉慎押司法理念"在"十二五"⑥和"十三五"⑦时期的检察工作发展纲要中也都有不同程度的规划。

---

① 《习近平在中共中央政治局第二十一次集体学习时强调 以提高司法公信力为根本尺度坚定不移深化司法体制改革》，《人民日报》2015年3月26日，第1版。

② 习近平：《在首都各界纪念现行宪法公布施行30周年大会上的讲话》，《人民日报》2012年12月5日。《习近平在中共中央政治局第四次集体学习时强调 依法治国依法执政依法行政共同推进法治国家法治政府法治社会一体建设》，《党建》2013年第3期。习近平：《顺应人民对司法公正权益保障的新期待》，《法制与经济（上旬）》2013年第1期。刘奕湛：《"努力让人民群众在每一个司法案件中感受到公平正义"》，《人民日报》2021年7月7日，第1版。

③ 《习近平在中共中央政治局第二十一次集体学习时强调 以提高司法公信力为根本尺度坚定不移深化司法体制改革》，《人民日报》2015年3月26日，第1版。

④ 《习近平对司法体制改革作出重要指示 强调坚定不移推进司法体制改革 坚定不移走中国特色社会主义法治道路》，《光明日报》2017年7月11日，第1版。

⑤ 《习近平对司法体制改革作出重要指示 强调坚定不移推进司法体制改革 坚定不移走中国特色社会主义法治道路》，《光明日报》2017年7月11日，第1版。

⑥ 《"十二五"时期检察工作发展规划纲要（摘要）》，《检察日报》2011年9月15日，第1版。该规划指出："加强与公安机关等部门沟通，健全逮捕必要性审查制度，坚持少捕慎捕，减少不必要的羁押。"

⑦ 戴佳、徐日丹：《推动检察工作更好发展 为经济发展提供更有力司法服务和保障》，《检察日报》2016年9月2日，第3版。"十三五"时期检察工作发展规划纲要指出，坚持少捕慎捕，落实逮捕社会危险性条件证明制度，加强逮捕社会危险性证据审查。

而在 2021 年 3 月 8 日的全国"两会"上，最高人民检察院工作报告明确提出，要"深化落实少捕慎诉慎押司法理念，提升认罪认罚从宽案件办理质效，推动非羁押强制措施多用、用好"①。此后，《"十四五"时期检察工作发展规划》进一步明确落实少捕慎诉慎押的意义，即"做优刑事检察，坚持依法惩治犯罪与保障人权相统一，全面贯彻宽严相济刑事政策"②。从这个角度来说，落实少捕慎诉慎押司法理念是为了做优刑事检察之目标的实现。检察工作发展规划是在对过去一个时期检察工作实践总结的基础上，结合发挥法律监督职能服务经济社会发展的中心工作的现实需要，紧跟时代发展步伐，对下一个时期的检察工作提出的规划。从这个层面来说，少捕慎诉慎押司法理念的提出、发展与深化并不是偶然的，而是蕴含着历史逻辑和实践逻辑。

从历史的角度来看，经济社会和科学技术的发展促使犯罪结构的变化，需要落实少捕慎诉慎押司法理念来修复社会关系。一方面，经济社会的发展与法治建设的进步促进犯罪结构的变化。改革开放以来，我国社会经济保持高速增长，据统计，1979—2012 年，我国国内生产总值年均增长 9.8%，是同期世界经济平均增速 2.8% 的 3.5 倍。我国经济总量从 1978 年的世界第十位，上升到 2010 年的世界第二位③。近年来，在世界经济增速普遍下滑的情况下，我国经济增长仍保持高速发展的势头，2013—2016 年，我国国内生产总值年均增长 7.2%④。我国社会经济保持高速发展的一个重要原因是社会保持长期稳定，严重暴力犯罪案件大幅下降，但是轻罪案件越来越多，刑事犯罪结构也发生了变化。据统计，从 1999 年至 2019 年，重罪案件从 16.2 万人下降到 6 万人，占比从 19.6% 下降到 2.7%，而轻罪案件的占比从 54.6% 上升至 78.7%，其中最高

---

① 张军：《最高人民检察院工作报告》，《人民日报》2021 年 3 月 16 日，第 3 版。

② 徐日丹、戴佳：《落实少捕慎诉慎押司法理念 履行指控证明犯罪主导责任》，《检察日报》2021 年 4 月 17 日，第 2 版。

③ 国家统计局：《改革开放铸辉煌 经济发展谱新篇》，《人民日报》2013 年 11 月 6 日，第 10 版。

④ 国家统计局党组：《贯彻落实新理念奋力创造新辉煌——党的十八大以来新理念引领经济社会发展取得新成就》，《求是》2017 年第 12 期，第 26-29 页。

刑罚为拘役的醉驾案件，占比近20%[①]。醉驾等引起的危险驾驶罪、信息犯罪、环境犯罪等轻微刑事犯罪罪名越来越多，领域越来越广，人数越来越多，积极主义的刑事立法需要裁量主义的刑事司法来优化司法资源配置，以实现繁简分流。在重罪比低、轻罪比高的新刑事犯罪结构形成的情况下，作为最严厉的强制措施的逮捕和羁押理应受到更加严格的限制，以落实宽严相济的刑事政策。另一方面，现代科学技术的发展与新型技术手段的应用促进监控方式的创新。随着现代科学技术高速发展，大数据、区块链、云服务、人工智能等现代技术手段被广泛应用于司法活动中，促进了司法的进步与发展。实名制、天眼、移动支付等现代智能技术的广泛应用，促进国家监控能力提升，如手机定位、路面监控、"电子手环"、"非羁押码"App、非羁押审查系统等电子监控手段被应用于对未被羁押的犯罪嫌疑人、被告人的监控，丰富了对取保候审犯罪嫌疑人的监控手段，能够更为便利地实现监控效果，保障刑事诉讼的顺利进行，为非羁押诉讼成为刑事诉讼常态创造了技术条件，提供了可能。

从实践的角度来看，在全面推进依法治国、建设法治中国的新时代，需要落实少捕慎诉慎押司法理念来融合并进一步推进未成年人司法保护制度、认罪认罚从宽制度以及企业合规审查制度的落实与适用。其一，落实少捕慎诉慎押司法理念是融合并进一步推进未成年人特殊司法保护制度的需要。习近平总书记曾指出，"少年儿童是祖国的未来，是中华民族的希望"[②]。我国历来重视对未成年人的保护，在司法保护方面，针对未成年人刑事案件，我国始终坚持贯彻落实"教育、感化、挽救"方针，坚持"教育为主、惩罚为辅"原则，提倡优先保护、特殊保护、双向保护的司法原则，对于罪错未成年人严格限制适用逮捕措施，并对符合条件的罪错未成年人适用附条件不起诉的特殊制度，这正与少捕慎诉慎押的司法理念相契合。其二，落实少捕慎诉慎押是融合并推进认罪认罚从宽制度的需要。为适应刑事犯罪结构的变化，贯彻宽严相济的刑事政策，2018年修订了《刑事诉讼法》，确立了认罪认罚从宽制度。顾永忠教授认为认

---

① 张军：《最高人民检察院工作报告》，《人民日报》2021年3月16日，第3版。

② 习近平：《从小积极培育和践行社会主义核心价值观》，《人民日报》2014年5月31日，第2版。

罪认罚从宽制度是一种兼具实体和程序双重属性的综合性制度，并将其界定为在刑事诉讼中，从实体和程序上鼓励、引导、保障确实有罪的犯罪嫌疑人、被告人自愿认罪认罚，并予以从宽处理、处罚的由一系列具体法律制度、诉讼程序组成的法律制度[③]。简单而言，就是犯罪嫌疑人或者被告，积极主动认罪、认罚的，在符合没有社会危险性的前提下，公安机关不提请审查逮捕，检察机关不批准逮捕，审判机关给予从宽处罚。认罪认罚从宽制度适用以来，取得了良好的社会效果和法律效果，2020年认罪认罚从宽制度的适用率超过85%，上诉率不足4%[④]，且认罪认罚的犯罪嫌疑人，大多不具有社会危险性，无逮捕羁押必要，因此减少审前羁押就成为可能。近年来，为了回应人民群众对羁押合理性、必要性的关注，我国司法机关加强了对强制性措施适用的规范，落实少捕慎诉慎押司法理念，通过严格控制逮捕、推动羁押必要性审查等方式来减少不必要羁押，促使审前羁押从2000年的96.8%降至2020年的53%[⑤]。其三，落实少捕慎诉慎押司法理念是融合并推进企业合规司法审查制度的需要。推行企业合规司法制度是检察机关积极参与社会治理、促进企业治理现代化、优化法治化营商环境的积极探索。对于作出合规整改承诺，并积极践行整改承诺的涉案企业及其责任管理人，落实少捕慎诉慎押司法理念，依法给予不捕、不诉、不判、不羁押的处理，不仅能够彰显宽严相济的刑事政策，而且还可以增强企业规制司法制度的吸引力，进而促进办案实现社会效果与法律效果的统一。

少捕慎诉慎押司法理念的生成，有其固有的历史逻辑和实践逻辑。作为一个整体概念，少捕慎诉慎押司法理念出现在大众视野中，还是一个全新的提法，尽管单从减少逮捕，或者单从加强羁押必要性审查等个别制度在司法实践中适用情况有部分研究，但是对少捕慎诉慎押司法理念作为一个整体概念的研究还很缺乏。因此，在深化司法体制改革、积极推进人权司法保障、构建法治强国的新时代，积极研究探讨少捕慎诉慎押司法理念作为一个整体概念的提出背景

---

③ 顾永忠：《关于"完善认罪认罚从宽制度"的几个理论问题》，《当代法学》2016年第6期，第129-137页。

④ 张军：《最高人民检察院工作报告》，《人民日报》2021年3月16日，第3版。

⑤ 张军：《最高人民检察院工作报告》，《人民日报》2021年3月16日，第3版。

及其内涵、理论基础及其价值功能、落实困境及其完善进路就显得必要而迫切。

二、理论基础：少捕慎诉慎押司法理念是习近平法治思想的生动体现

党的十八大以来，以习近平同志为核心的党中央在全面依法治国、建设中国特色社会主义法治体系、建设社会主义法治国家、推进国家治理体系和治理能力现代化新的伟大实践中，创造性地发展了中国特色社会主义法治理论[①]，2020年11月份召开的中央政法工作会议上正式提出了"习近平法治思想"。习近平法治思想系统回答了为何要实行全面依法治国、如何实行全面依法治国等一系列重大问题[②]。习近平法治思想是习近平新时代中国特色社会主义思想的重要组成部分，是全面依法治国的灵魂和旗帜，是法治中国建设的根本遵循[③]。习近平法治思想的形成和发展不是偶然的，其中蕴含着理论、实践和历史三重逻辑。从理论逻辑来看，习近平法治思想是对马克思主义、毛泽东思想、邓小平理论、"三个代表"重要思想、科学发展观的法治理论的继承、创新和发展，是马克思主义法治理论的中国化、时代化、实践化和创新化。从实践的逻辑来看，习近平法治思想是对我国法治建设正反两个方面的经验教训的全面总结和深刻反思，是依法治县、依法治市、依法治省、依法治国、全面依法治国的实践经验形成的法治新理念新思想新论断[④]。从历史的逻辑来看，习近平法治思想在考察人类社会法治发展的历史，深刻把握人类法治进步规律的基础上，汲取中国传统法治文化和世界法治文明的精华[⑤]而形成的。

一如前述，少捕慎诉慎押司法理念的提出、发展与深化也具有一定的历史逻辑和实践逻辑，在新的历史时期，总结司法实践经验，把握司法运行规律，

---

① 张文显：《习近平法治思想的基本精神和核心要义》，《东方法学》2021年第1期，第5-24页。

② 《习近平在中央全面依法治国工作会议上强调 坚定不移走中国特色社会主义法治道路 为全面建设社会主义现代化国家提供有力法治保障》，《旗帜》2020年第12期，第5-7页。

③ 张文显：《如何讲好〈习近平法治思想概论〉》，《中国大学教学》2021年第9期，第4-11页。

④ 张文显：《习近平法治思想的实践逻辑、理论逻辑和历史逻辑》，《中国社会科学》2021年第3期，第4-25+204页。

⑤ 张文显：《习近平法治思想的实践逻辑、理论逻辑和历史逻辑》，《中国社会科学》2021年第3期，第4-25+204页。

在全面深化改革、全面建设法治中国的进程中，落实少捕慎诉慎押司法理念，就是为了贯彻落实习近平法治思想。具体而言，少捕慎诉慎押司法理念深刻体现了习近平法治思想中的"审慎刑法观""为民司法观"和"人权保障观"。

（一）少捕慎诉慎押司法理念体现了习近平的"审慎刑法观"

刑法审慎原则，是指刑事立法与刑罚适用要坚持审慎的原则，坚持刑法的谦抑性。这里蕴含了中国传统司法文化的慎刑思想。慎刑思想起源于上古时期，"惟刑之恤哉！"（载《尚书·舜典》）"罪疑惟轻，功疑惟重。与其杀不辜，宁失不经。好生之德，洽于民心，兹用不犯于有司"（《尚书·大禹谟》）以及西周的"明德慎罚"都是慎刑思想的体现。后历经两汉和三国两晋南北朝的沉淀，发展成为一种最有代表性和影响力的主流刑法观，即慎刑观。慎刑观主张在制定法律与实施刑罚时，应该慎重、宽缓，尽可能严格地控制刑罚尤其是死刑的处罚范围和处罚力度，倡导刑罚的慎用与节制[1]。习近平法治思想中也有慎刑思想的体现。比如，"废止劳动教养制度"[2]、签署两次特赦令[3]、通过刑法修正案八[4]和修正案九[5]取消了22个死刑罪名、提高死缓罪犯执行死刑门槛、用

---

[1] 吕丽：《中国传统慎刑观对"制刑之义"的阐释》，《法制与社会发展》2012年第6期，第150-157页。

[2] 《中共中央关于全面深化改革若干重大问题的决定》，《人民日报》2013年11月16日，第1版。

[3] 习近平主席分别于2015年8月29日和2019年6月29日，为纪念中国人民抗日战争暨世界反法西斯战争胜利70周年和为庆祝中华人民共和国成立70周年，根据全国人大常委会的相关决定，签署并发布特赦令，实行特赦。

[4] 《中华人民共和国刑法修正案（八）》，《人民日报》2011年8月11日，第15版。刑法修正案（八）取消了13个经济性非暴力犯罪的死刑，占我国刑法死刑罪名的近五分之一。具体包括：走私文物罪，走私贵重金属罪，走私珍贵动物、珍贵动物制品罪，走私普通货物、物品罪，票据诈骗罪，金融凭证诈骗罪，信用证诈骗罪，虚开增值税专用发票、用于骗取出口退税、抵扣税款发票罪，伪造、出售伪造的增值税专用发票罪，盗窃罪，传授犯罪方法罪，盗掘古文化遗址、古墓葬罪，盗掘古人类化石、古脊椎动物化石罪。

[5] 《中华人民共和国刑法修正案（九）》，《人民日报》2015年11月26日，第15版。刑法修正案（九）取消了走私武器、弹药罪，走私核材料罪，走私假币罪，伪造货币罪，集资诈骗罪，组织卖淫罪，强迫卖淫罪，阻碍执行军事职务罪，战时造谣惑众罪9个死刑罪名。同时还进一步提高了对死缓罪犯执行死刑的门槛。

发展的眼光看待民营企业的不规范行为①，等等，这些具体措施及其相关论断都生动诠释了习近平法治思想中的慎刑思想。而检视少捕慎诉慎押司法理念的理论内涵，其核心内容就是对罪轻者慎重逮捕、慎重追诉、慎重羁押，其精神实质正是宽严相济刑事政策的慎刑观。因此，落实少捕慎诉慎押司法理念正是为了贯彻习近平的审慎刑法观。

（二）少捕慎诉慎押司法理念体现了习近平的"为民司法观"

坚持以人民为中心是习近平法治思想的核心内容，也是习近平法治思想的基本立场，全面推进依法治国要坚持"人民的主体地位"，正如习近平指出，"我国社会主义制度保证了人民当家作主的主体地位，也保证了人民在全面推进依法治国中的主体地位"②。在中央全面依法治国工作会议上，习近平进一步指出，"全面依法治国最广泛、最深厚的基础是人民，必须坚持为了人民、依靠人民。③"要积极回应人民群众的新要求新期待，坚持司法为民，通过公正司法维护人民权益。在全面推进依法治国、建设法治中国的新时代，检察机关履行法律监督也面临着新情况、新变化、新要求和新挑战，人民群众对检察机关的要求已经从"能不能监督""有没有监督"转变为"监督好不好""质量优不优"的更高层次④。少捕慎诉慎押司法理念顺应了新时代人民群众的新要求，旨在用天理、情理、事理、法理来强调法的刚性，发挥检察权的恢复性和谦抑性的功能，加强与社会和谐文明的融合，改变够罪即捕、机械司法、就案办案的陈旧观念和做法，真正把善意、审慎、谦抑的思想理念贯穿司法全程，坚持理性司法，保持司法温度，保证严格、平等适用法律，采用非罪化、非刑罚化、

---

① 习近平：《在民营企业座谈会上的讲话》，《中国农业会计》2018年第11期。2018年11月，习近平在民营企业座谈会上的讲话指出："对一些民营企业历史上曾经有过的一些不规范行为，要以发展的眼光看问题，按照罪刑法定、疑罪从无的原则处理，让企业家卸下思想包袱，轻装前进。我多次强调要甄别纠正一批侵害企业产权的错案冤案，最近人民法院依法重审了几个典型案例，社会反应很好。"

② 习近平：《加快建设社会主义法治国家》，《求是》2015年第1期，第3-8页。

③ 《习近平在中央全面依法治国工作会议上强调 坚定不移走中国特色社会主义法治道路为全面建设社会主义现代化国家提供有力法治保障》，《旗帜》2020年第12期，第5-7页。

④ 贾宇：《坚持少捕慎诉 促进社会治理》，《人民检察》2019年第11期，第50-53页。

非羁押化的方式处理轻微刑事案件，以体现司法的谦抑性、宽容性。因此，落实少捕慎诉慎押司法理念是贯彻落实习近平法治思想中"为民司法观"的生动体现。

（三）少捕慎诉慎押司法理念体现了习近平的"人权保障观"

人权简单地说就是人之所以为人的最基本的权利。习近平指出，"中国共产党和中国政府始终尊重和保障人权"[①]。在2004年和2007年，"尊重和保障人权"先后被写入宪法[②]和党章[③]，以国家根本大法和党的根本章程的形式加强对人权的保障。党的十八届三中全会指出，建设法治中国，必须深化司法体制改革，必须健全司法权力运行机制，完善人权司法保障制度[④]。近年来，我国的人权司法保障取得了长足进步，但是与人民群众对公平正义的新要求、新期待还有一段差距。正如习近平指出的，"这些年来，群众对司法不公的意见比较集中，司法公信力不足很大程度上与司法体制和工作机制不合理有关"[⑤]。维护社会公平正义是司法体制改革的根本目的，习近平强调："深化司法体制改革，一个重要目的是提高司法公信力，让司法真正发挥维护社会公平正义最后一道防线的作用。[⑥]"党的十八大以来，减少适用死刑罪名，废除劳动教养制度，完善错案防止、纠正、责任追究机制，健全社区矫正制度，完善法律援助制度，健全国家司法救助制度，推行认罪认罚从宽制度，完善对限制人身自由司法措施和侦查手段的司法监督，等等，都是完善人权司法保障的重要措施和成功实

---

① 习近平：《习近平致"2015·北京人权论坛"的贺信》，《人权》2015年第5期，第1-2页。

② 《中华人民共和国宪法修正案》，《中国人大》2004年第6期，第21-22页。

③ 2007年中共十七大党章修正案总纲党领导人民发展社会主义民主政治自然段写入尊重和保障人权的内容，进一步表明我们党高度重视尊重和保障人权问题，表明我国人权事业将得到进一步发展。

④ 《中国共产党第十八届中央委员会第三次全体会议公报》，《实践（思想理论版）》2013年第12期，第4-6页。

⑤ 习近平：《关于〈中共中央关于全面深化改革若干重大问题的决定〉的说明》，《学理论》2014年第1期，第11-15页。

⑥ 《习近平在中共中央政治局第四次集体学习时强调 依法治国依法执政依法行政共同推进 法治国家法治政府法治社会一体建设》，《党建》2013年第3期，第6页。

践，对保障人权、提高司法公信力具有重要意义。落实少捕慎诉慎押司法理念也正是完善人权司法保障制度的改革措施，充分体现和生动诠释了习近平法治思想中的人权保障观。

三、价值功能：落实少捕慎诉慎押司法理念的积极作用

作为宽严相济刑事政策的具体细化措施，少捕慎诉慎押司法理念在司法实践的落实过程中，应当坚持习近平法治思想，强化与未成年人司法保护制度、认罪认罚从宽制度以及企业合规司法审查制度等司法制度的融合运用，更好地发挥转变司法观念、强化人权保障、促进社会治理、节约司法成本等价值功能。

（一）少捕慎诉慎押司法理念有利于转变司法观念

为顺应新时代人民群众对司法实践及司法功能的新期待，聚焦新时代犯罪结构的新变化，把握时代发展脉搏，遵循司法发展规律，在未成年人司法保护制度持续创新开展、认罪认罚从宽制度普遍适用、企业合规司法审查制度探索推进的过程中，少捕慎诉慎押司法理念应运而生，具有重要的时代意义。在司法实践中，强化落实作为一种新的、发展的司法理念，少捕慎诉慎押司法理念可以促进广大检察人员从陈旧的"够罪即捕""以捕代侦""重打击轻保护""重实体轻程序"的陈旧司法观念向"少捕慎诉""羁押例外""兼顾实体公正和程序公正""惩罚犯罪与保障人权并重"等现代司法观念转变。

（二）少捕慎诉慎押司法理念有利于强化人权保障

一如前述，尊重和保障人权是我国宪法规定的基本原则。促进人权保障的实现也能充分彰显司法公正。强化人权司法保障是新时代司法体制改革的重要内容。落实少捕慎诉慎押司法理念，尽量减少审前限制人身自由强制措施的适用，可以有效防止羁押强制措施的乱用、误用和滥用；可以减少未被羁押犯罪嫌疑人所承受的身体和精神的双重压力；可以保障未被羁押的犯罪嫌疑人更好、更充分地行使诉讼权力；可以确保司法公正，有效防止因刑期与羁押期倒挂而加重处罚情形的出现。

（三）少捕慎诉慎押司法理念有利于促进社会治理

逮捕泛化，高羁押率，容易割裂社会关系，激化社会矛盾，引发社会对抗情绪，不利于对犯罪嫌疑人、被告人的感化、教育和改造。而落实少捕慎诉

押司法理念、减少逮捕、限制并减少羁押适用，释放最大的司法善意，以体现司法的谦抑性、妥协性和宽容性，促使未被羁押的犯罪嫌疑人、被告人及时减轻犯罪后果，积极赔偿经济损失，既有利于促进当事人和解，减少社会对抗，修复被犯罪破坏的社会关系，又可以帮助犯罪嫌疑人、被告人回归生活，奉献社会，从而实现社会治理效果的提升。

（四）少捕慎诉慎押司法理念有利于节约司法成本

羁押强制措施，对犯罪嫌疑人、被告人的人身自由加以限制，需要一定场地、人员、资金、设备的配套投入。高羁押率，就需要高的配套投入。被羁押人员被限制了人身自由，无法正常生产生活、创造价值，也是一种劳动资源的浪费。"够罪即捕""以捕代侦"常常导致"久押不决""超期羁押"甚至"冤假错案"，不仅影响司法公信力，还导致国家司法赔偿，造成司法资源浪费。而落实少捕慎诉慎押司法理念，尽量减少逮捕、限制羁押、降低羁押率，不仅能够减少对羁押强制措施的配套投入；而且能够让未被羁押的犯罪嫌疑人、被告人在诉讼过程中享有一定程度的相对自由，进而从事一定的生产劳动，创造社会价值；此外，还能够避免因羁押给无社会危险性无羁押必要的犯罪嫌疑人、被告人增加不必要的回归社会的成本。实际上，落实少捕慎诉慎押司法理念，对涉轻罪被告人作出不起诉、相对不起诉、存疑不起诉、附条件不起诉的决定，也能发挥司法的警示教育和引导预防作用。

四、现实困境：落实少捕慎诉慎押司法理念的"三重困境"

少捕慎诉慎押司法理念是贯彻习近平法治思想、把握社会历史发展规律、尊重司法权力运行规律、在司法实践的过程中总结提炼的司法理念。因此，少捕慎诉慎押司法理念同样体现了习近平法治思想形成、发展和深化所固有的理论、实践和历史的三重逻辑，也具有转变司法观念、强化人权保障、促进社会治理、节约司法资源等价值功能。尽管如此，在我国当前羁押率还相对较高的情况下，落实少捕慎诉慎押司法理念仍然面临观念、制度以及机制"三重困境"。

（一）观念困境：受陈旧司法观念影响还比较深

一方面，司法机关仍受陈旧司法观念的影响。尽管从贯彻宽严相济刑事政策的深刻内涵来看，少捕慎诉慎押司法理念与"打击犯罪和保障人权并重"的现代司法观念具有内在的本质趋同，但是我国司法实践中长期形成的"够罪即捕""重打击轻保护""重实体轻程序"等陈旧司法观念对新时代的司法活动依然影响严重，司法活动中只注重逮捕羁押的震慑警示和维护稳定的功能，使得羁押措施普遍化。据统计，1997年至2018年，被逮捕羁押的被告人，最终被判轻刑、缓刑等有期徒刑以下刑罚的只占三成，而最后因证据不足等原因被撤销案件、不起诉或者以宣告无罪结案的被逮捕羁押的被告人也有近一成的占比。此外，受"够罪即捕""以捕代侦"等陈旧观念影响，使得羁押必要性审查流于形式。由于案多人少矛盾突出，在羁押必要性实质审查程序相对烦琐的情况下，为避免不捕、不诉、变更强制措施后的失控而造成的不必要麻烦，承办检察官往往就以"够罪"为标准，一捕了之，使得捕后"一押到底"的情况未能得到根本解决。另一方面，社会公众对司法活动存在认识误区。因法律知识贫乏、法治观念淡薄，又受长期"够罪即捕"司法实践惯性的影响，导致社会公众陷入"捕即有罪，不捕即无罪""取保候审了，就是没事了"的刻板印象和错误认识。而被害人及其家属则认为不捕就是不公，认为司法机关不为其做主，以致对不捕、不诉、不羁押的结果不服，不断申诉上访。

（二）制度困境：少捕慎诉慎押细化规定不明确

一是少捕慎诉慎押的适用标准尚未明确。尽管我国现行刑事诉讼法对于未成年人、老年人以及怀孕的妇女实施违法犯罪的，在审查逮捕、起诉以及羁押必要性审查时都有明确的特殊规定，这些特殊规定也是落实少捕慎诉慎押司法理念的体现。但是究竟哪些犯罪主体、哪些案件类型可以适用少捕慎诉慎押司法理念，在现行法律框架下还没有具体明确的规定。适用标准的不明确，可能会导致司法适用的任意性，最终影响司法的公正性。二是对社会危险性的审查主观性太强。虽然，我国现行刑事诉讼法及其司法解释对逮捕的条件、羁押的必要性都有一些相关规定，但是，有关社会危险性的审查标准还不够具体明确。司法实践中，对社会危险性的审查缺乏直观的、明确的标准，存在很大的主观性。在一定程度上，主观性过大容易导致任意性，影响司法的公正性。三是捕诉押审查缺乏告知、听审和说理程序。现行刑事诉讼法及其司法解释中，在提起逮捕、审查逮捕、延长羁押期限、羁押必要性审查的程序中，具有明显的公安机关和检察机关"公对公"与两机关对犯罪嫌疑人、被告人"公对私"的"行政化"色彩，没能充分保障犯罪嫌疑人、被告人的知情权、辩护权等权利的实现，比如未设置告知、听审、说理等程序，这在一定程度上不能充分体现司法公正。四是羁押时间缺少明确规制。在我国现行法律中，对于羁押期限的规定，在审查起诉、审判环节还没有明确规定，只有对逮捕后的侦查羁押期限有相关规定。在司法实践中，审查起诉、审判两个环节的羁押时间只是严格遵循司法办案期限。而在法定办案期限内，对被告人的羁押时间就取决于主观的"办案需要"，这就导致法院不得不对被羁押的轻罪被告人作出"关多久就判多久"的裁判结果，从这个层面上说，起诉、定罪、量刑被羁押给绑架了，从而影响了司法公正。

（三）机制困境：相关配套机制还有待不断完善

一是考核机制相对落后。尽管司法系统内部的考核指标已根据司法改革的方向和目标进行了遵循司法规律的转变。如检察机关绩效考核已从以案件数量为主要考核指标发展到以"案·件比"[①]为主要考核指标的考核方式，弥补了对办案效率的监督和管理，更能体现以人民为中心、公正与效率等理论价值。但是，在地方党委政府的绩效考核中，一些地方仍以打击犯罪的数量为导向考核司法机关的司法工作质量，一定程度上有碍少捕慎诉慎押司法理念的落实。二是责任监督机制不够完善。少捕慎诉慎押司法理念在一定程度上赋予了检察机关更多的自由裁量权，对于罪轻的犯罪嫌疑人、被告人，到底捕还是不捕、诉还是不诉，对于申请取保候审的，到底变更强制措施与否，承办检察官有一定的自由裁量权，如前所述，在一定程度上承办检察官主观意思作用很大。根据权责一致原则，尽管检察机关及其承办检察官错用、误用甚至滥用少捕慎诉慎押司法理念的，也必将依据错案责任终身制承担相应法律责任。但是，当前对

[①] 樊崇义、李思远：《由理念走向制度——评检察机关以"案·件比"为核心的案件质量评价指标体系》，《人民检察》2020年第9期，第5-9页。"案·件比"，指的是发生在人民群众身边的案，与"案"进入司法程序所经历的诉讼环节统计出来的"件"相比所形成的对比关系。

落实少捕慎诉慎押的责任监督机制还不够完善，对如何有效监督真正落实少捕慎诉慎押司法理念，如何有效监督误用、错用、乱用、滥用，抑或是有效应对依法不捕、不诉、不押后被害人及其家属引发的信访、舆情，均未有完善的监督机制。三是沟通协调机制尚未建立。少捕慎诉慎押司法理念的落实涉及公检各部门乃至全社会公民。非羁押常态化、原则化，需要公安机关的大力配合，因为取保候审、监视居住等措施的执行，需要公安机关跟进落实，才能保障诉讼程序的顺利推进。而让"非羁押原则，羁押例外"为公众所接受，需要全体社会观念的转变。但是目前，检察机关落实少捕慎诉慎押司法理念的内外沟通协调机制尚未建立，不利于理念的推广和落实。四是社会监控机制还有待进一步强化。落实少捕慎诉慎押理念必须加强非羁押措施的适用，而对非羁押人员的有效监控，仅仅依靠公安机关是远远不够的，需要全社会的共同监管。尽管随着现代科学技术的发展，手机定位、电子手环、非羁押码等现代技术手段被广泛应用于司法活动，通过科技助力，加强了对非羁押犯罪嫌疑人、被告人的监控。但是由于地区发展的差异性，不同地区科技支撑司法的条件和力度也存在差异，当前运用现代科技手段实现对非羁押犯罪嫌疑人、被告人有效监控，还不能全范围乃至较大范围内实行，目前还只是有条件的个别地区的探索试用。

五、完善进路：落实少捕慎诉慎押司法理念的"多措并举"

一如前述，少捕慎诉慎押司法理念是贯彻宽严相济刑事政策、推行认罪认罚从宽制度的观念创新和制度安排，是贯彻落实习近平法治思想、强化人权司法保障制度的具体举措。由于当前落实少捕慎诉慎押司法理念存在观念、制度以及机制三个层面的具体问题，因此必须通过不断强化政治自觉、法治自觉和检察自觉，多措并举，进一步促进司法观念的转变，促进制度立法的完善、促进配套机制的健全，以便更好地落实少捕慎诉慎押司法理念，进一步强化人权的司法保障，深入贯彻习近平法治思想，推进法治强国建设。

（一）强化政治自觉，进一步促进司法观念的转变

一是加强思想政治学习，明确少捕慎诉慎押司法理念的重要意义。结合党史学习教育等教育实践活动，开展形式多样、主题突出、内容丰富的学习活动，促进全体党员干部，尤其是"关键少数"领导干部加强思想政治学习，深

入学习贯彻落实习近平新时代中国特色社会主义思想，不断强化政治自觉，提高政治站位，坚定"四个自信"，增强"四个意识"，做到"两个维护"，牢记"国之大者"；深入学习研究和准确把握习近平法治思想的深刻内涵、核心要义、时代意义和具体要求，对标全面推进依法治国、建设法治中国的目标任务，精准理解落实少捕慎诉慎押司法理念与贯彻落实习近平法治思想的理论关系，充分认识落实少捕慎诉慎押司法理念在理论、实践、历史三个层面上的重要意义，以促进全体党员干部，尤其是"关键少数"领导干部思想认识的转变。二是强化法律专业学习，促进检察人员司法观念的转变。除了日常通过订阅专业书籍、学术期刊，组织线上线下读书学习活动，强化以宪法和法律、习近平法治思想为主要内容的党委（党组）中心组、党组织的学习活动，积极营造领导干部带头学法、全体人员主动学法的良好学习氛围外，还要积极采取"请进来走出去"的双向互动措施，强化专业化学习。"请进来"就是邀请学术界、实务届的法学大家以"顺应新时代法治需求、树立现代司法理念""落实少捕慎诉慎押司法理念、强化人权司法保障制度"等为主题开设专题讲座；"走出去"就是组织检察人员参加各级业务培训，分批次组织全体检察人员到法学院校接受"贯彻落实习近平法治思想提升为民司法能力"等主题专班培训。通过这一系列的专业学习培训，促进全体检察人员提高法治意识，树立现代司法理念，增强运用法治思维和法治方式发现问题、分析问题、解决问题进而进行经验总结的能力。三是强化法治宣传教育，推动全社会法治意识提升。严格落实"谁执法谁普法"，促进普法宣传广泛开展。既要利用"国家宪法日"、法治宣传周等集中开展普法宣传活动，也要结合司法活动特点、法律监督职能经常性地开展送法"进机关、进乡村、进社区、进学校、进企业、进单位"的"法律六进"活动，应通过发放宣传资料，悬挂横幅标语，制作宣传板报，开设法治小讲堂，利用微博、微信、抖音等新媒体平台编发法治宣传知识、制作法治宣传小视频等形式，广泛开展法治宣传教育，通过宣传以宪法为核心的法律法规，宣传中国特色社会主义法律体系，宣传习近平法治思想，促使社会公众知法、懂法、学法、守法，进而树立法治理念，坚定法治信仰，形成法律思维，养成自觉守法、遇事找法、办事靠法的良好习惯。充分发挥"关键少数"领导干部在法治宣传中的带头示范作用，将领导干部普法宣传纳入领导干部绩效考核内容，带头学法、懂法、尊法、守法，带头依法行政、执政为民。贯彻落实习近平总书记关于"法治教育从娃娃抓起"的重要论述，着重抓好青少年法治宣传教育，在中小学专设"法治副校长"，开设法治教育课程，把法治教育列入中小学教学大纲、纳入国民教育序列，经常性地开展既符合青少年身心成长又易于接受的法治教育活动，保证青少年从小树立法治理念，坚定法治信仰，了解并掌握基本法律知识。通过全社会法治宣传教育的普及，逐步提高社会公众的法律知识，促进全社会树立现代法治理念，改变对司法活动的错误认识。

（二）强化法治自觉，进一步促进制度立法的完善

一是通过司法解释明确少捕慎诉慎押理念的适用标准。作为宽严相济刑事政策的具体补充，少捕慎诉慎押司法理念不应当有案件范围的限制，所有案件都应当适用少捕慎诉慎押理念，以体现尊重和保障人权的现代司法观念。但是就政策定位而言，结合不同案件的不同特点，在充分考量社会危险性的前提下，应当采取列举加概括的模式，明确下列案件重点适用：（1）可能被判处三年有期徒刑以下刑罚的轻微刑事案件；（2）可能被判处三年有期徒刑以上刑罚的罪轻的刑事案件，但必须是同时考量过失犯罪，初犯、偶犯，共同犯罪中的从犯、胁从犯等因素；（3）未成年人、老年人、怀孕的妇女、在校学生、企业管理人员和关键技术人员、高校科研机构的研究人员等特殊主体实施的刑事案件；（4）认罪认罚的案件；（5）当事人达成和解的轻微伤害、盗窃案件；（6）醉酒危险驾驶案件；（7）其他没有从重情节的罪轻刑事案件，等等。此外，应广泛开展典型案例评选活动，选取具有指导性、典型意义的落实少捕慎诉慎押理念的案件，制发指导性、典型性案例，加强案例编撰，发挥案例指导办案实践、促进释法说理、强化宣传教育等方面的功能。二是进一步明确社会危险性的司法认定。增加社会危险性判断标准，可以参照《最高人民法院关于常见犯罪的量刑指导意见》编制《最高人民检察院关于社会风险性认定的指导意见》，编制社会风险性量化评估表，以便对社会风险性的认定有个客观的参照，而不是仅凭主观的个人判断。三是明确告知、听审和说理程序。在适用少捕慎诉慎押时，引入值班律师制度、检察听证程序，对犯罪嫌疑人、被告人拟不批准逮捕、不起诉的以及对申请取保候审变更羁押强制措施不予批准的，作出决定之前，应

当召开检察听证会，检察听证会应当邀请人民监督员、人大代表、政协委员、被害人及其家属、犯罪嫌疑人或被告人及其辩护律师或者值班律师等人参加听证，除涉及国家秘密、个人隐私、未成年人、当事人依法申请不公开的涉及商业秘密的案件外，检察听证会都应当公开听证；审理之前应当将召开听证的时间、地点和案件基本情况以告知书的形式通知检察听证会的参与人；检察听证过程中，要强化释法说理，充分听取被邀请的人民监督员、人大代表、政协委员、辩护律师或值班律师的意见，应当听取被害人及其家属的意见，并做好全程录音录像，做好笔录，附卷在案。四是进一步明确各个环节的羁押时间。不能笼统地以公安机关、检察机关以及审判机关的法定办案期限为羁押时间，应当单独明确规定各个环节的最长羁押时间，这并不与办案期限相冲突。

（三）强化检察自觉，进一步促进配套机制的健全

一是进一步完善科学考评机制。继续深化系统内部考评机制改革，建立科学完善的考评体系，既能科学反映业务工作成效，又能为民司法、兼顾公平效率。还要多向地方党委请示报告，促进地方党委政府对司法工作考核标准从以打击犯罪数量为导向，追求羁押数、逮捕数、起诉数、判决数，向以体现兼顾公平效率的为民司法为导向的考察"案·件比"转变。二是健全责任监督机制。建立不捕不诉案件，变更强制措施案件风险评估防控机制，及时通报风险评估情况，针对可能存在的舆情、上访风险提出科学防控对策，做好释法说理工作，对符合条件的被害人，积极落实司法救助。要加强检察人员的党风廉政教育，自觉提升规矩意识，守住红线底线，筑牢防腐墙。要加强检察人员素质能力的培养，提升综合办案能力，注重为民司法，通过办案参与社会治理，积极适用和解机制，促进社会矛盾的化解。三是建立健全刑事案件信息共享机制。坚持党的领导，由同级政法委统筹协调，构建包括公安机关、检察机关、审判机关、司法行政机关等部门在内的沟通协调机制，搭建刑事案件信息共享互通平台，促进案件信息互通有无；建立联席会议制度定期、不定期召开联席会议，遇到疑难、社会普遍关注的热点案件时，及时组织召开联席会议，科学研判少捕慎诉慎押司法理念落实情况，总结少捕慎诉慎押案件的特点，总结其中规律，研究统一标准，明确办案规范，增强落实少捕慎诉慎押司法理念的自觉性。四是完善非羁押监控机制。在非羁押监控中，积极向科技借力，将电子手环、手

机定位、非羁押码等现代技术手段，推广普及，广泛应用于司法活动，丰富非羁押措施的社会监控方式。在取保候审方面，可以丰富担保方式，增设多人保、单位保、多形式的财产保等，以提升保证的约束力，实现保证效果。对被取保的候审人，应明确规定接受社区观护教育，并定期到司法机关报到接受思想政治教育等义务。对违反取保候审、监视居住规定的，应明确违规量刑从重原则；明确保证人怠于履行监管职责的，纳入诚信系统，提升脱保惩戒力度。

六、总结展望

观念属于思想范畴，是一种形而上的概念，需要一定社会物质条件的支撑才能形成。基于一定的历史逻辑，聚焦深化司法体制改革，强化人权司法保障，实现法治国家建设目标，深入学习贯彻落实习近平法治思想，准确把握司法规律，总结司法实践经验，提出少捕慎诉慎押司法理念，具有一定的历史意义和重要的现实意义。少捕慎诉慎押司法理念作为贯彻宽严相济刑事政策的具体措施，能够发挥转变司法观念、强化人权保障、促进社会治理、节约司法成本的价值功能，但是作为思想观念的范畴，也存在观念、制度和机制上的落实困境。在深化司法体制改革、全面推进依法治国、建设中国特色社会主义现代化法治强国的新时代，只有坚持贯彻落实习近平法治思想，强化法治宣传教育，促进全社会司法观念的转变，并通过立法完善，明确少捕慎诉慎押司法理念的适用标准，明确社会危险性的司法认定，增设告知、听审、说理等司法程序，健全科学的考评机制、合理的责任监督机制、现代的刑事案件信息共享机制以及有效的非羁押的监控机制，等等，才能全面落实少捕慎诉慎押司法理念，推进人权的司法保障，实现打击犯罪和保障人权诉讼价值。

中华优秀传统法律文化中的公平正义观[①]

摘要：中华传统优秀法律文化中的公平正义思想糅合了儒家、道家、法家等公平正义论说的精华，在推进社会治理的法律实践中，形成了礼法兼用的二元结构。其中内含了儒家的"仁者爱人""遵循天道"，道家的"道法自然""无为而治"，法家的"以公正论，以法制断"等公平正义思想的有关论述。

关键词：中华传统优秀法律文化；儒家；道家；法家；公平正义观

习近平总书记在党的二十大报告中指出，"我们要坚持走中国特色社会主义法治道路""围绕保障和促进社会公平正义""全面推进国家各方面法治化"[②]。公平正义是人类社会的价值追求，也是社会文明的重要标志。中华文明历史悠久，源远流长，在历史长河中形成了丰富的法律文化，其中蕴含着对公平正义法律思想的论述和实践，虽历经岁月变迁、朝代兴替以及政治、经济、文化交融，但有关公平正义法律思想的内涵及其外延基本保持稳定。中华优秀传统法律文化中的公平正义思想糅合了儒家、道家、法家等公平正义论说的精华，在推进社会治理的法律实践中，形成了礼法兼用的二元结构。中国古代诸子百家对公平正义思想的阐发主要涉及道德、礼义、刑罚等内容，虽表述各有不同，但是精神实质都是对公平正义的追求，形成了中华民族关于公平正义思想的共同认知。其中最有代表性的要数儒家、道家、法家关于公平正义思想的阐释。

---

① 本文系广西壮族自治区法学会2022年度法学研究委托课题阶段性研究成果。

② 习近平：《高举中国特色社会主义伟大旗帜 为全面建设社会主义现代化国家而奋斗——在中国共产党第二十次全国代表大会上的报告》，人民出版社2022年版，第40页。

一、儒家"仁者爱人""遵循天道"的公平正义观

儒家思想提倡恢复礼法制度，以维护社会秩序，主张"仁者爱人""遵循天道"，维护社会公平正义。其中对公平正义议题的关切则与道、仁、义、礼等紧密相连，被视为社会行为的基本规范和维护社会公平正义的基本准则。

其一，"道"是儒家正义思想的最高法则。道即天道、人道，就文义解释而言，天道指天地万物运行的规律；人道指人自身发展必须遵循的规律。遵循天地万物运行的规律，就是遵循天道，顺应天理。儒家认为，道是人类社会的最高法则，天道是正义思想的依据，人道是正义思想的根基。"道之大原出于天，天不变，道亦不变。"[1] 儒家还强调，人要遵循自身应有的"道"即人道，即"君君臣臣父父子子"[2] 都要各行其道，各安其分，不断追求自己的"道"，追求"朝闻道，夕死足矣"[3] 的人生境界。整个社会都要遵循这个道，社会就能正常运行，形成公平正义、和谐友善的良好氛围。只要"大道之行也，天下为公"就能实现"大同"[4] 世界。

其二，"仁"是儒家正义思想的理论基础。仁者爱人是儒家思想的重要内容，儒家将"仁"作为其理论基础。"仁"可拆解为"人""二"，意指"亲也。从人从二"[5]。在孔子看来，仁是人的天生本想，其中蕴含着人伦秩序，是处理人与人之间的社会关系的道德准则。从个人修养而言，"仁"是人自身道德修养的标准。孔子追求"仁"的道德修养，"我欲仁，斯仁至矣"[6]。在孔子看来，"仁"的最基本要求是"爱人"，"樊迟问仁，子曰爱人"[7]。而"孝悌"是"仁"的最基本表现。"孝悌也者，其为仁之本与"[8]。能够做到入则孝，孝敬父母，

---

[1] 《汉书·董仲舒传》。

[2] 《论语·颜渊》。

[3] 《论语·颜渊》。

[4] 《礼记·礼运》。

[5] 许慎：《说文解字》，中华书局2013年版，第21页。

[6] 《论语·述而》。

[7] 《论语·颜渊》。

[8] 《论语·学而》。

出则悌，兄友弟恭，才能推及爱社会，爱他人。孔子认为"仁"的更高境界是"圣"，正如"子贡曰：'如有博施于民而能济众，何如？可谓仁乎？'子曰：'何事于仁，必也圣乎！'"①从"仁"达至"泛爱众而亲仁"②的"圣"的境界，需要通过自身不懈努力的学习。"古不可以不弘毅，任重而道远。仁以为己任，不亦重乎？死而后已，不亦远乎？"在孟子看来，人之所以有"仁"的天性，在于人有恻隐、羞恶、辞让、是非"四心"，在孟子看来，"恻隐之心，仁之端也；羞恶之心，义之端也；辞让之心，礼之端也；是非之心，智之端也。人之有是四端也，犹其有四体也。有是四端而自谓不能者，自贼者也；谓其君不能者，贼其君者也。凡有四端于我者，知皆扩而充之矣，若火之始然，泉之始达。苟能充之，足以保四海；苟不充之，不足以事父母"③。从国家治理来说，"仁"是国家励精图治的施政纲领。儒家将"仁"推及国家治理层面，大力提倡"仁政"，痛斥"苛政"，孔子曰："苛政猛于虎也。"④孟子曰："天下之本在国，国之本在家，家之本在身。"⑤荀子曰："君者，舟也；庶人者，水也。水则载舟，水则覆舟。"⑥认为不实施仁政、不与民休息，国家就注定要灭亡。而实施"仁政"，要"四时行焉，百物生焉"⑦"子钓而不纲，弋不射宿"⑧。要"亲亲而仁民，仁民而爱物"⑨"制民之产"⑩。要"选贤良，举笃敬，兴孝弟，收孤寡，补贫穷"⑪。

其三，"义"是儒家正义思想的精神内核。甲骨文以"羊"和"我"象形

---

① 《论语·雍也》。

② 《论文·学而》。

③ 《孟子·公孙丑上》。

④ 《礼记·檀弓下》。

⑤ 《孟子·离娄上》。

⑥ 《荀子·哀公》。

⑦ 《论语·阳货》。

⑧ 《论语·述而》。

⑨ 《孟子·尽心上》。

⑩ 《孟子·梁惠王上》。

⑪ 《荀子·王治》。

成繁体字"義",绘意为"手持兵器的我公平地分配羊肉",象征公平、公正、正义。在儒家看来,"义"不仅是规范社会行为的道德准则,而且是处理义利取舍的基本标准。一方面,"义"是行为处世之根本。在儒家看来,"义"存在于人的内心,是衡量人的行为是否符合道德的标准,因此,依"义"为人处事,就是正义的。正如,孔子曰:"君子之于天下也,无适也,无莫也,义与么比。"[1] 即义是君主立身之本,而"见义不为,无勇也"[2]。孟子曰:"羞恶之心,义之端也。"[3] 即人要有基本羞恶之心,这是"义"的基本要求。而在面对生死与道义的抉择时,孟子认为:"生,亦我所欲也;义,亦我所欲也。二者不可得兼,舍生而取义者也。"[4] 儒家认为,"义"也是君主治理国家、矫正行为的标准。孟子认为,"父子有亲,君臣有义",国家才能正常运行。荀子认为,"义"是"王道"的标志,《荀子·王治》载:"天地者,生之始也;礼义者,治之始也;君子者,礼义之始也。为之,贵之,积重之,致好之者,君子之始也。故天地生君子,君子理天地。"另一方面,"义"是义利取舍之标准。儒家认为,"义"重于"利",谋求利益要符合道义。孔子曰:"不义而富且贵,于我如浮云。"[5] "君子喻于义,小人喻于利。"[6] 在儒家看来,要关注公众利益,"修己以安百姓"[7],不能只关注自身利益,否则"放于利而行,多怨"[8]。儒家并不否定人们追求"利",只是提倡人们要"见利思义",不能见利忘义,更要通过正当手段追求利。正如孔子曰:"富与贵,是人之所欲也;不以其道得之,不处也。贫与贱,是人之所恶也;不以其道得之,不去也。"[9]

---

[1]《论语·里仁》。

[2]《论语·为政》。

[3]《孟子·公孙丑上》。

[4]《孟子·告子上》。

[5]《论语·述而》。

[6]《论语·里仁》。

[7]《论语·宪问》。

[8]《论语·里仁》。

[9]《论语·里仁》。

其四,"礼"是儒家正义思想的外在标准。重礼是中华民族的特色。"礼"最早用于祭祀,后演变为礼仪之义,在周代形成礼乐制度,成为等级制度之义。儒家提倡周礼,认为"礼"具有制度保障功能,是实现正义的外在准则,能够调节社会关系,约束社会行为。从个人层面而言,"礼"是立身之本。儒家认为,"礼"是衡量个人修养的标尺,是人道德修养的必修课。孔子曰:"不学礼,无以立"[1],即不学礼,就无法立身。而立身,提高个人修养,就要做到"非礼勿视,非礼勿听,非礼勿言,非礼勿动"[2]。孟子曰:"夫义,路也;礼,门也。惟君子能由是路,出入是门也。"[3]即义是道路,礼是门,只有君子才能从此道路通过,只有君子才能出入此门。而"辞让之心,礼之端也",即"礼"的最基本标准是要谦逊、礼让。荀子曰:"其数则始乎诵经,终乎读礼。"[4]即要通过诵读诗书礼义来提升修养,改善自我。从国家层面来看,"礼"是治国之要。儒家认为"礼"是维护国家统治、保障社会秩序的工具。如孔子曰:"克己复礼为仁,一日克己复礼,天下尽归仁焉。"[5]孟子曰:"无礼义,则上下乱。"[6]荀子曰:"隆礼尊贤而王,重法爱民而霸。"[7]在儒家看来,以"礼"治国,教化人民,既合乎社会秩序,也合乎人们对正义的要求。

二、道家:"道法自然""无为而治"的公平正义观

道家思想以自然主义为基础,主张"道法自然",提倡尊崇本性,自适其适,顺其自然,"无为而治",保障人的平等、自由、生命、安全。道家公平正义思想至少包括两个层面的内容,从个人发展层面看,实现人的平等、自由即正义;从国家治理层面来看,保障人的生命、维护社会秩序即正义。

---

[1]《论语·季氏》。

[2]《论语·颜渊》。

[3]《孟子·万章下》。

[4]《荀子·劝学》。

[5]《论语·颜渊》。

[6]《孟子·尽心下》。

[7]《荀子·大略》。

其一，平等是人格独立的前提。道家认为，万物是一个一个的个体组成的。人既是个体的存在，也是社会的存在。人既是主体，又是目的。在道家看来，作为个体的存在，人是平等的。从宇宙论的角度来看，"万物皆一也"。老子认为，天地万物一律平等，都应该平等对待，他说："道大，天大，地大，人亦大。域中有四大，而人居其一焉。"①"天道无亲"。②庄子也认为，天地万物都是平等的，人与自然界没有高低之分，是和谐统一的。庄子曰："天地与我并生，而万物与我为一。"③"自其同者视之，万物皆一也。"④庄子提倡每个个体都应该获得尊重，应该摒除等级贵贱，平等看待万物，并将平等原则从人与人的关系扩展到人与自然的关系，人与天地万物的和谐共生。从生死论的角度来看，"通天下一气耳。"⑤在道家看来，人是自然的一部分，是平等的存在。庄子认为："人之生，气之聚也。聚则为生，散则为死。"⑥在庄子看来，流动是气的运行形式，象征着生命无常，循环不息。庄子曰："察其始而本无生；非徒无生也，而本无形；非徒无形也，而本无气。杂乎芒芴之间，变而有气，气变而有形，形变而有生。今又变而之死，是相与为春秋冬夏四时行也。"⑦而生死同体，生命无常，则说明了生命无贵贱之分，万物平等。正如庄子所说："死，无君于上，无臣于下"⑧"一受其成形，不亡以待尽。"⑨从社会论的角度来看，"常德不离，复归于婴儿"。⑩在道家看来，历史社会的原始状态是平等的，

---

① 《老子·道德经·第二十五章》。

② 《老子·道德经·第七十九章》。

③ 《庄子·齐物论》。

④ 《庄子·德充符》。

⑤ 《庄子·知北游》。

⑥ 《庄子·知北游》。

⑦ 《庄子·至乐》。

⑧ 《庄子·至乐》。

⑨ 《庄子·齐物论》。

⑩ 《老子·道德经·第二十八章》。

并没有等级之分，正如庄子说的："一而不党，命曰天放。"①而造成历史社会原始平等失衡的根本原因就是仁义礼乐制度，并由仁义礼乐制度所滋生的权力制度、等级观念、贵贱之分。道家提倡"绝仁弃义，民复孝慈"。②主张统治者要包容一切，"是以圣人常善救人，故无弃人。常善救物，故无弃物。"③"圣人无常心，以百姓心为心。"④主张平等对待他人，"不以人之卑自高也。"⑤

其二，自由是人的本性的体现。道家认为自由有两个层面，即政治自由、精神自由。一方面，从政治自由层面来说，提倡"无为而治"。道家认为，统治者作为国家的管理者，应该处"无为"之事，不能损害个人自由。老子认为："圣人处无为之事，行不言之教。万物作焉而不辞，生而不有，为而不恃，功成而弗居。夫唯弗居，是以不去。"⑥庄子则明确提出："无为可以定是非。"⑦另一方面，从精神自由层面来说，追求"游心于无穷"。道家追求的是"物物而不物于物"⑧的心灵状态，追求"欣欣然乘物以游心"的境界，提倡超脱现实的精神自由。精神自由就是精神既不控制外物，也不被外物控制，就是庄子所说的"无为名尸，无为谋府，无为事任，无为知主。体尽无穷，而游无朕。尽其所受乎天，而无见得，亦虚而已！至人之用心若镜，不将不迎，应而不藏，故能胜物而不伤。"⑨在庄子看来，追求精神自由，要达到"若夫乘天地之正，而御六气之辩，以游无穷者，彼且恶乎待哉？"⑩"独与天地精神往来，而不敖

---

① 《庄子·马蹄》。
② 《老子·道德经·第十九章》。
③ 《老子·道德经·第二十七章》。
④ 《老子·道德经·第四十九章》。
⑤ 《庄子·让王》。
⑥ 《老子·道德经·第二章》。
⑦ 《庄子·至乐》。
⑧ 《庄子·山木》。
⑨ 《庄子·应帝王》。
⑩ 《庄子·逍遥游》。

倪于万物，不谴是非，以与世俗处"①的境界。

其三，生命是实现正义的根本。在道家看来，生命是个人存在的证明，是人类最重要的自然体现。道家关注生命、热爱生命，提倡生命至上，认为生命是实现个人正义的最基本的标尺。生命是人的基础，生命是自由的载体，没有生命，自由也就无从谈起。道家生命至上的理念主要体现在行政、经济、环境、战争等方面的主张上。在行政上，主张尊重生命。老子认为："治大国若烹小鲜。以道莅天下，其鬼不神；非其鬼不神，其神不伤人；非其神不伤人，圣人亦不伤人。夫两不相伤，故德交归焉。"②在老子看来，"不伤人"的制度才是好制度，"知其荣，守其辱，为天下谷。为天下谷，常德乃足，复归于朴。朴散则为器，圣人用之则为官长，故大制不割。"③庄子则批判统治者草菅人命的现象，推崇大王亶父"能尊生矣"④。在经济上，提倡"皆有以养"⑤。道家认为，满足人民生存需要是第一位的。老子认为，"圣人之治，虚其心，实其腹，弱其志，强其骨。"⑥实现"无狎其所居，无厌其所生"⑦"老弱孤寡为意，皆有以养，民之理也。"⑧在环境上，反对"灾及草木"。道家认为，草木虫鱼等天地万物皆有生命，都要尊重、热爱，不能随意伤害。庄子认为，"圣人处物不伤物。不伤物者，物亦不能伤也。唯无所伤者，为能与人相将迎。"⑨在庄子看来，"乱天之经，逆物之情，玄天弗成；解兽之群，而鸟皆夜鸣；灾及草木，祸及止虫。意，治人之过也。"⑩在战争上，提出"恬淡为上"。道家从尊

---

① 《庄子·天下》。

② 《老子·道德经·第六十章》。

③ 《老子·道德经·第二十八章》。

④ 《庄子·让王》。

⑤ 《庄子·天下》。

⑥ 《老子·道德经·第三章》。

⑦ 《老子·道德经·第七十二章》。

⑧ 《庄子·天下》。

⑨ 《庄子·知北游》。

⑩ 《庄子·在宥》。

重生命，反对战争。老子认为："夫兵者，不祥之器，物或恶之，故有道者不处。……兵者不祥之器，非君子之器，不得已而用之，恬淡为上。胜而不美，而美之者，是乐杀人。夫乐杀人者，则不可得志于天下矣。"①

三、法家"以公正论，以法制断"的公平正义观

法家认为人性本恶，必须以法"明公道"②，提倡以法治国，"以公正论，以法制断"。③其中公平正义观包括"法不阿贵"④的平等思想、"信赏必罚"⑤的公正思想以及"能去私曲"⑥的为公思想。

其一，"法不阿贵"的平等思想。春秋前，社会等级制度森严，"礼不下庶人，刑不上大夫"⑦却是调整社会关系的基本原则。这种不平等的社会规范，必然导致社会不公平。而法家的进步就在于，打破就的不平等礼制，建构最大限度实现平等的国家治理理论，并付诸实践。法家追求平等价值，主张将旧贵族也纳入法律规范范围，提倡"一刑者，刑无等级"⑧"不别亲疏，不殊贵贱，一断于法"⑨。要求统一刑罚，不分亲疏贵贱，将任何人都纳入法律统治，而在法治之内，没有特权者。正如管子所说的："上亦法，臣亦法。"⑩"法令者，君臣之所共立也。"⑪君臣都要遵守法律。法家高度重视平等价值，认为"圣人之

---

① 《老子·道德经·第三十一章》。

② 《管子·君臣上》。

③ 《管子·任法》。

④ 《韩非子·有度》。

⑤ 《韩非子·外储说右上》。

⑥ 《韩非子·有度》。

⑦ 《礼记·曲礼上》。

⑧ 《商君书·赏刑》。

⑨ 《史记·太史公自序》。

⑩ 《管子·七臣七主》。

⑪ 《管子·七臣七主》。

为法也，所以平不夷、矫不直也。"①即圣人制定法令是用来整治不平、矫正不直的。对此，韩非子还进一步指出："故以法治国，举措而已矣。法不阿贵，绳不挠曲。法之所加，智者弗能辞，勇者弗敢争。刑过不辟大臣，赏善不遗匹夫。故矫上之失，诘下之邪，治乱决缪，绌羡齐非，一民之轨，莫如法。厉官威民，退淫殆，止诈伪，莫如刑。"②在法家看来，严刑峻法是规范民众行为，实现国家治理的最有效手段，正如管子所说的："君臣上下贵贱皆从法，此谓为大治"。③即只要君臣守法，以法治国，就能实现大治。

其二，"信赏必罚"的公正思想。法家推行法治，取消世卿世禄制，打破了官爵利禄皆被旧贵族统治阶级家族世袭的传统。魏国李悝变法时，就主张"夺淫民之禄"④。在李悝看来，"其父有功而禄，其子无功而食之，出则乘车马，衣美裘，以为荣华，入则修竽琴钟之声，而安其子女之乐，以乱乡曲之教，如此者，"淫民"也，应该"夺其禄以来四方之士"。⑤商鞅变法时则将世卿世禄制予以废除，实行"以功授官予爵"⑥，秦国法律明确规定："宗室非有军功论，不得为属籍。……有功者显荣，无功者虽富无所芬华。"⑦以军功作为加官进爵的标准，为普通百姓建功立业提供了相对公平的机会，体现了法家的公正思想。此外，法家的公正思想还体现在有过必罚，不能功过相抵。法家认为："圣人不宥过，不赦刑，故奸无起"⑧，犯了过错就要受到处罚，不能姑息养奸，即使有功，也不能相抵。商鞅明确提出："有功于前，有败于后，不为损刑。有善于前，有过于后，不为亏法。忠臣孝子有过，必以其数断。守法守

---

① 《韩非子·外储说右下》。

② 《韩非子·有度》。

③ 《管子·任法》。

④ 《说苑·政理》。

⑤ 《说苑·政理》。

⑥ 《商君书·赏刑》。

⑦ 《史记·商君列传》。

⑧ 《商君书·赏刑》。

职之吏有不行王法者，罪死不赦，刑及三族。"[1] 在韩非子看来，赏罚是君主的"二柄"，要注重公平，一律依法赏罚，做到"信赏必罚"。[2] 这样才能在一定程度上杜绝一些人居功自傲、故意违法，为普通百姓作守法表率。

其三，"能去私曲"的为公思想。法家认为，好利是人的天性，提倡鼓励个人逐利，并以法保护个人私益，而其根本目的在于促进富国强兵。在法家看来，公私分明关乎国家存亡。正如商鞅所说的："公私之交，存亡之本也"[3]。在商鞅看来，"公私之分明，则小人不疾贤，而不肖者不妒功。"[4] 商鞅认为，只要君主以天下为公，"为天下治天下"而"非私天下之利也"，就会得到世人爱戴。韩非子也主张要公私分明，在韩非子看来，"私义行则乱，公义行则治，故公私有分。"[5] 韩非子认为，君主行公义，以天下为公，大臣们自然也行公义，公正无私。"修身洁白而行公行正，居官无私，人臣之公义也；污行从欲，安身利家，人臣之私心也。明主在上，则人臣去私心行公义；乱主在上，则人臣去公义行私心。"[6] 法家主张通过法治协调公私关系，保证以公为先。商鞅指出不能"以私害法。"[7] 韩非子在论述了"公私不可不明"后，又进一步论述了"法禁不可不审"。[8] 韩非子认为臣民"临难必死，尽智竭力，为法为之"[9]，即臣民能够去私为公，主要是公私分明的赏罚法律制度发挥了作用。在韩非子看来，"能去私曲就公法者，民安而国治；能去私行行公法者，则兵强而敌弱。"[10] 也就是说，君臣能够摒弃私利、奉公守法、以法处事，人民就能安居乐业，国家就能长治久安。

---

[1] 《商君书·赏刑》。

[2] 《韩非子·外储说右上》。

[3] 《商君书·修权》。

[4] 《商君书·修权》。

[5] 《韩非子·饰邪》。

[6] 《韩非子·饰邪》。

[7] 《商君书·修权》。

[8] 《韩非子·饰邪》。

[9] 《韩非子·饰邪》。

[10] 《韩非子·有度》。

中美环境公益诉讼运行机制比较研究[①]

摘要：美国环境公民诉讼制度确立较早，具有相对完备法律支撑体系。中国环境公益诉讼制度起步较晚，在制度设计及立法与司法实践中，虽在一定程度上参考美国经验，但是由于中美两国在意识形态、社会制度和法治传统等方面的不同，使得中美环境公益诉讼在理论基础以及运行机制等方面都存在一定差异。理论层面表现为对于环境公民诉讼与环境公益诉讼的内涵界定、基本性质及其理论基础的不同，运行机制层面表现为在环境公民诉讼一元模式下和环境公益诉讼二元模式下适格原告、诉讼被告、可诉范围、规则原则、举证责任、救济方式和诉讼费用方面的差异。基于比较法上，美国环境公民诉讼在完善的环境法律体系和宽泛的原告主体资格方面仍值得我国在完善环境公益诉讼制度过程中加以借鉴。既要逐步将环境权入宪，加快环境法典制定及相关环境单行法修订，不断完善环境法律体系，又要适当放宽原告主体资格，附条件增加公民作为环境公益诉讼原告资格，逐步取消对社会组织环境公益诉讼原告资格的限制。

关键词：环境公益诉讼；公民诉讼；环境权；运行机制

一、问题提出：中美环境公益诉讼的形成背景

自然环境是人类赖以生存与发展的基础。从人类社会发展的历程来看，人类文明已先后经历了原始文明、农业文明、工业文明三个时代，正发展到生态文明时代，在此过程中，人类与自然的关系呈现出不同的时代特征，从完全臣

---

① 本文是系国家检察官学院2022年度科研基金项目（GJY2022T03）研究成果。

服于自然，到适应并改造自然，再到与自然相互对抗，最后发展到与自然和谐共生。尽管如此，人类与自然关系的本质始终都逃不出马克思主义的经典科学论断："人是自然界的一部分"[①]"人创造环境，同样，环境也创造人"[②]。因此，在促进人类社会发展的同时，要兼顾对自然资源和生态环境的保护，切实做到习近平总书记在党的二十大报告中指出的"尊重自然、顺应自然、保护自然""促进人与自然和谐共生"。[③] 然而，随着社会生产力的发展、科学技术的进步，在人类与自然的相互较量中，人类取得了单方面的胜利，具体表现为不断适应自然，充分利用，甚至实现了改造自然、创造环境，以满足人类生存与发展的需要。与此同时，囿于对自然资源的过度开发和利用、对生态环境的污染和破坏，导致自然资源匮乏、生态环境恶化、环境公害泛滥，威胁着人类的生存与发展。如20世纪30年代至60年代发生的美国多诺拉镇延误事件（1948年10月）、美国洛杉矶光化学烟雾事件（"二战"以后的每年5至10月）等世界"八大公害事件"危害了人类的身心健康和生存安全。这正好印证了恩格斯对人类战胜自然界的警示：不要过分陶醉于人类对自然界的胜利。因为人类对于自然界的每一次胜利，自然界都进行报复。虽然人类对自然界的每一次胜利，起初确实取得了预期的结果，但是随着时间推移却发生完全不同的、出乎意料的影响，甚至连最初的预期结果都消除了。[④]

充分意识到环境公害所产生的生存危机后，基于保障身心健康，维护生存安全的考量，美国公民在全国范围内掀起了一场声势浩大、影响深远的环境运动。在环境上，反对自然资源与生态环境的污染与破坏，保护人类生存与发展的基础。法律上，受普通法侵害理论和妨害理论的限制，在环境诉讼中，公民个人只有对不同于公众的个人遭受到的环境损害才有提起诉讼的资格，而对于公众乃至包括自己在内的公众遭受的环境损害即"公益损害"并没有起诉的资

---

① 《马克思恩格斯选集》（第1卷），人民出版社2012年版，第56页。

② 《马克思恩格斯选集》（第1卷），人民出版社2012年版，第172页。

③ 习近平：《高举中国特色社会主义伟大旗帜 为全面建设社会主义现代化国家而团结奋斗》，人民出版社2022年版，第49页。

④ 《马克思恩格斯选集》（第3卷），人民出版社2012年版，第998页。

格,为保障公民的生命健康权,环境运动主张扩大环境诉讼的起诉资格,赋予公民起诉资格。在此环境运动的推动下,1970年,美国在《清洁空气法修正案》中新增了公民诉讼条款:"Sec.7604.-Citizen suits",即第7604条:公民诉讼,其中明确规定:"任何人可以代表自己提起民事诉讼。"依据此条款,任何公民可以对不遵守排放标准的污染企业和不履行法定职责的环境保护机关依法向法院提起诉讼,借助法院的司法监督,推动环境法的实施。从中赋予了公民个人或者其他社会组织团体"私人总检察长"的角色,对环境违法者提起诉讼,实现排除环境侵害,促进环境公益,维护公民的人身与财产安全,保障公民的生存发展环境。公民诉讼条款以法律的形式明确了环境诉讼公众参与机制,确立了美国环境公益诉讼即环境公民诉讼。在此之后美国先后制订的《海洋清废法》(1972)、《噪声控制法》(1972)、《濒危物种法》(1973)、《资源保护与恢复法》(1976)、《清洁水法》(1977)、《有毒物质控制法》(1977)等环境保护法律中也都延续了"公民起诉"条款。美国这些法律规定及其实施,用实践证明了其环境公民诉讼的成功,成为世界各国发展环境公益诉讼的法律借鉴范本。比如,英国、日本、德国、印度等在结合本国国情建构本国环境公益诉讼时都吸收借鉴了美国环境公益诉讼的公民起诉条款。

一直以来,我国都比较重视对自然资源和生态环境的保护。面对西方因"先污染,后治理"而引发"环境公害"的前车之鉴,早在1983年12月31日召开的第二次全国环境保护会议上,我国就把保护环境确定为基本国策。多年来,在推进自然资源和生态环境保护的立法和实践中,取得了显著成绩,基本形成了以《环境保护法》为基本法,以《大气污染防治法》《海洋环境保护法》等为专门法律,以《湿地保护法》《长江保护法》《黑土地保护法》等特定领域立法为特别法的自然资源与生态环境保护的法律体系。但是,当前,自然资源短缺、环境污染与破坏严重、生态系统退化等环境问题依然突出。正如习近平总书记所指出的:"我们在生态环境方面欠账太多了。"[1] 环境问题不仅威胁着社会公众的生命健康和安全,也破坏了人们赖以生存和发展的基本条件,还影

---

[1] 中共中央文献研究室编:《习近平关于社会主义生态文明建设论述摘编》,中央文献出版社2017年版,第7页。

响了社会的和谐稳定，阻碍了社会经济的高质量发展。有鉴于此，为更好地维护环境公益，保障公民生命健康和安全，在借鉴美国环境公益诉讼有益经验的基础上，结合我国法治建设实际和人民司法规律，通过《民事诉讼法》（2012、2017）、《环境保护法》（2014）、《行政诉讼法》（2017）的修订，以法律的形式确立了我国的环境公益诉讼制度。

美国环境公民诉讼是现代环境公益诉讼的成功典范，为各国所借鉴。我国在建构环境公益诉讼制度的过程中，虽然在一定程度上也确实参考借鉴了美国的环境公民诉讼，但是囿于意识形态和社会制度的不同、具体国情和法治实践的差异，我国以法律的形式最终建立的环境公益诉讼制度与美国蓝本的环境公民诉讼制度之间存在诸多差异。二者在理论基础、制度运行等方面有何不同，如何从理论上分析制度差异，准确把握制度运行过程中的优势与不足，对完善我国环境公益诉讼制度，促进生态环境保护具有理论与实践的双重意义。

二、基础理论：环境公民诉讼与环境公益诉讼

中美环境公益诉讼的差异源于法律传统的差异。美国是海洋法系国家，其环境公益诉讼制度也必然深刻反映了海洋法系的传统。而中国具有丰富的法律传统文化，法治现代化多承继大陆法系，在环境公益诉讼领域受政府全能主义和超职权主义影响深远。基于法律传统的不同，中美环境公益诉讼的内涵、性质以及理论基础也存在一定差异。

（一）内涵界定：私益诉讼与公益诉讼

虽然美国没有"环境公益诉讼"的提法，但是美国是世界上在环境领域最早创设公益诉讼制度的国家。早在1970年的《清洁空气法》就以法律形式明确了"公民诉讼"条款，英文为citizen suit。公民诉讼条款中对诉讼主体、诉讼类型、起诉范围、诉讼限制、管辖法院、诉讼程序、诉讼费用、法律责任等都做了明确规定，内容详尽，程序明确。在此之后的多部联邦环境法律中，如1972年的《清洁水》、1986年的《应急机会和社区知情权法》等联邦环境法律中，都吸纳了公民诉讼条款。公民诉讼条款与联邦《民事诉讼规则》相衔接，则构成美国的环境公益诉讼制度。就内涵界定来说，布莱克法律辞典将"公民诉讼"定义为根据法令提起的诉讼活动。具体来说，就是公民依据法令起诉违

法者（尤其是环境违法者），依法请求禁令救济和处罚的权利。[1] 从其内涵可以看出，环境公民诉讼是公民请求环境权救济的一种私益诉讼。

对我国来说，环境公益诉讼是一个"舶来品"，相较而言，相关研究与制度建构都较晚。就我国环境公益诉讼的内涵界定而言，蔡守秋教授将环境公益诉讼定义为："自然人、法人、政府组织、非政府非营利性组织和其他组织认为其环境权即环境公益权受到侵犯时向法院提起是诉讼。"[2] 吕忠梅教授认为，环境公益诉讼是一种特别诉讼，是现代社会中公民的一种共同行为，是公民共同行为的有机组成部分。[3] 曹明德教授认为，环境公益诉讼是指由公民、社会组织或政府机关代表社会公共利益向法院提起的，起诉污染公共环境的污染者，诉求阻止损害行为并要求责令行为人承担相应的法律责任的诉讼。[4] 综合学者观点，并结合我国《民事诉讼法》《环境保护法》《行政诉讼法》等法律法规对环境公益诉讼的确认，可以将我国环境公益诉讼定义为：法律规定的有关主体对于污染环境、破坏生态、损害社会公共利益的行为，依法向人民法院提起的诉讼活动。

（二）基本性质：民事诉讼与特别诉讼

就性质而言，美国环境公民诉讼，依据公民诉讼条款的法律规定，即"任何人可以代表自己提起一项民事诉讼"，可知，公民诉讼是典型的民事诉讼。在美国，没有行政诉讼，其诉讼类型只有民事诉讼和刑事诉讼两种。根据美国诉讼民刑二分法，也可以认定公民诉讼属于民事诉讼。

而我国将环境公益诉讼进行了二元划分，细分为环境民事公益诉讼与环境行政公益诉讼两种类型，突破了"无利益就无诉权"的传统理论限制，也突破了民事诉讼和行政诉讼"侵害即救济"的私益诉讼限定，以保护环境公益为目的，寓于民事诉讼和行政诉讼中，是一种特殊的民事诉讼和行政诉讼。其特殊

---

[1] Bryan A. Garner, Editor in Chief, citizen suit, Black's Law Dictionary, 10th ed. 2014.

[2] 蔡守秋：《论环境公益诉讼的几个问题》，《昆明理工大学学报（社会科学版）》2009年第9期，第1-8页。

[3] 吕忠梅：《环境公益诉讼辨析》，《法商研究》2008年第6期，第131-137页。

[4] 曹明德：《中美环境公益诉讼比较研究》，《比较法研究》2015年第4期，第67-77页。

性具体表现为：一是适格原告的模糊性。一般来说，民事诉讼和行政诉讼的原告都是特定的，即受到损害的一方。但是在环境公益诉讼中，原告主体被笼统规定为"法律规定的机关和有关组织"，虽然通过体系解释，对法律法规的解读，可以确定为检察机关、行使海洋环境监督管理权的部门以及符合条件的社会组织，但是，总的来看，对原告主体的规定还是存在一定模糊性。二是被告主体的多样性。民事诉讼中，被告是对原告造成人身、财产等损害的平等民事主体。在行政诉讼中，被告是做出具体行政行为（包括作为和不作为）致使原告权益受损的行政机关。而在环境公益诉讼中，被告既可以是造成环境污染的个人、企业等民事主体，也可以是在环境监管中不作为、乱作为的行政主体。三是诉讼目的的公益性。传统民事诉讼、行政诉讼，以被告民事行为或具体行政行为导致原告权益受损为诉讼理由，以维护原告私主体合法权益为诉讼目的。而环境公益诉讼不是基于原告私主体权益受损，而是基于人类生存的自然生态环境遭受损害而提起的诉讼，维护的是环境公共利益，保障人类生存、生活、发展的权益。因此，具有公益性。

（三）理论基础：公共信托理论与代表信托理论

就理论基础而言，美国环境公民诉讼制度有扎实的理论支撑，相关的理论涉及公共信托理论、环境权理论、私人检察总长理论、公众参与理论、妨害公众理论等。其中最主要的是公共信托理论与环境权理论。从一定程度来说，私人检察长理论、公众参与理论以及妨害公众理论都发轫并创新于公共信托理论。第一，公共信托理论。公共信托理论源自罗马法，依据布莱克法律词典的解释，就是国家要承担保障公众适用通航水域权利的责任。[①]1970年，美国学者约瑟夫·萨克斯教授在分析伊利诺伊州中央铁路诉伊利诺伊州一案时，将公共信托理论延伸至环境保护领域。将空气、水、野生动植物等环境要素视为全民共有财产，公民为管理共有财产，将其委托给政府，与政府建立了一种信托关系。进而推动了一些州修改法律纳入公共信托理论，如1970年《密歇根环境保护法》《康涅狄格州1971年环境保护法》等。第二，环境权理论。环境权理论是

---

① Bryan A.Garne,Editor in Chief , PUBLIC-TRUST DOCTRINE,Black's Law Dictionary 10th ed. 2014.

基于公共信托理论的基础上发展而来的，主要是指公民享有在优良舒适的环境中生活的权利，并且可以通过环境公民诉讼来实现权利救济。[1]该理论的运用主要在美国各州层面，如密歇根州、伊利诺伊州、夏威夷州等。《密歇根环境保护法》中环境公民诉讼条款的规定，既是公共信托理论的体现，也是环境权理论的体现。第三，私人检察总长理论。就是为了维护公共利益，私人依据法律授权，享有类似检察总长对于行政违法行为提起诉讼资格。[2]在美国各州的环境公民诉讼案件中，很多都是依据私人检察总长理论提起的。比如加利福尼亚州的《环境质量法》就有私人检察总长条款，明确公民对于损害公共利益的行为可以提起诉讼，且为鼓励起诉，还明确胜诉原告还可以获得诉讼费用。第四，公众参与理论。即为弥补公权力实施法律的不足，由公民提起公民诉讼参与环境法律实施。[3]公众参与法律实施是美国宪政的基本要求，是美国民主的根本，也是公民的基本权利。私人提起环境公民诉讼，是保障法律实施、实现环境民主的重要途径。第五，妨害公众理论。即对侵害公共利益的妨害公众行为可以通过私人提起诉讼的方式得以救济。在美国，按照妨害对象的不同，将妨害行为划分为公众妨害行为和私人妨害行为两种类型。公众妨害行为是指损害公众健康、安全、安宁，或非法阻碍公众行使公共权利的行为。在环境侵权中，妨害公众行为是最普通的侵权行为，在普通法上可构成犯罪。在美国一些州的公民诉讼中，是通过妨害公众理论来实施的。比如新墨西哥州、威斯康星州等都有相关法律明确规定，对妨害公众行为采取公民诉讼的救济方式。

就我国环境公益诉讼的理论基础而言，主要包括代表信托理论和发展权理论两个方面。第一个方面，代表信托理论。代表信托理论主要指人民本身享有对主权的管理和监督职权，而为更好实现公益，通过代表选举，授权委托国家机关行使管理和监督职责。其理论根源就是我国的人民主权理论和公有制理

---

[1] 刘海鸥、罗珊：《中美环境公益诉讼立法比较研究》，《湘潭大学学报（哲学社会科学版）》2017年第3期，第34-41页。

[2] 陈冬：《美国环境公民诉讼的理论基础之探析》，《郑州大学学报（哲学社会科学版）》2005年第6期，第117-119页。

[3] 巩固：《大同小异抑或貌合神离？中美环境公益诉讼比较研究》，《比较法研究》2017年第2期，第105-125页。

论，就是承认土地、水、森林、草原、野生动物、植物等自然资源环境要素皆是全民共有，即主权国民所有。这与美国环境公民诉讼中公共信托理论相通。但是，我国的代表信托理论与美国的公共信托理论具有一个明显的不同。美国公共信托理论具有回溯性，即公民既可以将共有权益整体委托政府监管，又可以为实现管理的最大效益，将共有权益进行拆分，由公民分别进行监管。而我国代表信托理论不具有回溯性，公民不能将共有权益拆分，由公民分别监管，只能将共有权益整体委托政府管理。但是，在代表信托理论下，公民可以通过控告、举报、建议等方式实现对共有权益的监督。第二个方面，发展权理论。我国的发展权理论与美国的环境权理论有共通之处。美国环境权理论强调公民享有在健康、安全、舒适的环境中生存、生活、生产的权利，并直接赋予公民环境权，对于侵犯公民环境权的行为，享有直接提起诉讼的权利。而我国的发展权理论，虽然强调公民个人享有追求幸福生活、健康发展环境的权利，即享有环境权，但是，在发展权理论下并不能认定公民可以直接运用环境权，还需要通过政府依法监管职能等间接方式来保障公民这一权利的实现。[①]

三、运行机制：一元模式与二元模式

一般来说，美国环境公益诉讼就是美国在环境领域的公民诉讼，被认为是"当代环境法中最普遍、最显眼、最具有持续性的制度创新"[②]。从公民诉讼条款来看，美国环境公民诉讼将被告分为三类：第一类是单纯违反环境法律的个人、企业等民事主体；第二类是不作为、乱作为、违反环境法律的行政机关；第三类是没有依法履行非自由裁量相关义务的环保局局长，即特定行政机关长官。尽管对行政机关、环保局局长不作为所提起的公民诉讼具有我国行政诉讼的影子，但是，由于美国只有民事诉讼与刑事诉讼，并没有行政诉讼类型。因此，无论被告主体是谁，美国环境公民诉讼都是民事诉讼。换言之，美国环境

[①] 刘海鸥、罗珊：《中美环境公益诉讼立法比较研究》，《湘潭大学学报（哲学社会科学版）》2017年第3期，第34-41页。

[②] Barton H. Thompson, The Continuing Innovation of Citizen Enforcement, U.111. L. Rev.185, 2000.

公益诉讼运行机制采取的是民事诉讼的单一模式。

我国的环境公益诉讼，经过司法实践与立法完善，依据被告主体与诉讼内容的不同，明确分为环境民事公益诉讼和环境行政公益诉讼两种类型。环境民事公益诉讼是法律规定的原告主体对污染环境、破坏生态、损害环境公共利益的个人、社会组织等民事主体，依法提起的诉讼，被纳入民事诉讼法体系。而环境行政公益诉讼则是对负有环境监管职责的行政机关违法行为或者不作为，导致环境公益受到侵害而由人民检察院依法提起的诉讼，被纳入了行政诉讼法体系。因此，我国环境公益诉讼运行机制采取的是民事诉讼与行政诉讼的二元模式。

囿于中美环境公益诉讼运行机制存在一元与二元的差异，在适格原告、被诉主体、诉讼范围、举证责任、救济方式等方面也必然存在一定差异。

（一）适格原告：广泛主体与二元主体

美国公民诉讼条款中明确原告为任何人，由此可见，美国环境领域的公民诉讼——环境公民诉讼的原告资格具有明确性和广泛性，具体包括个人、团体组织、行政机关等任何法律实体。从历史的角度来看，尽管美国环境法律实践中，也曾有对原告主体加以"实际损害"的条件限制，比如20世纪八九十年代，由于经济增长乏力，通货膨胀加剧，美国政府采取了优先发展经济而消极保护环境的政策，导致在环境法律实施的过程中，就采取了严格的起诉资格，提高了公民原告主体的诉讼资格。如在 Lujan v. Defenders of wildlife 案[1] 中，最高法院以原告未能证明环境破坏对其造成"实际损害"而否决了原告的起诉资格。但是，就环境法律而言，对原告主体资格的规定并没有进行实质的修改。联邦环境法律中都将原告主体规定为任何个人、社会组织团体、州政府、联邦政府机构、部门及其官员、雇员等，范围之广，涵盖了任何人、任何组织。

相较而言，我国环境公益诉讼对原告资格的限制比较严格。现有法律框架下明确的适格原告为"法律规定的机关和有关组织"，换言之，从原告主体来说，我国环境公益诉讼也可以称为"二元环境公益诉讼"。法律规定的机关就是我国的行政机关和检察机关。在我国的立法与司法实践中，法律规定的行政

---

[1] [美]理查德·垃撒路斯、奥利弗·哈克：《环境法故事》，曹明德等译，中国人民大学出版社2013年版，第160页。

机关仅指《海洋环境保护法》规定的"行使海洋环境监督管理权的部门"。如上海市浦东新区环境保护等诉密斯姆航运公司等船舶污染损害赔偿一案，[①]正是一起由环境行政机关提起的因海上燃油泄漏导致的海洋及其海岸线生态环境污染损害赔偿的案件。[②]而检察机关作为环境公益诉讼原告主体从顶层设计到法律授权的试点探索，到2017年《民事诉讼法》和《行政诉讼法》的修订，以法律的形式予以制度确立，再到全面铺开的司法实践来看，检察机关作为环境公益诉讼的适格原告，在维护环境公益方面，发挥了积极的作用，也取得了良好的法律效果和社会效果。据统计，仅2021年全国检察机关办理生态环境和资源保护领域公益诉讼8.8万件，同比上升4.7%，促进了源头治理，推动了美丽中国建设。[③]有关组织，则是指《环境保护法》规定的"符合条件的社会组织"。"符合条件"是指必须同时满足"依法在设区的市级以上人民政府民政部门登记"和"专门从事环境保护公益活动连续五年以上且无违法记录"的双重条件。此外，还明确提起环境公益诉讼的社会组织不得以诉讼牟取经济利益。概言之，就是作为环境公益诉讼原告的社会组织必须满足登记的合法性、业务的相关性、存续的时间性和活动的非经济性，而且是自愿提起环境公益诉讼的民间组织。

（二）诉讼被告：任何主体与有限主体

美国环境公民诉讼的被告是有法律明确规定的，就公民诉讼条款而言，被告范围也是具体明确而且广泛的。总的来说，违反法律，污染环境，破坏生态的"任何人"都是可诉范围。这被告主体的"任何人"，就概念与范围来说，与前诉原告主体的"任何人"并无二致。具体而言，被告主体的任何人可以分为以下三类：第一类是任何个人、法人、社会团体组织等任何民间实体。第二类是联邦政府、州政府等市政当局及其机构部门和政府官员、雇员等。第三

---

① （2013）沪海法海初字第23号。

② 段厚省：《海洋环境公益诉讼四题初探——从浦东环保局诉密斯姆公司等船舶污染损害赔偿案谈起》，《东方法学》2016年第5期，第37-44页。

③ 徐日丹：《检察机关起诉破坏生态环境资源犯罪人数8年来首次下降》，《检察日报》2022年3月9日，第2版。

类是负有环境法律执行职责的政府机构的行政长官。如环保局不履行环境保护监管职责,任何人可以对环保局局长提起公民诉讼。为更好地推进环境保护,1970年年底,美国对政府部门的环保职能进行了重新调整,成立了美国环保局,监管环保事务,局长由总统任命,对总统负责,可以直接就环保事务直接向总统汇报。这在一定程度上,提高了环保事务在美国政府议程中的地位。[①]相匹配的,美国环保局局长也就承担更大的法律责任,当环保局在环境监管中违法履行职责或者不作为,就可能成为公民诉讼的被告被起诉到法院。

相较而言,我国环境公益诉讼被告主体比较有限。主要是因为我国环境公益诉讼按诉讼类别进行了二元划分,细分为环境民事公益诉讼和环境行政公益诉讼。根据我国法律规定,环境民事公益诉讼的被告是指实施了污染环境、破坏生态,损害了社会公共利益行为的公民、法人或其他组织。如杭州市临安区人民检察院诉潘某非法捕捞水产品破坏生态环境民事公益诉讼案,[②]被告为非法捕捞水产品导致生态环境破坏的潘某。自然之友诉江苏大吉发电有限公司大气污染责任纠纷公益诉讼一案,[③]被告就是法人组织江苏大吉发电有限公司。环境行政公益诉讼的被告是在环境监管过程中违法行使职权(包括作为或不作为)致使环境公共利益遭受损害的行政机关。如重庆市武隆区人民检察院诉重庆市武隆区规划和自然资源局不履行地矿行政监管法定职责公益诉讼案,[④]被告就是负有行政监管职责的行政机关——武隆区规划和自然资源局。

(三)可诉范围:违法行为与损害行为

可诉范围就是解决对什么可以提起诉讼的问题。[⑤]具体来说,就是公民权益受到不法侵害或者与他人发生纠纷时,可以向法院提起诉讼请求司法保护的范围。在美国环境公民诉讼中,并非所有与环境保护相关情形都能成为美国环

---

① 徐再荣:《20世纪美国环保运动与环境政策研究》,中国社会科学出版社2013年版,第213页。

② (2022)浙0112民初1950号。

③ (2018)苏09民初25号。

④ (2020)渝0102行初152号。

⑤ 左卫民:《诉讼权研究》,法律出版社2003年版,第53页。

境公民诉讼的可诉范围。总的来说，就美国环境公民诉讼条款对环境公民诉讼的可诉范围都给予了明确界定，即限定为违反特定法律内容的行为。具体而言可以分为三种类型。第一种类型，是涉嫌违反授予公民诉讼条款的环境法律任何条款及其授权的行政规章的行为。第二种类型，是涉嫌违反授予公民诉讼条款的环境法律中的特定法律条款和内容的行为。这种类型并未将环境法律的所有条款都作为公民诉讼的可诉范围，而是必须违反特定法律的特定条款的行为才能作为可诉范围。包括违反《清洁空气法》《清洁水法》特定法律特别规定的排污标准、排污许可证等具体事项的行为，也包括违反《资源保护和再生法》等环境法律特定内容的行为，如对可能造成环境危险的固定或危险物的管理、处理、运输或清理未提供帮助的行为。第三种类型，是环境行政执法机关的违法行为或不作为。概言之，美国环境公益诉讼的实质，就是任何私主体（包括公民、法人和其他组织）都可以依据环境公民诉讼条款提起公民诉讼。就立法层面而言，美国法律不要求环境公民诉讼的起诉主体与可诉范围之间必须有利益关联，这恰是美国环境公民诉讼具有公益性质的体现。质言之，美国环境公民诉讼制度强调私主体对环境违法行为发挥实施环境法律的功能。

我国环境公益诉讼以维护环境公共利益为根本目的，因此，任何损害环境公共利益的行为都可以纳入可诉范围，且损害行为不以违法为前提。根据我国现有法律规定，我国环境公益诉讼的可诉范围主要聚焦损害或者可能损害社会公共利益的污染环境、破坏生态的行为。具体包括以下两类行为，第一类，直接污染环境、破坏生态，损害社会公共利益的环境民事行为。如前述临安区人民检察院诉潘某破坏生态环境民事公益诉讼案，潘某在禁渔期非法捕捞水产品导致生态环境遭到破坏的行为。[①] 第二类，是负有环境监管职责的行政机关的违法履职行为或者不作为导致环境破坏。武隆区人民检察院诉区规划和自然资源局不履行地矿行政监管法定职责公益诉讼案，[②] 区规划和自然资源局不履行地矿行政监管职责的不作为，导致生态环境受到损害的行为。换言之，一方面，提起环境民事公益诉讼要以违反环境法律破坏环境的行为产生实际损害为

---

① （2022）浙 0112 民初 1950 号。

② （2020）渝 0102 行初 152 号。

前提。另一方面，提起环境行政公益诉讼，要以负有环境监管职责的行政机关的不作为或怠于作为，造成了环境损害后果为前提。环境公益诉讼中的损害后果，根据我国法律解释，是指人为的活动对生态环境本身的污染与破坏，这种外界的损害行为都会导致生态环境的动态平衡遭到破坏，最终导致环境公益遭到损害。[①]也就是说，在环境公益诉讼中，实际损害事实并不是诉讼的必要条件。换言之，环境公益诉讼对"损害后果"的认定已突破了"无损害，就无救济"的传统诉讼理论的桎梏。只要能够对污染、破坏环境的行为已导致"社会公益受到损害"进行合理判断，就可以提起诉讼，追求违法行为人的环境损害法律责任。

综上所述，在可诉范围方面，中美环境公益诉讼的异同主要表现在两个方面：一方面，表现在损害行为的差异性。即美国环境公民诉讼起诉前提是违法的损害行为，而我国环境公益诉讼基于环境损害的紧迫性、长期性和复杂性特征，对环境损害行为的认定，采取了有别于一般民事行为或行政行为的认定方式，不需要以违法为前提，只要构成损害后果即可。另一方面，表现在损害后果的趋同性。基于对环境权益内涵界定的趋同，两国对环境损害后果的认定都包括实质性的经济损害和非经济性损害。如前所述，美国的环境权理论是在公共信托理论基础上发展起来的，是指公民享有在优良舒适的环境中生活的权利，并且可以通过环境公民诉讼来实现权利救济。[②]且在《密歇根环境保护法》《夏威夷州宪法》《伊利诺伊州宪法》等州法律中都有类似"任何人都享有有益健康的环境的权利"的规定。在我国环境权理论上，蔡守秋教授认为，环境权包括国家、法人、公民使用和享受自然环境条件的权利，以及保护自然环境免遭污染所应尽的义务。[③]吕忠梅教授将环境权定义为，公民享有在不被污

---

① 程多威、王灿发：《论生态环境损害赔偿制度与环境公益诉讼的衔接》，《环境保护》2016年第2期，第39-42页。

② 刘海鸥、罗珊：《中美环境公益诉讼立法比较研究》，《湘潭大学学报（哲学社会科学版）》2017年第3期，第34-41页。

③ 蔡守秋：《环境权初探》，《中国社会科学》1982年第3期，第29-39页。

染、破坏的美好环境中生存并利用环境资源的权利。[①]并将环境权分为"健康环境享有权与恶化环境拒绝权"两个方面。[②]徐祥民教授认为，环境权产生于环境危机时代，是一种自得权，即通过履行自负义务，来维持适宜人类生存与繁衍的自然环境的人类权利。[③]而在制度设计上，环境权虽然未入宪明确法律化，但是在《国家人权行动计划》（2012—2015年、2016—2020年、2021—2025年）都已经将环境权利作为一项重要的基本人权纳入其中。在国家立法层面上，《宪法》第二十六条也明确规定，公民有参与环境保护的权利。

（四）归责原则：单一模式与混合模式

归责原则是确定损害行为承担法律责任的重要标准，在案件审理过程中占有重要地位，决定着举证责任分担、损害赔偿范围等重要问题。美国环境公民诉讼主要采用单一的严格责任原则。由于英美法系国家推崇实用主义，早期环境侵权归责主要沿用传统妨害理论来确定侵权责任。从内涵上来说，妨害按对象可划分为公共妨害和私人妨害。公共妨害是指对公众权利的损害，比如危害公众健康、破坏公共财产权益等。而私人妨害是指因法律行为或不履行法律行为，导致他人权益受到损害。在环境领域主要指污水、噪声、灰尘以及土地利用给他人土地利用或者健康舒适生活环境造成直接或间接的干扰现象。从性质上来说，环境妨害行为就是一种侵权行为。[④]在环境公民诉讼制度尚未确立之前，水污染、大气污染、噪声污染等环境侵权民事诉讼均是以私人妨害来确定责任。私人妨害理论适用严格责任，即不考虑行为人过失还是故意，只要损害行为导致了损害结果的发生，就需要承担损害的法律责任。随着环境立法的发展，加强了对环境的监管，依据客观事实认定环境侵权责任成为主流。在环境污染的法律制定与司法实践中，对环境损害者都采用严格责任原则。在环境立

---

① 吕忠梅：《论公民环境权》，《法学研究》1995年第6期，第60-67页。

② 吕忠梅：《环境法学概要》，法律出版社2016年版，第146页。

③ 徐祥民：《环境权论——人权发展历史分期的视角》，《中国社会科学》2004年第4期，第125-138，208页。

④ 王明远：《美国妨害法在环境侵权救济中的运用和发展》，《政法论坛》2003年第5期，第35-41页。

法方面，美国的《资源保存与赔偿法》（1976）、《综合环境对策、赔偿与责任法》（1980）等环境法律都明确了环境侵权的严格责任原则。在司法实践方面，如在 Del E. Webb 房地产公司诉 Spur 饲养场一案中，法院认为饲养场未能预料其周围会发展成一个较大城区，尽管饲养场建立在先，其存在与运营皆合法，但是，这并不能构成其给周边新城居民已造成公共妨害的理由。据此，法院以严格责任原则，认定饲养场构成公共妨害，并颁发永久性禁止令。①

相较而言，我国环境公益诉讼采取的混合模式的归责原则。因为我国环境公益诉讼根据诉讼类型的不同划分为环境民事公益诉讼和环境行政公益诉讼。就环境民事公益诉讼来说，维护环境公益就是其诉讼目的，诉讼对象则是一种侵权行为。与侵犯具体人身、财产权益的普通环境侵权相比，环境民事公益诉讼涉及的法益是环境公益。但是，从诉讼对象上来说，二者都是为了打击环境侵权行为。因此，环境民事公益诉讼的规则原则也就必然适用环境侵权的规则原则——无过错责任原则。即并不考虑环境污染的故意或过失，也并不考虑排污是否符合标准，只要环境损害行为造成了损害后果，即环境损害因为与损害后果存在因果关系，就应当承担民事责任。在我国立法与司法实践中，就环境侵权法律责任的认定也确实是适用无过错责任原则。如我国《民法典》第一千二百二十九条、《环境保护法》第六十四条、《水污染防治法》第八十五条、《大气污染防治法》第一百九十五条、《海洋环境保护法》第九十条、《环境噪声污染防治法》第六十一条、《固体废弃物污染环境防治法》第八十五条、《放射性污染防治法》第五十九条等都明确规定。就其内容来说，可以概括为，因污染环境造损害的，应当依法承担损害责任。就此而言，承担环境损害责任并不明确要求行为主体主观上有过错。司法实践中，如前述自然之友诉江苏大吉发电有限公司大气污染责任纠纷公益诉讼一案，②法院就是以无过错责任原则认定造成大气污染的被告主体江苏大吉发电有限公司需承担法律责任。就环境行政公益诉讼来说，其被告是不履行或怠于履行环境监管职责的行政机关。其归

---

① [美]理查德·垃撒路斯、奥利弗·哈克：《环境法故事》，曹明德等译，中国人民大学出版社 2013 年版，第 27 页。

② （2018）苏 09 民初 25 号。

责原则就是这些不履行或怠于履行环境监管职责的行政机关承担法律责任的根据。在现有法律框架下，环境行政公益诉讼采取过错责任原则，就是以行为主体主观故意或者过失为责任的构成要件。如六盘水市钟山区人民检察院诉六盘水市钟山区木果镇人民政府环境行政公益诉讼一案[①]中，法院审理认为被告木果镇政府负有辖区内的垃圾管理工作职责，但未履行相关审批手续，也未采取防扬散、防流失、防渗漏等任何环保措施，直接将辖区内垃圾集中堆放在龙家海坝，致使大量垃圾裸露在外，常年散发腐臭气味，对周边环境造成污染，严重影响村民生产生活。在检察机关发出检察建议后，被告木果镇政府虽将龙家海坝垃圾场的垃圾进行转运，但后来又继续在此处集中堆放垃圾，并未消除龙家海坝垃圾场的环境污染问题。鉴于此，法院依法判决确认被告行政行为违法，并要求被告限期依法履行垃圾管理职责，消除龙家海坝垃圾场的环境污染。

综上所述，美国环境公益诉讼的归责原则基于损害行为侵害他人健康安全的前提，主要强调行为主体要承担法律责任，体现了对损害行为主体的惩罚。我国环境公益诉讼按民事诉讼和行政诉讼的二分法，分别适用无过错责任和过错原则，更加凸显社会公平原则，体现的是对弱者的保护。

（五）举证责任：个案考量的事实自证与举证责任倒置

从内涵上来说，举证责任就是诉讼当事人对其事实主张，提供证据进行证明的责任分配。从意义上来说，举证责任分配关系到裁判、赔偿的公平性问题。就美国立法而言，受实用主义影响，对举证责任并没有原则性的规定。在司法实践中，则赋予法官举证责任的分配权。即由法官根据案件具体情况，充分考虑国家政策、社会公平、价值取向和经验规则等因素，能动自由分配举证责任。正如美国证据法学家威哥莫尔指出的，因为每个案件的具体情况不同，所以不应该有共通的举证责任标准，实际上也没有唯一的举证责任标准。根据具体案件事实，将风险公平分摊给当事人是一种很好的经验法则。[②]在美国环境公民诉讼中，虽然联邦宪法对起诉资格有明确限定，即必须符合存在事实损

---

① （2021）黔 0221 行初 40 号。

② 张睿：《环境侵权民事诉讼举证责任分配之比较研究》，《河北法学》2009 年第 3 期，第 36-39 页。

害、被告行为与损害后果有因果关系、具有可救济性三个必要条件。但是，在司法实践中，为顺应加强环境保护的需要，法官在适用时能动地放宽了对原告起诉资格的限制，只要指出存在违法行为即可，并不要求原告证明被告行为与损害结果存在因果关系，将举证责任转移给了被告，要求被告进行事实自证，即由被告举证其行为与控告行为无关，否则就认定原告尽到举证责任，法院可就此判定被告因过失导致损害结果，需承担损害赔偿责任。尽管在美国环境团体提起的公民诉讼中，加重了原告主体的举证责任，即必须首先证明环境团体内成员举证自己的利益受到被告违法行为的损害，法院审查认定后才允许环境团体作为成员代表提起诉讼。但是，就举证责任的分配来看，总的来说并未改变由法官基于个案考量，让被告进行事实自证的举证责任分配的基本方式。

就我国立法与司法实践来看，尽管我国环境公益诉讼分为环境民事公益诉讼和环境行政公益诉讼，但是举证责任总的来说适用的是单一的举证责任导致原则。就环境民事公益诉讼而言，主要适用民事诉讼中环境侵权因果关系举证责任导致原则。虽然考虑到作为原告主体的非公民性（即作为原告主体的行政机关、检察机关和有关组织，在诉讼对抗中具有一定的社会地位和专业水平，有的甚至具有明显优势），基于公平原则和程序正义的考量，相关司法解释已明确了原告主体必须对环境损害行为、损害结果以及二者的因果关系提供初步证据，但是基于保护环境公益的诉讼目的考量，在损害行为与损害结果因果关系的认定上还是适用举证责任倒置原则，即由被告主体证明其行为与环境损害结果不存在因果关系，否则就必须承担不利风险。而就环境行政公益诉讼而言，举证责任的分配则直接适用《行政诉讼法》及其相关司法解释的规定，实行举证责任倒置原则，即主要由被告提供证据证明其做出的具体行政行为合法，与环境损害结果不存在因果关系。作为原告主体的检察机关只要提供被告违法行为、环境损害结果的初步证明和履行了检察建议的诉前程序即可。

由于环境公益诉讼自身的专业性、复杂性和多样性，对于不同类型的环境公益诉讼案件，应该综合考量国家政策、法律法规、公平正义等影响举证责任分配的多种因素，适用多元模式来解决举证责任分配问题，以实现环境公益诉讼的程序正义。

(六) 救济方式：灵活性和原则性

环境损害的救济方式就是对环境损害后所采取的给予环境权益以赔偿、补偿、惩罚的方式。中美环境公益诉讼针对不同的被告类型在立法上都规定了不同的救济方式，大体上可以分为财产型救济方式和非财产型救济方式两大类型。相较而言，美国环境公民诉讼的救济方式较为具体灵活，我国环境公益诉讼的救济方式较为原则。

美国环境公民诉讼主要源于联邦各项单行环境法律，其对救济方式的规定也就较为具体、灵活。概括而言，美国环境公民诉讼的救济方式主要包括罚金、禁止令以及宣示性救济措施。其一，罚金。罚金是美国公民诉讼最重要的财产型救济手段，既有制止环境损害、保障公众健康、修复生态环境的事后补偿功能，又有威慑潜在环境违法行为的事前预防功能。在《资源保护与恢复法》《清洁水法》等美国联邦法律的公民诉讼条款中都有罚金的明文规定。源于保护公益的立法目的，公民诉讼条款也明确私人原告不得获得补偿性赔偿金。美国的通常做法是将罚金上交国库设立专门基金，并授权环保局局长监管基金来源与使用，而环保局局长需每年向国会汇报基金来源、存款总额、计划使用以及实际使用情况。其二，禁止令。就是法院发布的要求当事人在一定时间内或者永久时间内不得做某事的命令。在美国联邦法律的公民诉讼条款中都授予了法院发布禁止令权限。从法律属性上来说，禁止令是衡平法上的一项救济措施，是普通法对损害行为无法提供充分救济时，所采取的补救措施。换言之，禁止令是防止损害行为发生或继续发生的一种救济措施，是对不能、不合适以经济赔偿方式的解决方式提供的一种救济措施，而不是对已发生的损害的一种经济补偿。按照适用时效和范围的不同，禁止令可以分为永久禁令和临时禁令。永久禁令是法院判决的一部分，是由法院基于案件审理所作出的最终裁定而做出的，目的是永久性防止损害行为的继续发生。临时性禁令则是由法院依据当事人申请，考虑保护当事人权益的紧迫性而做出的，而在一些条件满足后，临时性禁令也就予以解除。其三，宣示性救济措施。这一救济措施主要适用于被告为政府机关的环境公民诉讼中。具体来说，这种诉讼主要有两种类型。一类是最高法院认为可以采取颁发许可证等方式要求环境行政机关进行补救，而没必要发布禁令的诉讼。比如，马萨诸塞州等诉环保局一案中，法院就根据原告诉求，判决被告环保局必须采取行政措施管制汽车二氧化碳和其他温室气体排放,而没有要求发布禁令禁止汽车尾气排放。①另一类是诉请法院判令行政机关履行法定职责以保护环境。比如要求制定行政规章对公众的某些行为加以规制等。

根据我国相关法律法规及其司法解释的规定,总的来说,我国环境公益诉讼的救济方式规定较为原则。具体来说,按照诉讼类型可分为民事救济措施和行政救济措施;按照是否涉及金钱可分为财产型救济和非财产型救济。财产型救济方式主要是赔偿损失。基于环境公益诉讼的保护公益的特殊性、环境损害的难以恢复性、调查取证的专业性和复杂性等,在我国的环境公益诉讼中,赔偿损失既包括实际损失费用、调查评估费用、过渡期费用,也包括预防性措施费用、环境非使用价值费用。②如旌德县人民检察院诉绩溪县板桥水力发电总站水污染责任纠纷环境公益诉讼一案,原告就诉请法院判令被告承担生态环境修复费用52.16万元、环境污染事故产生的应急处置费用4.7万元、生态环境损失费用19.3万元、事务性费用12.8万元。③非财产型救济方式主要有民事责任和行政责任两个方面。非财产性救济的民事责任主要包括"停止侵害、消除危险、排除妨碍、恢复原状、赔礼道歉"等,如前述旌德县人民检察院诉绩溪县板桥水力发电总站水污染责任纠纷环境公益诉讼一案中,原告还诉请法院判令被告恢复被污染的白沙河河段及白沙水库的生态环境原状以及赔礼道歉。非财产型救济的行政责任包括"撤销或者部分撤销违法行政行为、在一定期限内履行法定职责、确认行政行为违法或者无效"等,如前述六盘水市钟山区人民检察院诉钟山区木果镇人民政府行政公益诉讼一案,原告其中一个诉求,就是诉请法院确认被告将辖区垃圾集中堆放在六盘水市钟山区木果镇木果居委会龙家海坝的行政行为违法。但是考虑环境损害的危急性、止损的紧迫性以及案件调查的复杂性和案件审理的过程性,为了实现对环境损害的及时止损和有效保

---

① 胡中华:《论美国环境公益诉讼中的环境损害救济方式及保障制度》,《武汉大学学报》(哲学社会科学版)2010年第6期,第930-935页。

② 李兴宇:《论我国环境民事公益诉讼中的"赔偿损失"》,《政治与法律》2016年第10期,第15-27页。

③(2018)皖1825民初544号。

护,我国环境公益诉讼制度也适用《民事诉讼法》中的"因情况紧急"而"先于执行"的规定,对于造成环境损害的行为,当事人可以依据此规定申请法院先予执行,要求被告主体立即停止污染环境、破坏生态的行为。

(七)诉讼费用:按件收取与以诉讼标的为标准

在美国诉讼中,诉讼费用分为案件受理费和当事人费用两部分。其中,案件受理费一律采取按件收取,由法院象征性地收取少数案件受理费,主要由联邦政府对诉讼提供财政补贴。而当事人费用如无明文规定,则通常由诉讼败诉方补偿给胜诉方。诉讼费用具体范围由法院确定。为鼓励环境公民诉讼,美国环境法律在公民诉讼条款中都明确法院在"其认为适当时"可以直接判令由被告承担原告的律师费。《有毒物质控制法》《濒危物种法》等都明确授予法院对"适当时"的自由判断。此外,美国环境公民诉讼中对于原告的专家鉴定费也给予了支持,如《综合环境反应补偿与责任法》就规定公民团体最高可以获得5万美元的技术补助金,用于环境污染评估的费用。美国环境公民诉讼鼓励私人参与法律实施,其诉讼目的仍是维护环境公益。由于环境侵权诉讼的专业性、复杂性和技术性,尽管美国采取了一些措施鼓励、支持公民原告主体提起环境公益诉讼,但是受前期调查、损害结果初步认定、环境污染评估、聘请律师等方面需要支付较大费用,也导致公民原告主体感到"不可承受之重"。

我国诉讼费用不仅包括案件受理费、申请费,也包括证人、鉴定人、翻译人员等因出庭而发生的交通费、住宿费、伙食费以及误工补贴等。我国诉讼费用以诉讼标的为标准来计算,在无法律明确规定的情况下,通常由原告先行垫付,最后由败诉方承担。在我国环境公益诉讼中,考虑保护环境公益的诉讼目的,相关司法解释已明确减轻了原告诉讼费用负担,允许确有困难的环境公益诉讼原告可以依法申请缓交诉讼费用、原告胜诉的由被告承担合理的律师费以及诉讼支出的其他合理费用,比如鉴定费、检验费、调查取证费、专家咨询费等。相关司法解释还明确规定由人民检察院提起的环境公益诉讼无论诉讼结果如何免交诉讼费用。我国环境公益诉讼的公益特性决定了环境公益诉讼费用分配制度的构建也应秉持公益理念,实行国家负担和社会分担原则,以支持鼓励环境公益诉讼,实现保障环境公益的目的。

四、总结与反思

美国是世界环境司法的引领者和推动者,其《清洁空气法》《清洁水法》等联邦法律以及一些州的环境法律形成了法律体系相对完备、政策技术较为娴熟的环境公民诉讼制度体系,成为德国、印度、澳大利亚等世界各国环境公益诉讼制度的借鉴样本。相较而言,我国环境公益诉讼制度设计起步较晚,在司法实践与立法完善的过程中,虽然也借鉴了包括美国在内的域外经验,但是更多的是在结合本土政治、经济、文化和法律实际的基础上,形成了具有中国特色社会主义的环境公益诉讼制度。囿于政治制度不同、法律体系的差异,虽然中美环境公益诉讼制度存在形成背景、理论基础乃至整个运行机制的迥异,但是作为世界环境司法的蓝本,美国环境公民诉讼制度仍有一些经验与局限值得我国在完善环境公益诉讼制度的立法与实践中加以借鉴与反思。

相较而言,美国环境公民诉讼制度可资我国借鉴的经验主要体现在完善的环境法律体系、宽泛的原告主体资格两个方面。一方面,完善的环境法律体系。作为现代环境保护运动的发源地,美国在20世纪90年代就基本完成了环境法律体系的建构。从立法方面来看,美国环境立法涉及全面、体系完善。受环境保护运动兴起影响,20世纪70年代到80年代是美国环境立法的黄金时代,仅这十年间,就出台了联邦环境法律27部,环境保护条例数百部,因此,被称为环保主义取得"梦幻般和史诗般胜利的时代"。[1] 美国环境立法体系完善,涵盖了环境基本法、污染防治法、资源保护法、自然保护法等各个方面。此外,为保障环境公民诉讼制度的顺利运行,美国还完善相应的配套法规,如完善《行政程序法》,明确扩展原告资格;建立律师费转移制度,由败诉被告承担原告合理的诉讼费用和律师费。发挥法院的能动作用,通过司法判例建立判例规则,如针对环境污染造成的不动产损害适用当地诉讼规则,即向不动产所在地法院起诉。

另一方面,宽泛的原告主体资格。美国法制传统中的民主精神决定了其在环境公益诉讼领域宽泛的原告主体资格。不仅在所有联邦环境法律中以公民诉讼条款的形式明确了公民在环境公益诉讼的起诉资格,而且在司法实践中,法

---

[1] 杜万平:《美国的环境政策:黄金时代之后的步履维艰》,《生态经济》2007年第12期,第130-134页。

院能动司法，对环境公益诉讼原告资格的认定采取了更加宽容的态度，只要存在实际的环境损害，破坏审美利益等非传统利益的损害，就可以提起环境公益诉讼。在美国，除了公民个人外，企业、州政府、非政府社会组织等公共利益团体都可以作为环境公益诉讼的原告资格。其中，环境公益组织在美国环境公益诉讼中发挥了重要作用。在环境公民诉讼中，囿于公民个人在资金、技术、资源等各方面的条件限制，因此，通常借助有社会资金支持、有众多志愿者、有一定社会影响力的专业环境公益组织提起环境公益诉讼。[①]美国各类非政府组织数量庞大，据统计已达150万个左右，而其中专门关注环境问题、在环境领域具有一定影响的环境类非政府组织约有1万个。[②]

尽管美国是世界环境司法的引领者，美国环境公民诉讼制度也是世界各国争相借鉴的蓝本，但是，从历史唯物主义的角度来看，20世纪90年代后期美国环境公益诉讼制度与不断进步的社会相比，也基本处于停滞状态，所暴露的制度局限性也非常明显。具体而言，美国环境公民诉讼制度的局限性主要表现在以下两个方面。一方面，强司法性对行政权的过度干预。美国环境公益诉讼是一种形塑社会的力量，其中，法院在司法裁判过程中，发挥造法功能，在推动立法、制约执法中发挥着重要作用，被视为推动社会变革的重要场所。[③]然而，过度强化司法权在环境公共事务中的地位和作用，不仅与以维护社会正义为价值目标的公益诉讼主张相背离，而且会导致裁判权转化为执行权，使得诉讼程序带有浓厚的职权主义色彩，还会导致司法机关超出裁判职权，侵入和超越行政权。[④]另一方面，宽泛原告主体可能引发的诉讼风险。如前所述，美国环境公

[①] Susan D. Daggett, "NGOs as Law Makers, Watchdogs, Whistle_blowers, and Private Attorneys General", Colorado Jour-nal of International Environmental Law and Polily, Volume13, Number1, Winter2002, p.99-101.

[②] 刘婷、朱鑫鑫：《美国环境非政府组织管理模式探析》，《环境与可持续发展》2016年第6期，第147-150页。

[③] Scott L. Cummings & Deborah L. Rhode, Public Interest Litigation: Insights from Theory and Practice, 36 FORDHAM URB. L.J. (2009).

[④] 王明远：《论我国环境公益诉讼的发展方向：基于行政权与司法权关系理论的分析》，《中国法学》2016年第1期，第49-68页。

民诉讼制度对原告主体的规定较为宽泛，虽然在"任何人"之外附加了"实际损害"条件，但是"实际损害"的"任何人"依然很宽泛，只要可视的实际损害即可，这种过于宽泛的原告主体，有可能引发滥诉的危险。此外，环保组织公众参与缺失可能导致道德风险。美国环保组织在环境公益诉讼中发挥了重大作用，但是规模庞大的环保组织主要吸纳社会精英阶层，又依靠企业财团捐赠，普通公众参与缺乏，不仅存在官僚主义，易受政治影响，而且容易向企业妥协。这就背离了维护环境正义和保护弱势群体的初衷，容易陷入道德风险。

我国环境公益诉讼制度经历了从顶层设计到法律授权的试点先行，从立法保障到全面推进的探索与发展，实现了制度的确立和实践的发展，并且在保护环境的司法实践中发挥了重要作用。[①] 但是我国环境公益诉讼制度起步较晚，从顶层制度设计到试点先行，再到制度入法确立后的全面铺开的历程还比较短，在司法实践与制度立法等方面都需要立足中国实际，既要借鉴美国环境立法的有益经验，也要有效避免美国环境公民诉讼制度的局限，不断完善中国式的环境公益诉讼制度，以适应现代社会发展潮流，契合现代生态法治文明。具体而言，应该从转变观念和完善立法两个层面加以改进。

一方面，转变观念，就是要不断增强公众参与环保意识。美国环境公民诉讼制度取得成效并成为世界蓝本，就得益于环保运动的发展，促进了公众参与环保意识的觉醒。因此，要加强环境基础教育，不断提高公众环境意识，增强"保护环境、人人有责"观念；还要广泛宣传环境法治理念，不断提高公众环保法律意识，增强学法、懂法、守法、用法参与环境保护、维护环境权益的思想自觉和行动自觉。

另一方面，完善立法，就是要不断完善环境法治体系。美国之所以成为世界环境司法的引领者主要在于其环境立法体系相对完备，环境司法技术较为成

[①] 吴家文：《检察行政公益诉讼：理论基础、实践考察和制度完善——基于比较法视野下的思考》，《南海法学》2018年第2期，第78-90页。

熟。"良法是善治的前提"[①]，事先的完备立法比事后的司法补正作用更为明显。[②]因此，一是逐步将环境权概念入宪，以夯实环境公益诉讼理论基础。尽管我国生态文明、美丽中国已入宪，但是我国《宪法》有关环境保护的规定还比较笼统，第9、26条两条原则性的规定还不能体现环境权的理论内涵。二是加快环境公益诉讼法律体系建设。尽管我国确立了环境公益诉讼制度，但是在现有法律框架下，环境公益诉讼专门条款不足，且分散于三部法律中，需要加快《环境法典》制定以及相关环保单行法律修订，通过设立环境公益诉讼条款，完善我国环境公益诉讼法律体系。三是适当放宽环境公益诉讼原告资格。其一，要附条件增加公民个人作为环境公益诉讼原告资格。从世界范围来看，美国、葡萄牙、印度等许多国家都赋予了公民个人环境公益诉讼的原告资格，而且对于个人原告资格并没有过多严格限制，也并不必然导致"滥诉"风险。我国可以立足有限司法资源实际，充分考虑提高诉讼效率，对公民个人的原告诉权加以一定限制，比如明确要求公民原告主体承担已穷尽行政救济原则、提起诉讼公益性、环境损害或存在环境损害危险的证明责任加以限制。其二，要放宽对社会组织环境公益诉讼原告主体的限制。应该取消对社会组织登记部门和持续时间的限制，以同时满足"依法在县级以上人民政府民政部门登记"和"专门从事环境保护公益活动且无违法记录"的条件即可。还要加大对环保公益组织的扶持力度，鼓励社会力量参与、支持环保社会组织，充实环保组织志愿队伍专业人才建设，不断提升社会组织在环境公益诉讼中发挥环境保护的作用。

---

① 中共中央宣传部、中央全面依法治国委员会办公室：《习近平法治思想学习纲要》，人民出版社、学习出版社2021年版，第106页。

② 孙洪坤：《环境公益诉讼立法模式之批判与重构》，载《东方法学》2017年1期，第61-78页。

案例分析篇

案例分析篇主要从检察院的具体案例入手，通过具体个案的分析研究，延伸到对未成年人刑事检察、刑事和解制度适用、强制医疗程序适用、网络犯罪侦查、行政公益诉讼制度、检察自身反腐等检察制度运行问题、完善对策的研究，而形成的研究成果。

社会管理创新背景下未成年人检察工作研究

——以两起"附条件不起诉"案件为切入点

摘要： 在社会转型期，未成年人犯罪形势严峻，刑事犯罪数量不断增加，规模不断扩大，并呈现出低龄犯罪、团伙作案、暴力犯罪、智能作案等倾向，已成为影响社会和谐的不稳定因素，也是国际社会面临的共同难题。随着刑事诉讼法的修订及其实施，社会管理创新背景下未成年人刑事检察工作面临新的机遇与挑战。未成年人检察工作具有方针原则的保护性、工作对象的特定性、涉嫌罪名的集中性特点，未成年人检察工作存在执法理念有偏差，有罪即捕现象严重；法制体系不完备，保护政策形同虚设；执法人员不专业，挽救工作力不从心的现实困境。为此，应当依法治国，完善未成年人保护的立法体系；以人为本，转变未成年人刑事检察工作理念；创新管理，完善未成年人刑事检察工作机制。

关键词： 社会管理创新；未成年人犯罪；附条件不起诉

"深入推进社会矛盾化解，加强社会管理创新"是新时期党中央提出的解决影响社会和谐稳定的重要决策，是党中央加快推进社会主义和谐社会建设的重要举措。近年来，随着我国社会转型的加速，未成年人犯罪形势严峻，刑事犯罪数量不断增加，规模不断扩大，并呈现出低龄犯罪、团伙作案、暴力犯罪、智能作案等倾向，已成为影响社会和谐的不稳定因素，也是国际社会面临的共同难题。但是，不可否认，近年来，各级检察机关在未成年人犯罪案件的侦查、监督、批捕、起诉以及预防等各项工作中，发挥了检察机关的法律监督

---

[1] 本文荣获2012年度贵港检察理论研究优秀成果二等奖。

作用，也推动了未成年人刑事检察工作的创新与发展。而随着刑事诉讼法修订及其正式实施，未成年人刑事检察工作将面临新的机遇与挑战。因此，不断加强未成年人犯罪特点、诱因及对策的研究，与时俱进地创新未成年人刑事检察工作，具有一定的理论价值和实践意义。

一、社会管理创新背景下未成年人刑事检察工作的特点

（一）两起"附条件不起诉"案件及评析

1. 案件一：彭某、周某、何某抢劫案

2011年6月6日，广西某县初中生（均未满16周岁）彭某、周某和何某在该县某路段对小海（化名）等多名在校中小学生实施抢劫，抢得MP3等学习用品及少量现金。后被当地公安机关抓获，归案后，彭某等3人主动退还所抢财物。该案移送县人民检察院后，该院青少年维权岗的检察官审查案件后认为，彭谋等人的行为虽然已构成抢劫罪，但因其均属初犯，又是未成年人，且有悔罪表现。于是，该院决定对彭某3人进行附条件不起诉考验教育，使其能够继续正常学习生活。此后，办案人员赶赴彭某等3人所在村委会，与村委会签订了看护帮教协议。在检察官和村委会干部的帮助下，彭某等3人在12个月的观护帮教和考验期内，做人做事有了很大转变，得到了邻居和村干部的一致肯定和好评。2012年9月27日，承办检察官来到彭某等家，依法对彭某、周某、何某宣读检察机关不起诉决定书，使其重返社会，改过自新，正常学习、工作、生活。

2. 案件二：许某、李某等故意伤害案

2012年3月18日晚，广西某市一职业技术学校的在校生许某、李某等9人（均未满18周岁）在该市某区一家酒吧聚会喝酒时，与隔壁的小陈、小张等3人发生冲突。之后，小陈、小张等3人先行离开。次日凌晨1时许，许某、李某等9人与小陈、小张等3人在该市某路上再次相遇时，许某、李某等9人围殴小陈、小张等3人。争执中，许某用随身携带的水果刀将小陈刺伤。归案后，许某、李某等9人对其所犯行为供认不讳。后经法医鉴定，小陈和小张均受轻伤。5月2日，该案移送市某区人民检察院，承办检察官审查案件后认为，许某持刀行凶，虽有悔罪情节，但是犯罪情节严重，依法应当提起公诉；李某

等8人的犯罪情节轻微，且有悔罪表现，符合附条件不起诉的法定条件。因此，9月18日，该院对李某等8人作出附条件不起诉决定。

3. 案件简析：附条件不起诉是刑事检察工作中对未成年人的特殊保护

彭某、周某、何某抢劫案和许某、李某等人故意伤害案均属于未成年人犯罪案件。案件一中，彭某等3人均未满16周岁，犯罪情节轻微，只"抢得MP3等学习用品及少量现金"，且有悔罪表现，"主动退还所抢财物"，符合附条件不起诉的法定条件。案件二中，许某、李某等9人均未满18周岁。许某因持刀行凶，造成被害人小陈、小张轻伤，犯罪情节较重，不符合附条件不起诉的法定条件，而李某等8人犯罪情节轻微，且有悔罪表现，符合附条件不起诉的法定标准。因此，在深入推进"社会矛盾化解、社会管理创新"的大背景下，检察机关对彭某等3人和李某等8人分别作出附条件不起诉的决定，体现了在刑事检察工作中对未成年人的特殊保护，体现了对犯罪未成年人坚持实行"教育、感化、挽救""教育为主、惩罚为辅"的方针原则，体现了"化解社会矛盾、维护社会稳定、创新社会管理、构建和谐社会"的要求。

（二）社会管理创新背景下未成年人刑事检察工作的特点

归纳推理是法律推理的基本方法之一，是指从个别到一般的推理，也叫作或然性推理[①]。用归纳推理的方法，由上述两起"附条件不起诉"案件，可以归纳出社会管理创新背景下未成年人刑事检察工作的特点。

1. 方针原则的保护性

"世界是你们的，也是我们的，但是归根结底是你们的。你们青年人朝气蓬勃，正在兴旺时期，好像早晨八九点钟的太阳。希望寄托在你们身上。"[②] 毛泽东于1957年11月17日在莫斯科大学会见我国留学生和实习生时曾这样寄语青年学子。其实这也是对广大未成年人的期望，因为未成年人是国家的未来，是民族的希望。因此，我国对犯罪未成年人在坚持"宽严相济"原则的同时，更多地倾向于对未成年人的特殊保护。为此，我国《未成年人保护法》（1991年）、《预防未成年人犯罪法》（1999年）和新修改的《刑事诉讼法》

---

① 张文显：《法理学》（第四版），高等教育出版社、北京大学出版社2011年版，第34页。

② 毛泽东：《毛主席在苏联的言论》，广西人民出版社、漓江出版社1992年版，第15页。

(2012年）都明确规定：对犯罪未成年人实行教育、感化、挽救的方针，坚持教育为主、惩罚为辅的原则[1]。

2. 工作对象的特定性

显而易见，未成年人刑事检察工作的对象就是未成年人。我国《未成年人保护法》（1991年）明确规定：未成年人是指未满18周岁的公民[2]。但是，在刑事检察工作中的未成年人具有特定性，可称为"犯罪未成年人"，刑法上叫作"具有刑事责任能力的人"，是指已满14周岁未满18周岁实施涉嫌犯罪行为的人[3]。未成年人正处于从幼稚逐渐走向成熟的过渡阶段，世界观、人生观、价值观尚未定型，可塑性强，好奇心重，容易冲动，控制力差，法律观念淡薄，在物欲横流的当下社会，受攀比、虚荣心理的影响，更趋向于追逐物质条件的满足，极易受不良外界因素的影响，以至于"一失足成千古恨"，走上违法犯罪的深渊，成为影响社会和谐的不稳定因素。

3. 涉嫌罪名的集中性

在未成年人犯罪中，所涉嫌罪名主要集中在侵犯财产罪、侵犯公民人身权利、民主权利罪和妨害社会管理秩序罪等，即刑法分则第四章、第五章、第六章所规定的犯罪。由于成年人心性未定，有强烈的物质欲，攀比心理严重，又易冲动，易感情用事，控制力差，模仿性强，使得涉嫌盗窃罪、抢劫罪、故意伤害罪、强奸罪、寻衅滋事罪等犯罪案件在未成年人犯罪中所占比例最多。

---

[1]《未成年人保护法》第五十四条规定："对违法犯罪的未成年人，实行教育、感化、挽救的方针，坚持教育为主、惩罚为辅的原则。对违法犯罪的未成年人，应当依法从轻、减轻或者免除处罚。"《预防未成年人犯罪法》第四十四条第一款规定："对犯罪的未成年人追究刑事责任，实行教育、感化、挽救的方针，坚持教育为主、惩罚为辅的原则。"新《刑事诉讼法》第二百六十六条规定："对犯罪的未成年人实行教育、感化、挽救的方针，坚持教育为主、惩罚为辅的原则。"

[2]《未成年人保护法》第二条规定："本法所称未成年人是指未满十八周岁的公民。"

[3]《刑法》第十七条，《人民检察院办理未成年人刑事案件的规定》第四十六条、第四十七条、第七条第一款及《最高人民法院关于审理未成年人刑事案件具体应用法律若干问题的解释》第四条对此作了相关规定。

二、社会管理创新背景下未成年人刑事检察工作面临的现实困境

"少年强则国强,少年独立则国独立",[①]因此,我国历来重视对未成年人的保护,重视预防未成年人犯罪。不可否认,多年来,在各级检察机关的共同努力下,未成年人刑事检察工作不断创新与发展,为预防和减少未成年人犯罪、推进社会矛盾化解、促进社会管理创新、加强和谐社会建设取得了良好的法律效果和社会效果,但是未成年人刑事检察工作仍然面临着诸多现实问题。

(一)执法理念有偏差,有罪即捕现象严重

我国法律明确规定:对犯罪未成年人实行教育、感化、挽救的方针,坚持教育为主、惩罚为辅的原则。但是,在现实的执法实践活动中,由于深入贯彻落实这一方针原则需要花费大量的时间和精力,各级检察机关,尤其是案子多、任务重、人员又相对缺乏的基层检察机关,为了完成各项检察工作,在落实政策方针上就存在偏差,"惩罚为主、教育为辅"则成为对待犯罪未成年人的一贯原则,以致"有罪即捕"成为习以为常的现象。

(二)法制体系不完备,保护政策形同虚设

未成年人是国家的未来和民族的希望。为了保障未成年人健康成长,维护社会和谐稳定,我国先后出台了《未成年人保护法》(1991年)、《预防未成年人犯罪法》(1999年)等法律,以便更有效地预防未成年人犯罪,更好地保障未成年人的合法权益,保护未成年人的健康成长。但是目前,我国并没有适用未成年人刑事犯罪的专门法律,保护未成年人合法权益和预防未成年人犯罪的相关制度及方针政策只是散见于各个法律中,而这些法律对未成年人的审查批捕、起诉等刑事检察程序却没有作具体规定,导致对未成年人犯罪与成年人犯罪一视同仁,而"教育、感化、挽救""教育为主、惩罚为辅"方针原则在司法实践中贯彻落实大打折扣,变形走样。

(三)执法人员不专业,挽救工作力不从心

坚持贯彻落实"教育为主、惩罚为辅""教育、感化、挽救"方针原则是一项艰巨而繁重的任务。同办理成年人刑事犯罪案件比较而言,未成年人刑事检察工作规范化、专业化水平要求相对较高。未成年人犯罪案件的承办人既要

[①] 梁启超:《少年中国说》。

了解未成年人的身心特征，又要善于同未成年人沟通，除了要掌握法律知识外，还要掌握一定的教育学、心理学、生理学、社会学等相关知识，并能在实际工作办案中综合灵活运用。然而，在现实条件下，很多检察机关还不能设立专门的未成年人刑事案件承办机构，也没有专业化的未成年人犯罪案件承办人。承办未成年人犯罪案件的检察官都只是其他日常案件的承办人。因此，不少检察机关的案件承办人员在原本案子多、任务重的情况下贯彻落实"教育、感化、挽救""教育为主、惩罚为辅"的方针原则时，就显得心有余而力不足。

三、社会管理创新背景下完善未成年人刑事检察工作的路径选择

未成年人的健康成长关乎国家的繁荣昌盛，关乎民族的伟大复兴。然而，近年来，未成年人刑事犯罪不断增加，使得在社会管理创新背景下完善未成年人刑事检察工作显得迫切而必要。创造条件保障未成年人的健康成长是社会管理创新背景下的一项重要任务。

（一）依法治国，完善未成年人保护的立法体系

依法治国，建设社会主义法治国家，就要做到"有法可依、有法必依、执法必严、违法必究"[①]。我国《未成年人保护法》（1991年）、《预防未成年人犯罪法》（1999年）以及公、检、法制定的相关规定、司法解释等，都有一些对未成年人犯罪案件的刑事检察程序的特殊规定。最新修订的《刑事诉讼法》（2012年）也设有专章规定了"未成年人犯罪案件诉讼程序"，进一步明确了办理未成年人刑事案件实行"教育、感化、挽救""教育为主、惩罚为辅"的方针原则，并特别规定了社会调查、附条件不起诉、犯罪记录封存等符合未成年人特点的刑事检察制度。前述两起"附条件不起诉"案件的处理，就是依据新刑事诉讼法设定的专章。尽管如此，我国目前仍没有专门适用于未成年人犯罪案件刑事检察工作的程序法和处置法。因此，有必要进一步调查研究，加快立法，迅速出台《未成年人犯罪程序法》《未成年人犯罪处置法》等专门法律，以完善未成年人保护的立法体系，做到对犯罪未成年人批捕、起诉等环节有专法可依。

---

① 邓小平，《邓小平文选》（1975—1982年），辽宁人民出版社1994年版，第219页。

（二）以人为本，转变未成年人刑事检察工作理念

以人为本是科学发展观的核心内容，执法为民是社会主义的本质要求[①]。完善未成年人刑事检察工作要按照构建社会主义和谐社会的要求，准确理解、精准把握"宽严相济"的刑事政策，要坚持"以人为本"原则，坚持"执法为民"的理念，抛弃"重追究犯罪，轻司法保护""重法律执行，轻政策执行""重实体处理，轻程序保障""重法律效果，轻社会效果"等错误的、陈旧的司法理念，既要着眼于维护当前的和谐稳定秩序，又要着眼于维护社会的长治久安。未成年人是一个弱势群体，其在经济上和生活上还未独立，在生理和心理上还未成熟，容易叛逆，自尊心较强。因此，在办理未成年人犯罪案件时，承办检察官既要坚持"以事实为根据，以法律为准绳"的原则，又要用"靠近我，温暖你"的真情去感化犯罪未成年人。

（三）创新管理，完善未成年人刑事检察工作机制

创新是一个民族进步的灵魂，是一个国家兴旺发达的不竭动力，也是一个政党永葆生机的源泉。[②] 完善未成年人刑事检察工作也要不断创新发展。

1. 加快办案机构专门化建设

应抽调侦查监督部门和公诉部门业务骨干成立未成年人犯罪检察办公室（检察机关内设机构重塑性改革后统一为未成年人检察部），专门负责未成年人刑事犯罪案件的批准逮捕、审查起诉、出庭公诉、犯罪预防和矫治帮教等工作，实现捕诉监防一体化，以便办案人员能集中更多的时间用于对失足未成年人的"教育、感化、挽救"工作和对未成年人犯罪的预防工作。

2. 提高检察队伍的专业化水平

由于未成年人心智尚不成熟，世界观、人生观、价值观尚未定型，因此从事未成年人刑事检察工作的检察人员既要懂刑事检察工作，又要掌握与未成年人沟通的技巧，还要有教育未成年人的耐心。为此，各级检察机关要通过开设

[①] 黄代翠，等：《对科学发展观进〈思想道德修养与法律基础〉课的思考》，《武汉船舶职业技术学院学报》2010年第1期，第66-68页。

[②] 江泽民：《在庆祝中国共产党成立八十周年大会上的讲话》（2001年7月1日），《江泽民文选》（第3卷），人民出版社2006年版，第277-278页。

培训班、选送人才参加上级机关培训等方式，来加强未成年人刑事检察干部的培训工作，鼓励从事未成年人刑事检察工作的干警学习包括教育学、心理学、生理学、社会学等知识在内的相关学科知识，优化知识结构，全面提升未成年人犯罪案件办案人员的执法办案能力和专业化水平，培养一支具有综合专业知识的未成年人刑事检察工作的高素质队伍。

3. 延伸检察法律监督职能

第一，加强与学校的联系。各级检察机关应充分利用学校教书育人的作用，通过采取上法制宣传课、开展法治课堂、举办模拟法庭、组织普法考试等形式，对未成年人进行法律知识普及教育，增强未成年人的法治观念，帮助其树立"自强不息、意志坚强、艰苦奋斗、吃苦耐劳"的精神品质，树立正确的世界观、人生观、价值观，增强其辨别真伪、抵制诱惑的能力以及自我保护的能力。第二，加强与家庭和社区的联系。让父母以及邻里帮助"教育、感化和挽救"失足未成年人，并对犯罪未成年人进行监督，做好思想汇报。第三，加强与机关、企业、社会团体等的联系。通过努力，争取多方支持，建立帮教基地和未成年人社会救助基金。对法定不捕、附条件不捕的犯罪未成年人，让其在帮教基地里工作，接受基地管理、教育和监督，这样一方面可以防止其危害社会，保证刑事检察工作的顺利开展，另一方面可以解决其生活问题，并感受社会的温暖和生活的美好，激发其重新做人的积极性与自觉性。未成年人社会救助基金可用于建立青少年科教基地、预防未成年人犯罪警示教育基地，也可用于组织犯罪未成年人参加劳动技能培训，使其掌握一技之长。

刑事和解制度适用问题及其对策研究[①]

——基于蒋某某刑事和解不起诉案的思考

摘要： 新修订的刑事诉讼法以专章的形式确立了刑事和解制度，并明确规定了检察机关在刑事和解过程中的"主持人"地位。但是在现实的司法实践中，由于刑事和解程序不够明确，事后监督机制不够健全，救济补偿措施不够完善等原因，导致检察机关在适用刑事和解的司法实践中出现立场模糊、越权办案、浪费司法资源等诸多问题。因此，坚持公平正义原则、确定中立的基本立场、规范刑事和解流程、建立刑事和解联动机制、完善事后监督机制，注重刑事和解效果、丰富协议不履行的救济途径等，是新时期检察机关适用刑事和解程序的路径选择。

关键词： 刑事和解；新刑事诉讼法；检察听证会；检调对接；不起诉

一、引子：一起通过听证会做出的刑事和解不起诉案

2012年12月16日晚9时许，喝了点酒的蒋某某驾车来到广西A市某乡镇卫生院找其女友陈某某。当两人再次谈及婚事时，双方在婚姻问题以及蒋某某处理家庭关系上产生了较大分歧。在征求家人意见未果后，蒋某某欲与陈某某隐婚。而希望结婚能够得到双方父母认可和祝福的陈某某却选择了沉默。于是在三次下跪求婚不成后，蒋某某便决意杀死陈某某后自杀殉情。之后，蒋某某便在陈某某房间内拿起一把水果刀，划伤陈某某头部，并刺了陈某某左胸

[①] 本文荣获2013年度贵港检察理论研究优秀成果三等奖，2013年"法治贵港"论文征集评选活动优秀奖。

部一刀,又用手紧掐陈某某的脖子,后被闻讯赶来的卫生院领导和职工及时制止。经法医鉴定,陈某某属轻伤。案发后,蒋某某及其家属主动赔偿了陈某某的医药费、营养费等费用,并取得了陈某某的谅解,陈某某也书面请求检察机关不追究蒋某某的责任。2013年6月4日,经过深入审查研究,根据案件基本事实,考虑加害人的悔罪情节以及双方的情侣关系,依据新刑事诉讼法的相关规定,并在双方自愿的基础上,A市人民检察院召开了对蒋某某案不起诉听证会,邀请加害人与被害人家属、工作单位领导、村干部代表、公安机关代表、上级检察机关代表对蒋某某案不起诉进行现场听证。听证会上,承办检察官重新核实案件事实。被害人当场宣读谅解书,当事人及家属、单位代表以及听证的其他代表陈述意见,最后承办检察官宣读不起诉决定书,并进行现场法制教育。对蒋某某的不起诉决定收到了很好的社会效果,《检察日报》、正义网、《公诉人》杂志都进行了跟踪报道,广西《法治最前线》栏目还以"刺向真爱的一刀"为题,进行了长达半个小时的专题报道。

新修订的刑事诉讼法以专章的形式确立了刑事和解制度,并明确规定了检察机关在刑事和解过程中的"主持人"地位。前述A市人民检察院通过听证会的形式,对蒋某某案作出刑事和解不起诉的决定,正是检察机关适用刑事和解程序化解社会矛盾、参与社会管理创新、推动社会治理的有效探索。然而,在现实的司法实践中,由于刑事和解程序不够明确、事后监督机制不够完善、救济补偿措施不够健全等原因,导致检察机关在适用刑事和解的司法实践中出现立场模糊、越权办案、浪费司法资源等诸多问题。

二、检察机关适用刑事和解的司法实践

2002年,北京市朝阳区人民检察院制定出台了《轻伤害案件处理程序实施规则(试行)》,在全国最先开展了刑事和解的实践和探索,这也是我国第一个关于刑事和解的规范性文件。随着构建社会主义和谐社会理念的深入与发展,和平司法理念得到普遍推行,山东、四川、浙江、上海等地均针对轻微刑事案件制定了具体的不起诉规则,对刑事和解进行了一系列的探索与尝试。2007年、2010年和2011年,最高人民检察院先后制定颁行了《关于在检察工作中贯彻宽严相济刑事司法政策的若干意见》《关于贯彻宽严相济刑事政策的若干意见》

和《关于办理当事人达成和解的轻微刑事案件的若干意见》对有关轻微刑事案件的刑事和解问题都作了一些明确规定。直到2012年，修改后的刑事诉讼法以专章的形式在第五编"特别程序"中对刑事和解制度作了明确规定，这使得刑事和解在我国从法律外的试验正式走向了法律化和制度化。

纵观各级检察机关的实施规定，检察机关适用刑事和解突出表现出以下几个特点：一是检察机关作为刑事和解的主持者，居于中立的地位。如北京市朝阳区检察院特设刑事和解办公室，对符合刑事和解的案件，提交和解办公室处理，调解不成后，才将案件退回承办检察官按诉讼程序办理。二是检察机关在刑事和解过程中起到一定的推动作用。检察官从收到案件材料对全案进行全面审查时起，就会判断案件是否符合刑事和解的条件。对符合条件的案件，承办检察官则告知双方当事人可以进行刑事和解，并做好和解的前期准备工作。三是检察机关适用刑事和解的案件主要集中在一些轻微刑事案件：（1）因民间纠纷引起，涉嫌刑法分则第四章、第五章规定的犯罪案件，可能判处三年有期徒刑以下刑罚的；（2）除渎职犯罪以外的可能判处七年有期徒刑以下刑罚的过失犯罪案件。[①] 而这些轻微刑事案件中以未成年犯、老年犯、残疾人犯、初犯、偶犯、过失犯居多。四是检察机关适用刑事和解案件的处理方式主要有非刑罚化处理与轻刑罚化处理。据广西某市检察机关适用刑事和解案件后处理方式的统计显示，近35%的案件由公安机关撤回或作不起诉处理，将矛盾化解在起诉前。有65%的案件则在起诉至法院后，由检察机关向法院提出从轻、减轻处罚的量刑建议，其意见几乎全部被法院所采纳，并且不少是判处缓刑，同时在刑事和解后并无当事人不服的情况。

三、检察机关适用刑事和解程序的现实困境

（一）刑事和解程序不够明确，检察机关基本立场模糊

一方面，新刑诉法对刑事和解程序的规定不够明确。纵观全国，无论是规定意见还是具体的司法实践，各地检察机关在适用刑事和解程序方面都存在一定差异。比如北上广等社会经济相对发达的地区以及四川、湖南等地出台了有

---

① 《中华人民共和国刑事诉讼法》第二百七十七条。

关实施规范的地区,刑事和解程序得到了有效开展,而经济相对落后的西部边远地区,以及司法资源紧张的地区,由于受检察人员不足、犯罪率又居高不下等原因影响,在探索刑事和解程序适用方面进展缓慢,甚至尚未开展。尽管新《刑事诉讼法》第二百七十七条明确规定:"双方当事人和解的,公安机关、人民检察院、人民法院应当听取当事人和其他有关人员的意见,对和解的自愿性、合法性进行审查,并主持制作和解协议书。"明确了检察机关主持和解程序的主体地位。但是新《刑事诉讼法》第二百七十九条也规定:"对于达成和解协议的案件,公安机关可以向人民检察院提出从宽处理的建议。人民检察院可以向人民法院提出从宽处罚的建议;对于犯罪情节轻微,不需要判处刑罚的,可以作出不起诉的决定。人民法院可以依法对被告人从宽处罚。"似乎又否定了检察机关建议公安机关对一些轻微刑事案件撤案的处理方式。

另一方面,检察机关在刑事和解中的基本立场不坚定。尽管新刑事诉讼法明确了检察机关在刑事和解程序的"主持人"地位,检察机关在实行"检调对接"制度,促进刑事当事人和解的过程中也取得了良好的社会效果,促进了社会矛盾的化解。诚如学者所言:"目前检察机关实行的检调对接制度取得了良好的效果,它虽然不是万能的,但却是智慧的,是对古典刑事法学理念和实证主义刑事法学理论的双重超越,对我国刑事和解,乃至整个刑事司法制度的完善具有开创性意义。"[1] 但是作为法律监督机关,一些检察机关在开展刑事和解的过程中却成了调解机关,导致出现自己监督自己的奇怪现象。有的检察机关极力促成刑事案件当事人双方达成和解,扮演着调解人和主导者的双重身份,而忽视了法律监督者的身份,因噎废食。这既有现实的客观原因,更有检察机关立场模糊的主观原因。在司法实践中,案件移送至检察机关审查起诉后,当事人双方更愿意在承办检察官的撮合下达成和解,而不愿再回到公安机关进行调解,也不愿(或不知道)到其他单位或组织去调解。而为了化解社会矛盾,取得良好的社会效果,检察机关也乐意从中牵线搭桥,在告知双方当事人相关权利义务以及刑事和解的法律后果后,极力促成双方自行和解。有时为了促成刑事和解,承办检察官会对受害方的过分要求进行说服,对加害方不愿承

---

[1] 林欣:《论检察机关在刑事和解程序中的功能定位》,《学理论》2010年第30期,第13页。

担较高的经济赔偿进行劝导,这难免有时会受到一方的责难,出现"案结事未了"的情况。如前述蒋某某不起诉案中,A市检察机关认为本案当事人双方是情人关系,案发原因主要是父子间缺少有效的沟通和交流,导致面临婚姻问题时,处理不当,作出错误抉择,致使发生伤人的事件。考虑到"对蒋某某的不起诉,能够达到挽救一个人、教育两代人的目的",A市检察机关便极力促成双方当事人的和解。

(二)诉讼期限缺乏保障,监督机制不够完善

一方面,刑事和解影响诉讼效率。2007年1月30日最高人民检察院印发了《关于依法快速办理轻微刑事案件的意见》(高检发侦监字〔2007〕4号),意见指出:"对于符合条件和范围的轻微刑事案件,应当在法定期限内,缩短办案期限,提高诉讼效率。审查批捕时,犯罪嫌疑人已被拘留的,应当在3日内作出是否批准逮捕的决定;未被拘留的,应当在5日内作出是否批准逮捕的决定。审查起诉时,应当在20日内作出是否提起公诉的决定;办案任务重、案多人少矛盾突出的,应当在30日内作出决定,不得延长办理期限。"在司法实践中,检察机关受理公安机关提请刑事和解案件后,由于案件确需时间来缓和矛盾,或者检委会不能及时召开,又或者达成和解获得赔偿后,受害人不懂法,经多次通知仍不能及时到案,等等,导致案件久拖不决,超过20日快速办理的期限。而在刑事和解过程中,当事人达成和解协议后,案件进入审查起诉程序,审查起诉的期限被刑事和解工作占用,从而增加了工作量,影响了办案时效,浪费了司法资源。前述蒋某某刑事和解不起诉案中,A市检察机关先后6次走访当事人家属、工作单位,了解当事人的有关情况,征求刑事和解意见,花费了大量的时间、人力和精力。

另一方面,刑事和解缺乏事后监督机制。刑事和解强调的是当事人双方在自愿的基础上达成和解协议,加害方积极主动道歉赔偿,并争取受害方的谅解,受害方书面要求司法机关不再追究加害方的刑事责任,司法机关依此终结诉讼活动。但是在司法实践中,刑事和解达成后,由于没有完善的事后监督机制,引发了一些新的社会问题,比如很多加害方不能重返工作岗位,不被社会接纳;对不起诉加害方的监督、考察、帮教、矫正不到位导致其再次"误入歧途",有的甚至"变本加厉"地危害社会;而受害方由于得不到加害方及时充分的补偿而反悔，甚至上访，增加了新的社会矛盾。

（三）以罚代刑有失公正，救济措施不够健全

一方面，由于承办检察官的自由裁量空间较大，外部监督又不到位，导致在适用刑事和解过程中较易产生以权谋私的司法腐败现象，最终影响司法公正。刑事和解就是通过赔偿受害方的损失以获取受害方的谅解，从而达到不追究刑事责任或者免除刑罚的目的。这在一定程度上难免使人们产生"刑事和解就是花钱赎罪"的错误思想，而"法律面前人人平等原则"却遭到质疑与否定。在司法实践中，威胁、利诱、弄虚作假、非法交易等不法行为在刑事和解过程中频频出现。如在检察机关尚未介入时，当事人双方私底下以不给高额赔偿就报案、追究刑事责任相要挟的现象比比皆是。而要挟金额若超过立案标准（2000元），则受害方就会构成敲诈勒索罪。在检察机关适用刑事和解的过程中，受害方则可以明目张胆地要挟对方而不被追究刑事责任，这与公平正义原则又背道而驰。

另一方面，由于外部监督机制不健全，刑事和解程序的公开性和透明度受到很大限制，导致对刑事和解公平自愿的质疑也难以消除。此外，由于刑事和解的赔偿金额和范围尚无明确规定，导致在司法实践中刑事和解变成当事人双方讨价还价的过程，甚至检察机关调解变成承办检察官变相帮助确定赔偿金额和范围的过程。在刑事和解案件中，被害方在一定程度上可以左右司法机关是否对加害方进行羁押，被害方往往会以此要挟加害方，索要高额赔偿金。加害方若对被害方要求的赔偿金额提出异议，被害方则认为加害方没有悔罪，而拒绝和解。因此，为不受处罚或者从轻处罚，常出现加害方被迫满足被害方过高要求的情况。而在一些被害方也有过错的刑事和解案件中，被害方理应承担一定的责任，但刑事和解程序中，往往把责任都强加给加害方，这违背了刑事和解的初衷。而过高的赔偿费用，往往会给加害方的家庭生活带来困难，甚至会引发新的矛盾纠纷。刑事和解在履行没有完毕之前，都可能出现单方或双方反悔的不确定性因素，因此，建立必要的事后监督机制，以有效实现刑事和解惩治和预防犯罪的良好效果，就势在必行。[①]

[①] 王大鹏：《对检察机关开展刑事和解工作的几点思考》，《经济与法》2010年第10期，第8页。

四、检察机关适用刑事和解程序的发展进路

(一)确定中立的基本立场,规范刑事和解流程

一方面,检察机关适用刑事和解程序要坚持三个原则。一是坚持惩罚犯罪与教育挽救相结合的原则。适用刑事和解程序,坚持对犯罪嫌疑人或者被告依法科刑与教育挽救相结合,体现了刑事司法的人性化。同时让犯罪嫌疑人通过赔礼道歉、具结悔过、赔偿损失等来改变承担刑事责任的形式,能使刑罚目的实现更好的社会效果和法律效果。二是坚持公平正义原则。适用刑事和解程序既要体现平衡、平等、各得其所、不偏不倚等价值,又要恢复正义。恢复正义要求加害人承担赔礼道歉、赔偿损失等惩罚责任,以保护被害人的正当权益,通过监督加害人认罪悔罪,使其重返社会,修复犯罪行为破坏的社会关系。"这样就使私权的保护达到了最大化,以此刑事和解下的恢复正义理念所表达的正义价值,也在某种程度上体现了以人为本。在刑事诉讼环节,检察机关贯彻刑事和解政策,正是检察机关以人为本的司法理念体现。"[1] 三是坚持对弱势群体的司法救济原则。适用刑事和解程序充分体现了人文关怀。未成年人、老年人、残疾人犯罪案件,初犯、偶犯、过失犯等轻微刑事案件以及亲属、邻里间有特殊情感关系人之间的犯罪案件都适用于刑事和解程序。而这些刑事案件中的犯罪主体多是未成年人、老年人、残疾人或者在校生等弱势群体。对于这些案件适用刑事和解程序体现了对弱势群体的司法救济。

另一方面,检察机关在适用刑事和解程序中要细化刑事和解不起诉的四个环节。一是查明刑事和解案件的基本情况。对于当事人双方已经达成和解协议并已履行完毕的刑事和解案件,可以建议公安机关按撤案处理;对于双方当事人尚未达成和解协议的轻微刑事案件,应当在全面审查的基础上作刑事和解准备。二是充分告知刑事和解案件当事人双方权利义务。基于当事人双方自愿的前提下,一方面,向加害方做劝诫工作,阐明其行为的社会危害性,促使其认罪并向被害人表达歉意,争取谅解和宽恕;另一方面,向被害方详细解释和解的法律后果及当事人不履行和解协议的救助办法。三是注重审查环节。要注重审查犯罪嫌疑人所在村委员会、居委员会或者所在单位等部门对其一贯表现的

---

[1] 樊玉见:《检察视野下的刑事和解价值分析》,《学理论》2010年第22期,第27页。

反映和人格评价,注重审查和解双方的意思表示是否真实合法有效;注重审查和解协议内容是否符合要求。四是依照新刑事诉讼法的规定结案。在审查起诉阶段对于符合刑事和解条件的轻微刑事案件,要么建议公安机关作撤销案件处理,要么提请检察委员会全面审查,符合刑事和解不起诉条件的,依据新刑诉法的相关规定,对加害人作不起诉决定。

(二)建立和解联动机制,完善事后监督机制

一是加强沟通联系,建立检察机关、公安机关以及人民调解委员会等多元主体的联动机制。提前介入案件侦查,准确把握案件类型,在找准调解突破口和关键点的基础上,促使当事人达成和解。二是以被告人认罪悔罪为前提,严格把握和解条件。刑事和解案件要符合两个最基本的条件:(1)被告人真诚悔过,即从心底认识到自己行为的社会危害性,已经或者可能产生的危害后果,主动接受、承担责任;(2)被害人出于自愿,被害人是在完全意思自治的基础上谅解被告人,而非受到任何外界因素的干预。只有满足这两个最基本的条件刑事和解才能实现。三是建立多元化的矛盾化解机制。可以由检察机关牵头整合社会资源,聘任人民调解员、社区工作者、法律工作者、律师等组成专门服务于刑事和解工作的调解机构,参与检察机关的刑事和解工作,并逐步推进刑事和解主持人的职业化制度。强化社区矫正,加强对加害人的帮教,促其悔改,回归社会。建立案件回访机制,了解掌握和解协议履行情况,及时化解协议履行过程中出现的新情况、新问题。四是制定科学合理的赔偿金提存办法,以避免因被害人仍处于治疗期间或因被害人不愿接受合理的补偿,而借此事提不合理要求,漫天要价。五是加强内外监督。对内要严格刑事和解案件的审批制度,对适用刑事和解案件要层层审批,最后要提请检委会集体讨论决定;要建立刑事和解案件的备案审查制度,要加强上级对下级的考核和部门间的监督。对外要发挥人民监督员的作用,建立社会监督长效制约机制。

(三)注重刑事和解效果,丰富协议不履行的救济途径

一是采取"隔离式"谈话,即分别与双方当事人进行交谈。在与被害方交谈的过程中,要耐心了解这起刑事案件给被害人及其亲属在心理和生理上所造成的伤害和影响,深入了解,准确把握他们的心理和诉求。针对加害方,办案人要细心了解其犯罪心理和动机,是否与当事人的实际生活状况联系密切,从

而为进入和解创造条件，打好基础。二是调动一切积极因素，提升调解实效。一方面，吸纳双方当事人亲属，特别是有威望的长者参与调解，使被害方直观感受到加害方的诚意，让加害方切身了解被害方的痛楚，以达至情感认同和心理上的共鸣。另一方面，配合好人民调解机构的工作，尊重当事人双方选择的协调机构，以增强工作的针对性和实效性。三是强化对协议不履行的救济。检察机关应当依法对加害人履行和解协议书所规定的义务的情况进行有效监督，并对协议执行情况进行跟踪回访。四是建立国家补偿制度。对于构成被害方精神损害的，加害方确因生活困难无法赔偿的，可以由国家设定标准给予适当补偿。对于经济条件较差的、有真诚悔罪表现、愿意积极赔偿的加害方，可以协商制定还款计划，由国家先行垫付，再由加害方偿还国家。

检察阶段适用强制医疗程序研究[①]

——以王某一强制医疗案为切入点

摘要： 新刑事诉讼法新增了"依法不负刑事责任的精神病人的强制医疗程序"，我国强制医疗程序兼具司法性和行政性的特点，具有保障社会公共安全和保障人权的价值功能，对推进法治中国建设、彰显"国家尊重和保障人权"的宪法精神具有重要的立法意义。但是，司法实践中，由于立法不够完善、执法标准不统一等原因，使得检察机关在强制医疗程序中很难充分发挥法律监督职能，进而导致强制医疗程序的不规范适用，影响司法公信力。因此，完善立法，统一标准，赋予检察机关充分的监督权，实现一体化改造，是强制医疗程序制度完善的必由之路。

关键词： 强制医疗程序；司法鉴定；精神病人；保障人权

2012年的《中华人民共和国刑事诉讼法》增加了"依法不负刑事责任的精神病人的强制医疗程序"，明确规定了强制医疗程序的适用条件、启动、审理、复议、执行和解除，从而实现了由公安机关一家独断的"行政-医学强制医疗模式"向"司法强制医疗模式"迈进了重要一步，对推进法治建设、彰显保障人权的宪法精神具有重要的法治意义。但是，在司法实践中，由于立法不够完善、执法标准不统一，使得检察监督权未能充分有效发挥，导致强制医疗程序中权利保障不力，甚至打击面过大等问题的出现。因此，加强强制医疗程序适用问题研究，尤其是检察阶段强制医疗适用问题研究，就具有重要的理论和实践意义。

[①] 本文荣获2016年广西检察机关检察理论研究优秀成果三等奖。

一、问题缘起：一起由检察机关启动的强制医疗案件

2013年12月16日，家住桂平市江口镇某村的王某一（男，1987年5月3日出生）在睡觉时产生幻觉，自认为同村的邻居王某二对其"精神攻击"，要剥夺其身体，对其进行"控制"。凌晨4时许，王某一便手持菜刀、木棍等凶器到王某二家中，欲与王某二交涉，便大叫王某二开门，王某二未让王某一进家门，大喊有贼来了。王某一便用脚踢开门，冲进去，与王某二扭打在一起，争执间，王某一用菜刀砍中王某二面部及颈部，还用王某二家中的铁棍打王某二面部，致使王某二当场死亡。接到报警后，民警赶到案发现场，依法传唤了犯罪嫌疑人，并于案发当日立案侦查，后经南宁市第五人民医院作出司法鉴定：王某一作案时处于精神分裂症发病期，无刑事责任能力。公安机关于2014年4月7日撤案后，于4月16日向桂平市人民检察院提出强制医疗意见，该院承办检察官依法审查全部案件材料后，认为王某一属于依法不负刑事责任的精神病人，但有继续危害社会的可能，于5月6日向桂平市人民法院提出适用强制医疗程序的申请。法院开庭审理案件，最后作出强制医疗决定。此案件是2012年刑事诉讼法修改实施以来桂平市首例强制医疗案件。尽管新法实施后对强制医疗程序的有关规定及相关理论进行了深入研究学习，但是在司法实践中，对这一程序的适用仍存在一些程序与实体的冲突等问题。因此，加强强制医疗程序适用问题研究显得迫切而需要。

二、理论探讨：强制医疗程序概念、特点及意义

（一）概念

《刑事诉讼法》第二百八十四条明确规定："实施暴力行为，危害公共安全或者严重危害公民人身安全，经法定程序鉴定依法不负刑事责任的精神病人，有继续危害社会可能的，可以予以强制医疗。"根据这一法条规定，基于语义学的基础上，可以对强制医疗程序的内涵作如下界定：对实施危害公共安全、严重危害公民人身安全的暴力行为，经依法鉴定后，确系属于不负刑事责任的精神病人，由检察机关依法申请，或者由法院依职权提出，最后经法院合议庭审理，决定予以强制性医疗的一种特殊程序。

（二）特点

我国强制医疗程序从法律规定来看，具有司法性和行政性两个特点。司法性是指在决定环节，新刑诉法赋予了司法化形态。具体而言体现在两个方面：一方面，被申请人及其法定代理人享有程序参与权，有权在强制医疗程序中为自身利益发表意见；另一方面，强制医疗程序贯彻司法最终裁判原则，即被申请人最后是否适用强制医疗程序必须经过法院合议庭的审理。而强制医疗程序的行政性多体现在程序的启动和救济环节。一方面，《刑事诉讼法》第二百八十五条第二款规定，法院在审理普通程序刑事案件过程中，如发现被告人符合强制医疗条件的，可以直接启动强制医疗程序，无须检察机关提出强制医疗申请[①]。这说明强制医疗程序并非完全依诉权的行使而启动，与普通诉讼程序中的"不告不理"有明显区别。另一方面，《刑事诉讼法》第二百八十七条，被决定强制医疗的人、被害人及其法定代理人、近亲属对强制医疗决定不服的，仅可以向上一级人民法院"申请复议"，而不是启动二审程序。这说明强制医疗程序并非完全采取司法化的救济方式，带有一定的行政性色彩。

（三）意义

我国强制医疗具有保卫社会安全和治疗精神病人的重大意义。在保卫社会安全方面，一定条件下，对精神疾病患者进行强制医疗监护，不是对其行为的惩罚，而是为了维护社会治安秩序，并充分保障患者的健康利益而采取的特殊的社会防卫措施[②]。国家对可能危害社会的精神病人进行强制医疗，让其与世隔绝，可以有效避免对社会和公众的进一步伤害，从而达到保障社会公共安全的目的，进而提升群众的安全感、满意度。而在治疗精神病人方面，让被决定强制医疗的被申请人获得特定治疗，让其恢复意志力，恢复行为能力，尽快康复，回归社会，适应正常的社会生活，充分体现了我国对人权的保障，是尊重和保障人权的宪法精神的具体表现。而强制医疗程序的双重意义，相较而言，又更侧重于保障社会公共安全。这当中有保护一个法益和保护多个法益的选择

[①] 张军，等：《新刑事诉讼法及司法解释适用解答》，人民法院出版社2013年版，第457页。

[②] 卢建平：《中国精神疾病患者强制医疗问题研究》，《犯罪学论丛》2008年第6期，第462-490页。

逻辑问题。在我国，只有当精神病人具有社会危险性时，才能对其进行强制医疗，而自杀、自残的精神病人并非强制医疗程序的对象。这是我国强制医疗程序偏重于保障社会公共安全的体现。

三、程序分析：检察机关强制医疗程序的实务适用

（一）适用条件

根据《刑事诉讼法》第二百八十四条、《最高人民法院关于适用中华人民共和国刑事诉讼法的解释》第五百二十四条以及《人民检察院刑事诉讼规则（实行）》第五百三十九条之规定，适用强制医疗程序必须同时满足四个条件：

（1）行为的暴力性。暴力行为即行为人通过肢体或借助工具实施的，具有毁坏性、摧残性的行为，行为极大可能妨碍或剥夺他人意志、行为自由，造成他人人身伤亡、财产损失、失控以致危害公共安全等结果。在司法实践中，暴力行为常直接表现为杀人、伤害、抢劫、绑架等客观行为。前述王某一故意杀人案，王某一持刀砍死邻居，是典型的危害人身安全的暴力行为。对暴力行为的判断，在司法实践中要结合行为人行为本身的性质以及可能造成的危害后果进行综合判断。如向公共场所投放自制燃烧瓶，举动本身的强力性并不明显，但是使用的工具却能引发较为严重的破坏结果和社会危险，所以也应当认定为暴力行为。

（2）结果的严重性。暴力行为造成严重后果，是指危害公共安全或严重危害公民人身安全。要求现实的危害性达到犯罪程度，不要求发生实际危害结果。如在公共场合持刀乱砍，不要求被害人被砍伤或砍死，即可认定为危害公共安全。出于保护公共安全法益的考虑，危害公民人身安全要求达到严重程度。在司法实践中，严重程度要结合具体案情，从行为性质、法定刑幅度和社会影响等方面进行综合判断。如前述王某一杀人案中，王某一持刀、棍砍打邻居的行为，主观具有杀人故意，尽管其精神分裂，客观上造成邻居王某二当场死亡，达到了危害他人的人身安全的严重程度。而需要注意的是，司法解释已明确，暴力行为必须达到犯罪程度，因此，造成轻微伤的暴力行为也就不符合适用强制医疗的法定条件了。

（3）司法鉴定的前置性。精神鉴定是适用强制医疗程序的前提，只有经精

神病鉴定为不负刑事责任能力的精神病人，才能适用强制医疗程序。司法精神鉴定作为强制医疗程序的"入口"，是整个程序的一个关键环节。准确公正的司法精神病鉴定可以有效区分行为人是否具有刑事责任能力，避免将没有精神病的犯罪人当成精神病人处理或者将精神病人当成普通犯罪嫌疑人处理，以确保强制医疗程序适用的精准性。未经司法精神病鉴定或经鉴定不属于不负刑事责任的人，不能适用强制医疗程序。

（4）继续危害的可能性。继续危害的可能性是指根据精神病鉴定所确定的精神病种类、危害行为发生的事实、行为人身体、精神状况及所处家庭、社会环境等因素来进行综合判断行为人具有继续实施暴力危害行为的可能。如果行为人病情得到缓解或控制，并恢复能力，且家庭和社会环境更有益治疗康复，无继续危害的可能性，也就不需要强制医疗。

（二）检察机关对强制医疗案件的审查与处理

（1）审查认定。检察机关主要围绕适用强制医疗程序的四个条件进行审查。其一，对"实施暴力行为，危害公共安全或者严重危害公共安全"的审查认定。审查被申请人是否实施了公安机关强制医疗意见书中所陈述的事实。具体包括被申请人是否实施了暴力行为，暴力行为是否危害公共安全或严重危害公民人身安全，是否达到犯罪程度。如果有一个否定答案，就不能对被申请人适用强制医疗程序。其二，对"经法定程序鉴定依法不负刑事责任"的审查认定。检察机关对"不负刑事责任"的判断，不能完全迷信司法鉴定意见。应在尊重司法精神鉴定意见的基础上，综合证人证言、被申请人陈述、被申请人既往诊断治疗病历材料、诊断证明书等书证进行比较分析，综合鉴别。必要时，可通过走访被申请人邻居、同学、同事等，实际了解被申请人的日常精神健康状况，以准确判断被申请人案发前是否存在精神病史。其三，对"有继续危害社会可能性"的审查认定。检察机关判断被申请人是否具有继续危害社会的可能性，必须结合《刑法》第十八条之规定进行两个方面的判断。一方面，"四步走"对被申请人当下及今后人身危险性的评估。第一步，通过阅卷，了解被申请人的精神病史、发病频率、发病时和案发时行为的暴力程度以及既往行为表现，评估被申请人当前及今后的行为预期。第二步，通过亲自会见被申请人，在交谈提问中观察被申请人的言语表现、表情动作等具体情况，了解判断其当前精神健康状况和人身危险性。第三步，调阅被申请人的诊断病历，会见被申请人的主治医生，听取被申请人治疗状况和健康状况的意见。第四步，综合各方面情况，对被申请人是否仍存在继续危害社会的可能性进行整体判断。另一方面，以较低证明标准对被申请人的家属或监护人的监护能力、看护条件进行评估。检察机关办案人员不但要审查被申请人家属或监护人既往实际看管情况和医疗状况，而且要从被申请人家属或监护人的收入状况、居住状况和意愿程度，综合审查被申请人家属或监护人的实际看管能力，以及提供治疗、看管措施的可行性和可操作性。

（2）处理。检察机关对公安机关提出的强制医疗意见的处理，主要有两个方面：其一，对符合强制医疗条件的，向法院提出书面的强制医疗申请。根据最高检制发的文书样式，制发《强制医疗申请书》。重点阐述案件事实和证据，除对涉案精神病人的暴力危害事实、鉴定意见外，要重点对继续危害社会的可能性作出推断、论证。整个说理过程要基于客观情况，推断与论证要有证据支撑。其二，对不符合强制医疗条件的，不提出强制医疗申请。根据最高检制发的文书样式，制发《不提出强制医疗申请决定书》。文书基本框架与《强制医疗申请书》相同，更侧重于阐述不符合强制医疗条件的原因，并将副本送达提出强制医疗意见的公安机关。

（3）出庭。由于强制医疗程序并不解决行为人的定罪与处罚问题，而是只是证明实施了犯罪行为的被申请人是不负刑事责任的精神病人，有继续危害社会的可能，必须接受强制医疗。尽管该程序具有普通诉讼程序的基本形态，但其与普通刑事案件的诉讼程序仍存在一定区别。其一，法庭调查。检察机关派员出庭时，采用三段举证、分段质证，即针对被申请人实施暴力行为的事实证据、精神状况及鉴定意见、继续危害社会可能性的调查三个主要部分分别进行举证、质证。司法实践证明，分段举证更有利于问题的优化解决。其二，法庭辩论。相对于普通刑事诉讼案件的庭审，强制医疗案件的庭审程序突出体现"去被告人化"和"去控诉化"，其核心目的是向法庭证实被申请人是否有必要适用强制医疗程序。其三，是否公开开庭审理。与普通程序一样，以公开、开庭审理为原则，综合考量被申请人及被害人的权益保护，以不公开、不开庭审理为例外。其四，可否简化审理。根据最高法解释第五百三十条之规定，检察员宣读申请书后,被申请人的法定代理人、诉讼代理人对申请书无异议的,法庭调查可以简化。其五,法定代理人拒不出庭的处理。《刑事诉讼法》第二百八十六条规定,法院审理强制医疗案件,应当通知被申请人或者被告人的法定代理人到场。若法定代理人拒不出庭,可建议法院从被申请人的近亲属中重新选定,如果没有其他近亲属,或其他近亲属不愿出庭,可通过笔录方式将不愿出庭理由、对精神病鉴定意见、是否同意强制医疗等予以确认,同时可指派律师或被申请人所在单位或居住地的社区组织作为诉讼代理人参与庭审。

四、问题探究:检察环节强制医疗程序缺陷

修订后的刑事诉讼法新增的强制医疗程序是"国家尊重和保障人权"的宪法精神的体现,具有重大的法治意义。然而,从司法实践的角度来看,强制医疗程序仍然存在执法标准不统一、程序保障乏力、打击面扩大化等问题。就检察环节而言,强制医疗程序的设计主要存在以下缺陷。

(一)适用标准规定得不够具体明确

何种行为可以适用强制医疗程序本该是实体法的范畴,但是我国现行法律体系中,并未有实体法对此进行规定。倒是新刑事诉讼法对强制医疗程序的适用条件进行了明确规定,这种程序法规定实体法内容总有点不合时宜,尽管如此,规定的标准还是不够具体明确。《刑事诉讼法》第二百八十四条规定将强制医疗的适用条件明确指向达到危害公共安全或严重危害公民人身安全的暴力行为。但是在何种情况下才算危害公共安全,才算严重危害公民人身安全?还有严重扰乱社会秩序的行为是否属于危害公共安全的行为?涉及哪些罪名的行为可以强制医疗?对此,法律并没有明确规定。高检规则也未作出详细解释,几乎是照搬《刑事诉讼法》第二百八十四条之规定。如此,办案人员对强制医疗的具体标准就无法准确判断,在司法实践中容易产生执法混乱,甚至扩大强制医疗程序的适用面,不利于司法公正。如前述王某一强制医疗案,办案人员也只是基于对王某一故意杀人行为达到了严重危害公民人身安全的暴力行为的认定,而作出强制医疗的决定。但是其暴力行为危害社会公共安全或者严重危害公民人身安全是偶然发生还是经常发生,还是今后可能经常发生的认定没有统一标准,办案人员存在一定程度的自由裁量权,这容易导致权力滥用,影响

司法公信力。

（二）程序设计上忽略了检察机关的法律监督权

1. 未赋予检察机关抗诉权

虽然最高法和最高检相关司法解释都明确了，检察机关可以提出书面纠正意见，监督作出强制医疗程序决定的法院重新审理，但是并未赋予检察机关抗诉权，与当事人可以向上级法院提出复议的救济权相比，权力明显弱化了许多。而在当事人提起的复议程序中，法院一家独大，也未赋予检察机关出庭或表达意见的机会，而没有检察机关参与的复议程序，往往不能实现复议的目的，也就失去了复议的实质意义。

2. 未规定检察阶段的法律援助义务

针对普通刑事案件，新刑事诉讼法扩大了法律援助范围，如将法律援助时间前移至侦查阶段和审查起诉阶段等。新刑诉法虽然明确"尚未完全丧失辨认或者控制自己行为能力的精神病人"在侦查阶段和审查起诉阶段有获得法律援助的权利，但是仅限于具有限制刑事责任能力的"犯罪嫌疑人、被告人"。而对强制医疗程序中完全无刑事责任能力的人并未赋予同等的权利，仅规定在审判阶段有权申请法律援助，委托"诉讼代理人"，这有悖于尊重和保障人权的立法初衷。

3. 未设置纠错程序

刑事诉讼法明确规定了解除程序，但是并未规定强制医疗决定本身错误案件的纠错程序。尽管最高法解释和最高检规则规定检察机关可以在强制医疗决定作出的20日内提出书面的纠正意见，但是对于20日后发现的错误决定，并未明确规定可以参照适用审判监督程序进行纠错。

（三）对强制医疗的司法化改造不够彻底

新刑诉法对强制医疗程序的核心部分进行了司法化改造，形成"司法强制医疗模式"，而对于暴力行为严重程度低于刑事犯罪水平，或说低于司法强制医疗适用标准的案件，则依据《中华人民共和国精神卫生法》之规定，转为由公安机关强制送医，并有医疗机构决定是否强制入院的"行政－医学强制医疗模式"。两种模式并存的现状，导致司法实践中强制医疗司法程序和行政程序的二者兼用或者选择性适用，有损法律权威及司法公信力。

五、完善进路：强制医疗程序中的权利保障

（一）健全强制医疗立法体系，明确适用标准与范围

当前，我国有关强制医疗程序的实体内容和程序内容都规定在新刑事诉讼法新增的特别程序一章中。其立法越位的缺陷及适用标准的不明确，容易导致执法混乱。因此，完善强制医疗立法体系显得迫切而必要。理论界对完善强制医疗立法有两种模式的建议。其一，刑法修订模式。即进一步系统修订完善刑法，将强制医疗及其他保安处分内容纳入现行刑法。建立中国刑法的刑罚和保安处分（包括强制医疗在内）二元体系，在刑罚及其具体运用之外，增设"保安处分及其具体运用"一章，明确规定保安处分的适用原则、种类、执行顺序、运用方式等。其二，单独立法模式。即将强制医疗单独立法，包括实体内容和程序内容，实体内容明确规定强制医疗的适用对象、范围、标准和方式种类等，程序内容明确规定强制医疗的管辖、立案、侦查、申请、审理、执行、解除及监督程序等。两种模式各有优缺点。刑法修订模式的优点是可一步到位实现对现行刑法的系统化改造，从整体上解决刑法结构问题；但其缺点在于保安处分研究不够透彻，仍有许多未解难题，要实现刑罚与保安处分的二元结构改革仍任重而道远。而单独立法模式的优点在于能够自成体系，可以破除程序法的体系性障碍，缺点仍是实体法和程序法的混编。

（二）完善强制医疗程序设计，赋予检察机关更多监督权

其一，实现程序趋同。即将强制医疗程序与普通程序同质化，将强制医疗决定改为裁定，赋予检察机关抗诉权，将复议程序改为二审程序，由同级检察院派员出庭履行法律监督职能。其二，实现辩护权等同。即实现强制医疗当事人与犯罪嫌疑人、被告人同等的辩护权。在涉案精神病人、被申请人或者被告人及其家属没有委托诉讼代理人时，公检法应当通知法律援助机构指派律师为其提供法律援助，以保障在特别程序中对精神病人的人权保障不低于普通程序的犯罪嫌疑人、被告人。其三，建立纠错程序。主要是建立强制医疗程序案件的审判监督程序，即对已经发生法律效力的强制医疗决定，应当允许当事人及其法定代理人、近亲属向法院和检察院提出申诉，人民检察院在符合条件的情况下有向人民法院提出抗诉的权利和义务，人民法院在符合条件时应启动再审

程序。

（三）强化强制医疗程序一体化改造，更好地促进权利保障

一体化改造即将"司法强制医疗模式"与"行政－医学强制医疗模式"合二为一。一方面，加强对强制医疗适用标准的一体化改造。如前所述，当前强制医疗程序两种模式适用标准的设定不够明确，存在模糊地带，容易导致权力寻租，让不符合强制医疗条件的人被强制医疗，酿造冤假错案，不仅不符合罪刑法定原则，也不符合"国家尊重和保障人权"的宪法精神。因此，将两种模式合二为一，在两种模式间进行折中，统一标准设定，将标准确定为"实施了有可能判处有期徒刑以上刑罚的行为，且不加治疗和看护将来可能再次实施判处有期徒刑以上刑罚的行为。"[1]能够兼顾"行政－医学强制医疗模式"标准，更好促进权利保障，也更具有可操作性。另一方面，加强对强制医疗适用程序的一体化改造。如前所述，强制医疗程序两种模式并存状态，存在标准不够统一、易导致执行混乱等制度漏洞。因此，进行两种模式的一体化改造，将更有利于体现司法公正。鉴于司法强制医疗模式更具有透明性与公正性，也更有利于人权保障，程序的一体化改造应当统一到"司法强制医疗模式"上来，并借鉴"行政－医学强制医疗模式"的某些优势，既要兼顾公平和效率，更要体现对权利的保障。比如，要充分发挥专业人士作用，在一体化程序中，要求公检法各环节都要听取专业人士意见，在庭审环节要求鉴定人必须出庭。

---

[1] 张明楷译：《日本刑法典》，法律出版社2006年版，第142页。

全媒体时代网络犯罪侦查的法律监督[①]

——以全链条网络诈骗第一案为切入点

摘要： 全媒体时代，网络是把双刃剑，为人们生活带来便利的同时，也为新型犯罪提供了"温床"。近年来，网络犯罪居高不下，由于网络犯罪具有隐蔽性、智能性、跨区域性、证据易毁性等特点，网络犯罪侦查也存在发现难、取证难、采信难三种困境，网络犯罪侦查不得不借助监视、IP锁定乃至外界技术协助来完成侦查过程，导致侦查中也存在侦查权滥用，侵害个人隐私或商业秘密等违法行为。因此，加强检察机关对网络侦查行为的全程监督，完善技术协助的法律规制，才能够确保打击网络犯罪法律效果和社会效果的统一。

关键词： 全媒体时代；网络犯罪；侦查权；法律监督

在全媒体时代，网络给人们的日常生活带来诸多便利的同时，也成为新型犯罪场所或工具。网络犯罪的隐蔽性、高智能性等特点，使得网络犯罪侦查在用好传统侦查手段的基础上，不得不利用监控、IP锁定等高技术手段来完成。而由于网络犯罪电子证据取证困难且容易销毁，又可能涉及个人隐私或商业秘密。因此，在网络犯罪侦查中，要充分发挥法律的监督作用，确保侦查程序合法，确保所搜集的证据合法充分有效，且能够被采用。在全媒体时代，网络技术日新月异，网络犯罪也层出不穷，且犯罪手段、方式花样百出，如何在全媒体时代严厉打击网络犯罪，并在打击网络犯罪中加强法律监督，确保执法规范和司法权威，是一个兼具理论和实践意义的研究课题。

[①] 本文荣获广西侦查学研究会成立大会暨2015年侦查学术研讨会三等奖。

一、问题引出：全链条网络诈骗第一案[①]

（一）案情回顾

2015年7月15日至17日，1993年出生的陈某鹏利用被害人姚某、杨某、李某的个人信息，冒充被害人身份通过网络购物的方式分别购买了14部手机、8台平板电脑，共盗刷3名被害人银行卡总计94274元。

2015年12月至2016年1月，被告人罗某阳、罗某庆通过腾讯QQ与被告人刘某江联系，先后4次向被告人刘某江购买手机木马病毒程序工具，共花费6000元。购得手机木马病毒程序后，被告人罗某阳、罗某庆以发短信的方式非法获取公民个人信息。被告人罗某阳、罗某庆还以有偿方式向被告人邱某阳、陈某土分别多次购买公民个人信息和银行账户，盗刷被害人黄某、梁某、黎某银行卡共计17451.12元。罗某庆、罗某阳被公安机关抓获，办案民警依法对缴获的笔记本电脑进行电子证据提取，发现非法获取的公民个人信息达544组。

2016年1月，被告人罗某阳、罗某庆通过腾讯QQ与被告人陈某鹏联系，双方约定由罗某阳、罗某庆向陈某鹏提供非法获取的公民个人信息，再由陈某鹏利用该信息冒充被害人身份，通过网络购物的方式购买商品后出售牟利。后3人以此方式盗刷被害人张某银行账户21022元，购买14部手机出售后分赃。

2016年2月26日，宾阳县公安局民警在海南省海口市将陈某鹏抓获。抓捕过程中，陈某鹏的女友即另一被告人梁某红明知陈某鹏使用的手机系作案工具，仍将该手机拿走。为阻挠公安机关调查取证，梁某红将该手机内的软件程序及存储内容删除，帮助陈某鹏毁灭证据，后其被公安民警在海口市某民房内抓获。

为将所得赃款套现，被告人罗某阳、罗某庆通过腾讯QQ与被告人罗某发联系，以有偿的方式让罗某发帮助其充值手机话费套取赃款。为此，罗某阳、罗某庆向罗某发提供了27个外省区域号段的移动公司手机卡充值22000元，罗某发套现后转汇了15560元到两人指定的账户中。2016年3月1日，被告人罗某发在湖南省花垣县城被公安机关抓获，民警在其住宅查获2部手机、5227

[①] 马艳、陈冬玲、黄集德：《广西3年审结电信网络诈骗案524件"全链条网络诈骗第一案"等均在其列》，《法制日报》2017年1月26日，第2版。

招商银行卡、4080 工商银行卡、2678 邮政储蓄卡和 1 台黑色联想牌电脑等物。

2017 年 1 月 24 日，宾阳县法院对这起"全链条网络诈骗第一案"以信用卡诈骗罪、侵犯公民个人信息罪等罪名分别判处涉案被告人有期徒刑 1 年至有期徒刑 7 年不等的刑罚。其中，陈某鹏犯信用卡诈骗罪，判处有期徒刑 7 年，并处罚金 20 万元。被告人罗某庆犯信用卡诈骗罪，判处有期徒刑 5 年 6 个月，并处罚金 15 万元；犯侵犯公民个人信息罪，判处有期徒刑 1 年，并处罚金 1 万元；决定执行有期徒刑 6 年，并处罚金 16 万元。被告人刘某江犯信用卡诈骗罪，判处有期徒刑 3 年，并处罚金 10 万元。被告人罗某波犯信用卡诈骗罪，判处有期徒刑 2 年，并处罚金 9 万元。其余五名被告人也分别以信用卡诈骗罪、帮助毁灭证据罪被判处 3 年至 1 年不等有期徒刑。

（二）案件延伸

在全媒体时代，网络无处不在，影响着社会生活的方方面面，在人们的学习、社交、娱乐、商务等活动中，发挥着不可替代的作用。据中国互联网信息中心第 39 次《中国互联网络发展状况统计报告》统计，截至 2016 年 12 月，中国网民规模达 7.31 亿，相当于欧洲人口总量，互联网普及率达到 53.2%。其中，手机网民规模达 6.95 亿，占网民总数的 95.1%。网络为人们日常工作和生活提供了诸多便利的同时，也成了一些违法犯罪分子从事违法犯罪的工具或者场所。近年来，网络犯罪现象有愈演愈烈趋势，网络犯罪的类型和形式也趋于多样化、隐蔽性、复杂化、跨区域性。如前述广西宾阳"全链条网络诈骗第一案"就是利用网络进行犯罪的一个典型案例。该案具有全链条、多层级、跨区域犯罪的特点，涉案人员分别来自海南、湖南、福建、河南和广西，他们均通过网络沟通作案，以有偿方式合作，窃取公民个人信息，通过网络购物或给手机卡充值的方式套现。也就是说，从上游地提供木马病毒，非法盗取公民个人信息，到中游的个人信息买卖和冒用公民个人信息实施诈骗，再到下游的通过网络购物实现赃款套现，已形成了一整套利用网络进行"盗刷"产业链。而对网络犯罪的侦查具有立案难、取证难、采信难等"三难"问题。为严厉打击网络犯罪，在司法实践中侦查机关会利用一些技术手段，促进侦查活动的推进和案件侦办的突破。而作为法律监督机关，检察院加强网络犯罪侦查监督是打击网络犯罪、促进执法公正的有效途径。

二、现状分析：网络犯罪内涵、特点及发展趋势

（一）内涵

网络犯罪的定义目前尚没有统一而又权威的阐述。有些学者将网络犯罪叫作电脑犯罪，台湾学者认为："凡犯罪行为与电子资料处理有关的就是电脑犯罪"。[1]有些学者将网络犯罪叫作计算机犯罪。如美籍华人学者刘红彬认为："所谓计算机犯罪是指以计算机为工具，采用非法手段使自己获利或使他人遭受损失的犯罪行为。"[2]他还指出："计算机犯罪最基本的要件必须与计算机有关，以它为工具应包括那种既以计算机作为犯罪工具和以它作为犯罪对象的情形。"[3]有学者将网络犯罪称为信息犯罪，即运用信息技术故意实施的严重危害社会，并应负刑事责任的行为[4]。也有学者将网络犯罪直接定义为"网络犯罪"，即运用计算机技术借助于网络实施的具有严重社会危害性的行为[5]。

其实，网络犯罪不是某种具体的犯罪，也不是某一类型的犯罪，相较于传统犯罪而言，其犯罪手段更为多样、优化、便捷，是随着科学技术的发展而不断更新的一种高智能犯罪。从广义上来讲，网络犯罪是指行为人利用网络专门知识，以计算机为工具对存在于网络空间里的信息或系统本身进行攻击或破坏，或利用网络进行其他犯罪的总称[6]。这里作为工具的计算机是指广义上的计算机，包括所有能够连接网络的手机、平板、网络电视等。

（二）特点

近年来，网络技术日新月异，移动网络迅速占领人们的日常生活。从手提电脑、平板电脑的使用，到现在智能手机的普及，移动网络的使用达到了一个高峰，使得犯罪行为人只要通过网络技术手段破解相关手机软件就能轻易获得用户的一些私密信息。支付宝、微信等App支付软件的出现，使得用手机买票、

---

[1] 黄丁全：《台湾地区电脑犯罪立法评析》，《中外法学》1998年第2期，第121页。

[2] 刘红彬：《计算机法律概论》，北京大学出版社1992年版，第153页。

[3] 刘红彬：《计算机法律概论》，北京大学出版社1992年版，第153页。

[4] 文军、艾湘涛：《略论信息犯罪及其安全对策》，《刑事法学》1998年第6期，第63页。

[5] 刘广三、杨厚瑞：《计算机网络犯罪》，《刑事法学》2000年第7期，第45页。

[6] 李双其：《网络犯罪防控对策》，群众出版社2011年版，第2页。

购物、订酒店等事宜变得更加便捷，加之当前各大电商支付口令一般与手机号码绑定，犯罪行为人只要拦截相关手机验证码即可冒用他人号码为自己买单。手机病毒、恶意扣费软件、手机支付截留、隐私泄露等与手机密切相关的犯罪行为持续上升。此外，网络传销、网络色情等犯罪通过新的技术手段更加猖獗，且网络犯罪更倾向于团体作战，如对公民个人信息的侵犯已形成了一条产业链，并呈现出低龄化、集团化趋势，犯罪形式和类型也趋于复杂多样化。从网络犯罪发展的强劲势头来看，概而言之，网络犯罪具有以下几个明显的特点：

一是隐蔽性。网络犯罪的隐蔽性是基于网络特有的技术特点。首先，表现为犯罪主体的隐蔽性。网络用户在互联网中常用多种手段和对策来隐藏自己的真实身份。如提交虚假身份信息进行网络注册，盗取他人的用户名和密码，冒用他人身份潜入网络等。其次，表现为犯罪行为的隐蔽性。网络犯罪是通过一些虚拟化的数据和程序操作，其作案时间短，表面上没有实体行为，也没有特定犯罪现场。网络的虚拟性使得网络犯罪基本不留作案痕迹，即使有也较轻易被销毁、伪造，隐蔽性极强。最后，表现为犯罪对象的隐蔽性。近年来计算机程序的复杂化及大数据的增加等一些新的发展动向的出现，进一步加深了网络犯罪对象隐蔽性的特点。从计算机外观上无法发现使用中的计算机对程序和数据的处理，其中数据的变化无法通过表面的观察被发现，对于非法删除和修改的程序和数据也很难予以认定。如前述"全链条网络诈骗第一案"的犯罪对象遍布全国各地，没有被害人的报案，很难找到犯罪对象。

二是智能性。实施网络犯罪的行为人多是计算机网络知识丰富和技术突出者，作案前往往精心策划。如前述"全链条网络诈骗第一案"中，被告人陈某鹏、罗某阳、罗某庆、刘某江就是通过手机木马程序非法获取公民个人信息，然后冒用他们的个人信息，盗刷他人信用卡、银行卡。在实施犯罪过程中，被告人冒用他人信用卡，对案件侦查增设了很大障碍。

三是跨区域性。网络打破了现实世界的时空界限，为跨时空的信息交流提供了便利，也带来了网络犯罪跨区域问题。跨区域性不仅仅表现为犯罪主体的跨区域合作，也表现为犯罪主体的跨区域作案，给侦查取证造成了很大困难和阻碍。如前述"全链条网络诈骗第一案"，涉案人员来自全国各地，通过网络沟通，实现跨区域、跨时空作案。又如网络赌博案件中，犯罪分子常将赌博账户设在境外银行,将赌博网站开设在赌博合法化之国家,以规避国内法的制约。

四是证据易毁性。电子数据证据是网络犯罪案件中的主要证据,其极易被懂技术的犯罪分子篡改、销毁,且不易恢复。

三、侦查困境:网络犯罪侦查行为及存在问题分析

(一)侦查线索

侦查人员将案件纳入侦查范围并非盲目的,而是通过自己侦查获得线索或有关人士提供线索,发现确有可疑后,才进一步侦查。当前,网络犯罪侦查线索主要有以下几个:一是通过举报、报案获取。即人们在日常生活中发现网络诈骗、网络盗窃、网络传销等网络犯罪行为时,或者在日常生活中合法权益遭受网络犯罪侵害时,可向公安机关举报或报案。如2015年8月17日,上海警方经市民举报破获一起通过网络蒙骗入会的大型传销案。二是通过技术监控手段获取。即通过设立"网络警察110""网上雷达",抑或是"招安"一批网络黑客,编写强大的防火墙软件等,拦截有关色情、暴力、邪教等信息,然后经过筛选与调查,锁定犯罪线索。我国自2001年2月26日就建立了自己的"网络警察110",美国斯坦福研究所旗下的Atom Tangerine公司研发了"网上雷达"程序来监视网上活动,韩国警方则建立"网络犯罪对应中心"实时跟踪监控网络信息。三是通过网络欺诈投诉获取。在日常生活中,很多人遭受小数额多次网络诈骗或者小数额多人数网络诈骗,源于钱少麻烦或破财免灾的心态而不去报案,这使得犯罪分子更加猖獗。因此,针对千奇百怪的网络欺诈,建立专门的网络投诉网站就显得非常有必要,侦查人员可根据消费者及相关人员的投诉信息,编成相应数据库,然后根据举报数量和一些数据规律来获取案件线索,可以有效打击网络诈骗犯罪。四是通过开展专项打击活动获取。即在一个特定时间内,执法人员和消费者团体一起在网上开展的打击特定种类犯罪的专项活动。发动消费者加入专项打击活动,并不是让其去侦查,只是让其通过网络来协助侦查人员开展进一步调查。当前网络诈骗宣传模式尽管多样,但大同小异。诸如"零成本每月收益过万""虚拟商场一年净赚百万"等有悖于市场规律的宣传,都很可疑,都值得引起侦查人员和大众的注意。五是通过已有犯罪案件获取。在对一些网络犯罪嫌疑人的审讯中,犯罪嫌疑人为争取立功或宽

大处理的机会，常常会供述一些侦查人员尚未掌握的网络犯罪案件信息。

（二）侦查方法

全媒体时代，网络犯罪侦查与普通犯罪侦查既有相同之处，也有自己的特点。因为网络犯罪是基于网络的犯罪，其侦查措施也具有显著的技术性特点。网络犯罪侦查主要通过电子取证、虚拟侦查和技术侦查来完成证据收集。

1. 电子取证

电子取证是利用计算机软硬件修复重现技术，通过对计算机系统和网络端口的扫描和破解，对入侵、欺诈、攻击、破坏计算机网络的行为进行获取、保存、分析和出示的过程。而完成电子取证的过程，主要有三种方法：其一，搜查和扣押。即侦查人员可以依法对涉案的计算机、电子存储设备（包括移动硬盘、网络云盘等）及有关场所进行搜查，也可以依法对计算机、移动硬盘、光盘等电子存储设备进行扣押。在搜查和扣押过程中，鉴于电子证据容易被破坏、删除且难以恢复的特点，侦查人员可以邀请计算机程序员、计算机工程师等专业人员辅助侦查，避免电子证据遭受二次损害。其二，截留电子信息。即由侦查人员对可疑人员的电子信息进行截留。电子信息截留可以分为两种，一种是经过当事人同意后的截留，另一种是不经过当事人同意的直接截留。因为很多电子信息涉及个人隐私，因此截留电子信息一般要经过相关人员同意，以彰显保障人权、尊重人的基本权利的宪法精神，即使不经过嫌疑人同意，也要基于比例原则，出于维护公共利益之考虑，并经过层层审批方可依法实施。其三，要求有关单位或个人提供电子信息。在网络犯罪侦查过程中，侦查机关因侦查需要，有权要求从事互联网业务的机关单位、个人和商业机构等提供有关犯罪嫌疑的电子信息、数据和资料。

2. 虚拟侦查

侦查机关利用网络监控、IP 锁定等网络技术手段来收集信息。如 UniAccess 系统（终端安全管理系统），不仅可以对软硬件进行资产管理，还可以对网上行为实现实时监控。而 IP 锁定技术，只要掌握了犯罪嫌疑人 QQ、微信、微博、E-Mail 地址等通信工具的信息，就可以利用监控软件监控其账号活动，从而锁定 IP，定位其活动范围。网络犯罪痕迹不明显，对网络痕迹的勘查必须结合网络专门技术，秉承小心谨慎原则，才能最大限度地还原案件事实真相。

3. 侦查技术

其一，堆栈指纹。即侦查人员通过 TCP/IP 之间的微小差异，建立各种不同系统指纹堆栈表，通过对各个系统 IP 和端口发送特定数据包，根据其回应的差别来判断其系统类型的种类。其二，NMAP 网络侦查软件。Network Mapper 是一种开源性的网络探测和安全审计工具，该软件可通过分析 IP 数据包特征来判断主机、操作系统类型及主机提供的服务。其三，共享扫描软件。通过诸如 MyLan Viewer 等软件，把局域网中的各台计算机名称、IP 地址、MAC 码地址及共享文件等电子信息通过侦查人员易读形式呈现，侦查人员可以无障碍地访问用户共享文件夹，对计算机状态进行实时监控，甚至可终结用户进程。这种扫描过程，给侦查活动带来了很大便利。

（三）侦查问题

如前所述，网络犯罪具有隐蔽性、智能性和跨区域性，使得网络犯罪侦查与传统犯罪案件侦查相比更加困难。概而言之，网络犯罪案件侦查存在"三难"。

一是发现难。一方面，案件线索发现难。由于网络犯罪是在虚拟的网络空间里完成的，基本没有特定的现场，犯罪行为也不容易暴露。行为人只要篡改一个数据，就完成了网上盗窃、截取信息等犯罪活动，且不会造成物质性的损坏。大多数网络犯罪行为人在进行网络犯罪时都会进行伪装，且很多是利用网络的远程服务功能来完成犯罪过程的。这就使得网络犯罪更加隐蔽，如果没有专业的检测设备和网络跟踪技术，就无法发现犯罪线索。另一方面，犯罪现场发现难。与传统犯罪现场不同，网络犯罪现场包括有形现场与无形现场。有形现场即物理现场，比如机房、附属工作间、终端室、计算机通信线路等，一般容易确定。而无形现场即数字现场如电磁辐射区等，比较抽象，且是在虚拟的网络空间里，很难被发现。

二是取证难。一方面，是由于电子证据的特性所带来的取证难。其一，电子证据有限。网络犯罪行为对象是存储在物理介质中的数据信息，当作案人员对其窃取或修改时，是在毫秒间完成的，转瞬即逝，很少会留下"痕迹"，取证相当困难。其二，电子证据易损。电子证据只能存储在软件资料库和输出的资料中。网络犯罪行为人可以通过预先设置好的破坏性程序或使用格式化命令，将遗留在软件中的"证据痕迹"瞬间销毁。比如，犯罪嫌疑人将可能成为证据的硬盘上的文件永久性删除，那么，侦查人员如果没有专业的文件恢复软件，就很难从硬盘中获取有价值的数据证据。另一方面，是由于技术与经验的缺乏所带来的取证难。其一，侦查机关的侦查技术跟不上计算机网络技术发展的需求。其二，侦查人员网络侦查经验还不够丰富。比如，侦查取证过程中，因为技术设备不够先进、侦查人员经验匮乏，导致无法获取电子证据，甚至在侦查取证中，不小心自己销毁了宝贵证据。

三是采信难。问题源于取证程序的合法性。电子证据的搜集涉及对系统内部或同外部系统数据交换进行截获或监测，而侦查机关是否有此法律权限，值得商榷。比如，在依法搜查网络系统和计算机系统获取电子信息时，必须准确定位搜查的范围，否则不仅可能构成非法侵入他人计算机网络系统罪，而且也容易导致取证程序违法。此外，取证时，对他人非开放的存储空间如电子邮件信箱进行监测搜查时，如果没有严格依照法律程序进行，不仅会导致所搜集证据不被采用，还可能构成侵害当事人隐私、商业秘密等合法权益罪。电子证据的扣押涉及电磁记录的存储媒介，而电磁记录要借助电子设备阅读，涉案电子记录庞杂，为保全证据，如果未阅读记录，就进行扣押，就可能涉及未涉案信息的扣押。

四、路径抉择：完善网络犯罪侦查的法律监督

网络犯罪的侦查，无论是从举报报案，还是侦查机关通过监视手段、专项打击来获得案件线索，开展网络犯罪侦查，无不用到电子侦查技术，甚至用到虚拟侦查策略。而由于网络犯罪案件侦查"三难"特点，在侦查中，稍有不慎就可能造成侦查权力滥用，陷于侦查程序违法的泥潭。因此，加强网络犯罪侦查监督极为必要。

（一）扩大申诉控告途径，发挥检察机关法律监督职能

检察机关对于具体的侦查活动不可能做到每个案件都身临其境，也就无法对每个案件都有详尽的了解。在网络犯罪侦查中，当事人合法权益受到侦查人员经意或不经意的侵害时，应当有途径进行救济。检察机关深入开展进机关、进企业、进街道、进农村、进社区、进学校的"六进"活动，广泛宣传检察机

关申诉控告职能，以及申诉控告的途径和方法。充分利用门户网站、"两微一端"等媒体，设置申诉控告专栏，公布申诉控告的联系电话、电子邮件、申诉控告地址，让广大人民群众能及时了解到维权方式，方便当事人对于网络犯罪侦查的违法行为进行维权和寻求救济。与此同时，检察机关要充分发挥侦查监督职能，发现侦查人员在网络犯罪侦查中有违法行为时，不仅可以做出口头的意见或建议，也可以做成书面的意见或建议。当口头做出纠正违法侦查的意见或建议时，要由案件承办检察官督促侦查人员纠正违法行为，并将口头意见或建议记录在案且附卷备查。而书面意见则由做出书面意见的检察机关督促侦查人员纠正违法行为，并入卷备查。

（二）建立事前审查机制，加强事前监督

在英美法系国家，侦查机关对人或物采取强制措施等侦查行为前都要得到法官的令状才能进行，没有司法令状就进行侦查取证，所获取的证据就不能作为呈堂证供，就失去了证据效力。借鉴司法令状主义来建立事前的预防机制，就是建立以检察机关介入引导侦查为主的事前审查机制。侦查机关要对犯罪嫌疑人进行羁押，对相关物品进行查封，扣押与案件相关的物品，或者采取监听等技术侦查手段时，应当报请同级检察机关，并附必要性报告，以发挥检察机关侦查监督作用，防止侦查权的滥用。

（三）严格程序监督，加强事中监督

只有程序的正义，才能确保结果的正义。而在侦查过程，只有加强侦查监督，才能确保程序正义，维护法律权威。加强程序监督，首先，要设定纠正期限。侦查人员在收到检察机关督促纠正意见书后，应当明确在 24 小时或者至少 3 个工作日内对其行为按照督促纠正意见书进行纠正，并将纠正结果以书面形式反馈给检察机关的侦查监督部门。其次，赋予检察机关对侦查人员建议更换权。在收到检察机关的督促纠正意见书后，侦查人员仍我行我素，仍按照原有的侦查模式进行侦查，或者虽然纠正了侦查行为，但是未按照要求将纠错结果复函到检察机关的，检察机关有权建议侦查机关对侦查人员进行通报批评等处罚，或者建议侦查机关更换侦查人员。而对于违反法定程序、情节严重、涉嫌渎职犯罪的，检察机关应当依法立案侦查。再次，赋予检察机关对违法侦查行为的撤销权。在经过纠正期限、行使了建议更换或者建议处罚后，侦查机关

仍一意孤行、自行其是的，检察机关可对违法侦查行为行使撤销权。最后，违法侦查行为的起诉权。如果侦查行为违法，涉嫌渎职犯罪，检察机关应当依法立案，审查起诉。

（四）加强具体侦查行为监督

首先，加强对电子取证过程中侦查行为的监督。侦查人员在侦查活动中，对搜查到的电子信息，有可能涉及个人隐私或者商业机密的，要绝对保密。对于有意或无意泄露案件信息，造成当事人经济损失的，检察机关接到申诉控告后，应当进行建议上级侦查机关调查，查证属实的，应对承办案件侦查人员进行处罚，同时建议侦查机关更换侦查人员，还要对当事人的经济损失进行合理补偿。其次，加强对取证主体的法律监督。侦查人员应该具有一定的计算机网络知识技能，检察机关可对侦查人员计算机网络知识技能进行核查，如果侦查机关的侦查人员或者聘请的技术专家没有相应的资质，如授权证书、计算机网络知识技能证书，检察机关有权要求侦查机关更换侦查人员或技术专家。最后，加强对取证程序的法律监督。对于网络犯罪而言，搜查、扣押与普通犯罪案件侦查相比，有其特殊性。对于公司、企业，特别是对于涉及互联网的公司企业而言，对其计算机机房、网络云端进行搜查，或者扣押机房内的电子设备、移动终端、电子存储介质，都可能导致其经营活动中止，造成难以挽回的经济损失。因此，侦查人员对于这些企业电子信息的搜查、扣押要特别慎重，不能仅仅因为存在合理怀疑就采取侦查措施，而必须充分达到证据确实充分，才能采取侦查措施。而按照比例原则，切实需要采取搜查、扣押措施时，必须出具搜查证、扣押证，在特别紧急的情况下，没有搜查证、扣押证时，也必须出具工作证，并于搜查、扣押后24小时内补办搜查证、扣押证，并在案卷中记录说明。被搜查、扣押企业，对侦查机关的违法搜查、扣押行为，有权向检察机关申诉控告，检察机关审查属实的，应当建议侦查机关更换侦查员，并对严重违法违纪的侦查人员给予处罚，依法撤销侦查行为。

（五）完善技术协助的法律规制

由于网络犯罪的高技术性，在网络犯罪侦查中，往往会借助技术协助。比如借助网络服务提供商的技术协助，再比如"招安"黑客的技术协助。然而对技术协助要进行严格限制，加强法律规制。其一，技术协助人员要依法获得授权。只要是对网络犯罪侦查提供协助的技术人员、专家人员都要有侦查机关提供的授权委托书，否则就有可能涉及侵害个人隐私或者商业秘密，甚至可能构成非法侵入计算机系统罪。具有侦查机关授权委托书的技术人员、网络服务商等在侦查活动中的行为也是侦查行为的一部分，其间所获得的证据也可以作为控方证据。其二，技术协助人员的保密义务。获得授权的协助人员，应该与侦查机关签订保密协议，在侦查机关的侦查活动中，对所搜查、扣押的电子信息，无意间发现的个人隐私、商业秘密要履行保密义务。因为协助人员的泄密，给当事人造成严重损失的，由侦查机关承担赔偿责任，协助人员承担对侦查机关的违约责任。其三，技术协助人员不得单独取证。在网络犯罪侦查中，授权技术协助人员要在侦查人员的带领下开展侦查活动，这样既可以提高侦查效率，也可以确保收集到的证据符合程序要求，有利于形成证据链，更能够被采纳。

检察机关自身反腐倡廉建设的路径选择[①]

——以两起检察官腐败案件为切入点

摘要： 在反腐的高压态势下，检察机关自身反腐倡廉也面临着严峻复杂的形势，加强检察机关自身反腐倡廉建设是贯彻中央反腐败斗争的需要，是满足人民群众对公平正义追求的需要，是不断提升法律监督水平的需要。在改革进入攻坚阶段的新时期，检察机关只有坚持事前与事后、内部与外部、理论与实践相结合的原则，不断加强检察机关的思想建设、组织建设、作风建设和制度建设，建立健全内部横向监督、上下级监督、纪检监察专门监督、人民监督员专业监督、阳光检务外部监督五项监督机制，构建检察机关自身反腐的"345"体系，才能推进检察工作持续健康发展。

关键词： 反腐倡廉；党风廉政建设；阳光检察；监督机制

党的十八大以来，中央加大了反腐的力度，在全国掀起了一场反腐风暴，取得了一定成效。但是，反腐败斗争仍未取得压倒性的胜利，反腐败斗争的形势依然严峻复杂。在反腐的高压态势下，检察机关自身反腐倡廉的形势也不容乐观，加强检察机关自身反腐倡廉建设是适应新形势下的新要求，是不断提升法律监督水平的需要。

一、问题提出：检察机关加强自身反腐倡廉形势严峻

党的十八大以来，以习近平同志为核心的党中央高度重视反腐倡廉建设，把反腐倡廉建设摆在了一个特别重要的位置，先后出台了中央八项规定，开展

[①] 本文荣获2017年广西检察机关党建理论优秀论文三等奖。

了党的群众路线教育实践活动、"三严三实"专题教育、"两学一做"学习教育等系列教育实践活动，启动了多轮中央巡视巡察活动，内容涉及党的建设的方方面面，标准之高、要求之严，前所未有，使得全面从严治党成为党的建设的新常态。尽管如此，反腐败并"没有取得压倒性的胜利"，"腐败没有绝迹，有人还在顶风违纪"，"反腐败斗争形势依然严峻复杂"。因此，"党风廉政建设和反腐败斗争永远在路上"。

在反腐的高压态势下，作为法律监督机关，检察机关自身反腐倡廉的形势也不容乐观。2017年3月1日，中纪委官网披露，上海市人民检察院原检察长陈旭涉嫌严重违纪，接受组织审查。从其简历来看，陈旭在政法一线工作30多年，其严重违纪违法行为已涉及司法腐败。通过最后的审判结果可以看出，其利用担任中共上海市委政法委员会副书记、中共上海市委副秘书长及上海市人民检察院检察长等职务上的便利以及职权地位形成的便利条件，为相关单位和个人在案件处理、工程承揽和公务员录用等事项上提供帮助，直接或通过其亲属，非法收受他人财物，共计折合人民币7423.697909万元。而无独有偶，在此之前的2月20日，广东茂名市纪委通报称，原化州市副检察长兼反贪局局长郭志玲在担任化州市人民检察院反贪局局长期间"最爱琢磨举报信，不为反贪为敛财"，共收受他人贿赂人民币332万元。最后以受贿罪被判处有期徒刑11年，并处罚金人民币100万元。其实，这两起典型案例只是检察人员腐败案件的冰山一角。据统计，2014年查处检察机关违纪违法干警404人，同比上升86.2%[①]。由此可见，检察队伍的纪律作风建设还不过硬，加强自身反腐倡廉建设形势迫切。

二、意义分析：检察机关加强自身反腐倡廉建设是推动检察事业健康发展的重要保证

检察机关加强自身反腐倡廉建设对推进检察工作持续健康发展具有十分重要的意义。

其一，是贯彻中央"有腐必反，有贪必肃"的重要要求。如前所述，当前

---

① 刘冰：《试谈检察机关的自身反腐倡廉建设》，《中国检察官》2015年第5期，第10-11页。

反腐败斗争的形势依然严峻复杂，检察机关自身反腐斗争形势也不容乐观。因此，加强自身反腐倡廉建设是形势所趋、民心所向。

其二，是满足人民群众对公平正义追求的需要。近年来，佘祥林案、赵作海案、呼格案、张氏叔侄案等一些重大冤假错案被平反，有些案子存在刑讯逼供、非法证据等程序不公，在社会上引起了强大反响，导致广大人民群众对司法公正产生怀疑，对司法公信力失去信心。尽管纠错的过程是法治进步的表现，但是这些冤假错案的发生不仅严重影响了国家法律权威，也严重影响了司法机关的公信力。因此，作为法律监督机关，只有不断加强自身反腐倡廉建设，依法履行"强化法律监督、维护公平正义"的职责，才能坦然面对广大人民群众对检察工作的拷问[①]。

其三，是不断提升法律监督水平的需要。近年来，随着法治进程的加快，特别是非法证据排除规则、辩护律师权利保障等制度的确定，使得检察业务工作发展逐渐走向法治化、规范化和程序化，对检察干警个人能力和检察队伍整体素质的要求也随之提高。从过去重实体轻程序、重打击轻保护的传统陈旧司法观念转变到增强法律意识、树立程序意识和人权保障意识，不断规范法律监督程序，提高法律监督水平。

三、机制建构：建立检察机关自身反腐倡廉"345"体系

在反腐斗争的高压态势下，作为法律监督机关，面对新情况、新形势、新变化，检察机关在加快推进自身反腐倡廉建设中，要坚持三项原则、加强四大建设、建立健全五大机制，构建自身反腐倡廉的"345"体系。

（一）坚持三项原则，推进检察机关自身反腐倡廉建设的系统化

首先，坚持事先与事后相结合的原则。即在加强自身反腐倡廉建设中要坚持"惩防并举""标本兼治"[②]。一方面，要做好事先预防，平时结合党建活动及各项教育实践活动，开展党风廉政教育、示范教育、警示教育，并针对一些苗头性问题，抓早、抓小、抓好，做好源头治理，将消极腐败现象扼杀在萌芽状

---

① 刘冰：《试谈检察机关的自身反腐倡廉建设》，《中国检察官》2015年第5期，第10-11页。
② 刘冰：《试谈检察机关的自身反腐倡廉建设》，《中国检察官》2015年第5期，第10-11页。

态。另一方面，要做好事后惩治。对已经发生的腐败问题，要严厉查处，绝不姑息，对典型案例要加强调研分析，提出预防对策，以实现惩治一个、教育一片的震慑效果。

其次，坚持内部与外部相结合的原则。即检察机关在加强自身反腐倡廉建设中，要坚持"内外兼顾""双管齐下"。一方面，要加强内部监督。要充分发挥纪检监察组的内部监督作用，充分落实案件回访制度和办案纪律监督，开展经常性的检务督察。另一方面，要加强外部监督。正所谓"阳光是最好的防腐剂"，因此，预防司法腐败就要深入推进"阳光检察"建设。要严格执行检察权力清单制度，让法律监督权在阳光下运行；要严格落实检务公开和案件信息公开，充分利用门户网站、两微一端、今日头条、报纸杂志等全媒体及时发布检察重要工作部署、重要案件信息、重要工作成效，提高检察机关的曝光率，消除广大人民群众对检察机关的神秘感。还要充分发挥人民监督员的作用，探索社会重大影响案件邀请人民监督员列席检委会制度。此外，深入开展检察接待、接访工作，促进"检察开放日"常态化，实现检察机关与人民群众零距离接触、面对面交流，实现外部监督现场监督效果。

第三，坚持理论与实践相结合的原则。即检察机关在加强自身反腐倡廉建设时，要坚持"知行合一""理论联系实际"。一方面，要深入调查研究，总结检察机关自身反腐倡廉建设的经验方法，加强科学论证，促进经验方法向理论提升。另一方面，要注重理论联系实际，做好理论推广、指导实践，结合各地检察机关特点，加强总结改进，确保理论的可操作性。

（二）加强四大建设，推进检察机关自身反腐倡廉建设的科学化

1. 加强思想建设是根本

其一，要继续解放思想。思想是行动的先导，加强思想建设，继续解放思想就是要认清检察机关自身反腐所面临的形势，坚定理想信念，扫除思想障碍，把思想统一到以习近平同志为核心的党中央的决策部署上来。其二，要进一步加强思想教育工作。思想政治教育是检察工作的"生命线"。加强思想政治教育工作要着重内容、方式的创新。在内容上既要紧跟时代步伐，与时俱进，又要突出检察特色。要不断加强马克思主义基本理论、中国特色社会主义理论体系的学习，特别要深入学习习近平总书记的系列重要讲话精神，引导检察人员努力提升自身思想道德修养,树立正确的世界观、人生观和价值观,增强社会主义的道路自信、理论自信、制度自信和文化自信。在方法上,要充分利用微信公众号、QQ 群、微信群等新媒体丰富思想政治教育学习的方式,还要结合检察文化建设,为思想政治教育工作营造浓厚的文化氛围。其三,要注重加强宣传教育的效果。要结合党代会精神,结合"两学一做"学习教育等一系列学习教育活动,开展党风廉政建设反腐倡廉工作。要结合各地检察机关实际,加强部署,作好长期规划和短期安排,不断增强自身反腐倡廉教育的针对性和实效性。反腐倡廉教育既要进行总体部署,也要分阶段分重点地开展宣传教育活动;既要深入实际,加强调查研究,及时掌握检察人员的思想动态,采取个别谈心、集中座谈、专家授课等形式多样的宣传教育方式,来提高检察人员对反腐倡廉建设重要性的认识;又要通过开展演讲比赛、组织观看警示片、组织参观警示教育基地等,来丰富宣传教育活动,促进反腐倡廉宣传教育更具吸引力、感染力和说服力,进一步增强教育效果,提高检察人员拒腐防变能力,筑牢防腐墙。

2. 加强组织建设是保障

其一,加强领导班子建设。要本着"调优、配强、激活、用足"的原则,按照"忠诚 干净 担当"的标准,把那些思想解放、立场坚定、求真务实、有作为、敢担当的党员干部充实到党组、党支部领导班子,选强配齐党组、支部领导班子,提高班子抓党建水平。其二,加强党员队伍管理。坚持"三会一课"制度,严格党的组织生活,建立检察系统党员信息资料库,加强检察机关党员管理,通过开展座谈会等形式加强与离退休党员的沟通交流。高标准做好发展党员工作,将思想觉悟高、政治纪律强、服务意识浓的年轻干部发展为党员,充实到检察机关党员队伍。其三,加强党支部建设。检察系统内部可以开展基层党支部评估定级,对每个基层党组织建设情况进行一次全面梳理,分析研判,划分先进检察机关党支部、后进涣散党支部。针对后进涣散党支部督察整改,做好帮扶,推动转化升级。

3. 加强作风建设是关键

加强检察机关作风建设,就是要严格执行中央八项规定,防止形式主义、官僚主义、享乐主义和奢靡之风反弹。在作风建设方面,检察机关领导干部要以身作则,率先垂范。既要带头学习《中国共产党章程》《中国共产党党员领导干部廉洁从政若干准则》等党内法规和《中华人民共和国检察官职业道德基本准则》《检察官职业道德规范》和《检察人员八小时外行为禁令》等规范要求,也要带头遵守党纪国法,带头遵守单位规章制度,用守规矩、讲原则的良好形象赢得信任与支持,从而促进检察机关工作作风的切实转变[①]。

4. 加强制度建设是基础

其一,要细化党风廉政建设责任制。明确党组书记总负责,分管领导抓好分管部门,党支部书记具体抓支部党建工作,明确责任分工,落实责任人,形成层层抓党风廉政建设促反腐倡廉的格局。其二,要完善党组织制度建设。围绕加强执法规范化建设的要求,完善民主决策制度、财务管理制度、干部任免制度,营造决策民主、财务公开、任人唯贤的民主机关政治环境。其三,建立现代化管理制度。将民主评议、党费收缴与新媒体结合,促进党员民主评议公开,党费收缴上网。

(三)建立健全五大监督机制,推进检察机关自身反腐倡廉建设的常态化

1. 完善机关内部横向监督制约机制

其一,加强对案件动态管理。利用检察业务统一应用系统,完善检察业务工作流程,实现对案件全天候的动态监督管理,以便及时发现并纠正案件质量隐患。其二,完善案件质量评估考核机制。对侦查监督、公诉、控告申诉、民事行政检察、刑事执行检察等业务工作,制定明确具体的案件质量标准和考核办法,既要加强自上而下的评估考核,也要组织多种刑事的精品、优质案件评比活动。其三,完善检委会监督制约机制。建立多方位、多视角的公开运行机制,健全重大疑难案件集体讨论、民主决策机制。其三,完善部门间权力制约机制。比如,联合多个职能部门,定期、不定期地开展案件质量评查等。

2. 完善检察机关上下监督制约机制

下级检察机关要积极主动接受上级检察机关的监督,要积极主动向上级检察机关汇报工作,认真执行贯彻上级检察机关的决策部署,积极接受上级检察

[①] 黄丽娜:《十八大视野下检察机关如何加强自身反腐倡廉建设》,《法制与社会》2013年第27期,第196-197页。

机关的检查和督察。上级检察机关要加强对下级检察机关的业务指导，加强检务督察和业务绩效考核，规范业务运作流程。此外，要完善下级检察长向上级检察机关的年度述职述廉报告制度。

3. 完善纪检监察专门监督制约机制

要重点加强对检察人员执行办案纪律的监督，建立一周一次随机督察，一月一次集中督察，一个季度一个专项重点督察，半年一次大督察的"四个一"督察机制，促进办案纪律督察常态化，专项重点督察季度化，通过制度化督察，严格办案纪律，规范执法办案流程，坚决杜绝办人情案、关系案，发现在执法办案中滥用权力，侵犯人民群众合法权益，影响检察机关公信力，造成不良社会影响的，要严肃处理，绝不姑息。要加强对检察权力清单运行的督察，监督检察人员是否严格按照权力清单行使法律监督权力。在执法办案中发现有超越权力清单的行为，要及时制止，造成恶劣影响的要加强教育，严肃处理。要完善问责机制。严格落实案件质量终身负责制，配套制定责任追究机制，要紧紧围绕人民满意度和人民群众普遍关注的司法不公、执法不严、权力滥用等问题，加强督促检查，严肃查处检察机关自身违纪违法案件，如前述两个案件，积极回应人民群众关切，树立司法公信力。

4. 完善人民监督专业监督制约机制

其一，完善人民监督员选任机制。为避免选任的人民监督员因法律知识淡薄导致监督效果不明显，在选任人民监督员时，要充分考虑人民监督员的专业背景，要选聘那些既能代表人民意愿，又有法学专业背景，能够忠实履行监督职责的人担任人民监督员，以实现促进司法公正，实现人民监督员制度设计的初衷。其二，完善人民监督员管理制度。建立人民监督员信息库，实现对人民监督员的动态管理。加强对人民监督员专项业务和保密培训，让人民监督员充分掌握其监督案件的范围，熟知人民监督员的保密纪律，即不得泄露涉及国家秘密、商业秘密、个人隐私和未成年人犯罪的案件信息。加强对人民监督员的考核，建立人民监督员履职情况通报制度，由检察机关向司法部门通报人民监督员履职情况，对不忠实履行人民监督员职责的应当给予劝勉，乃至解聘。其三，完善人民监督员知情权保障机制。建立案件通报机制，承办检察官应当向参与具体案件监督的人民监督员通报案件办理情况，并提供案件事实、证据和法律适用等材料。必要时，还要为人民监督员查看犯罪嫌疑人相关录音录像提供便利。

5. 完善检务公开外部监督制约机制

其一，依托智慧检察打造阳光检察。充分利用门户网站、检察机关案件信息管理系统、"两微一端"等平台，及时主动公开案件信息，便利公众查阅监督，实现办案过程透明化。其二，完善检察开放制度。严格落实检察接待制度，完善检务接待中心建设和制度完善，建立律师查阅案件、案件分流、控申接待"一站式"服务，落实"接待热心、倾听耐心、记录细心、回访真心、释法有心"的控诉接待"五心级"服务。其三，促进检察开放日常态化。依托党风廉政教育暨职务犯罪警示教育基地，加强检察文化建设，接待机关单位部门干部职工现场参观，邀请人大代表、政协委员、学校师生等社会各界代表现场监督检察工作。其四，深入开展"六进"活动。以检察机关送法"进机关、进企业、进社区、进街道、进农村、进学校"活动为平台，深入基层，密切与基层群众的联系，俯下身倾听群众的法律诉求，沉下心想群众之所想，深化为民服务意识，既能为群众提供法律咨询，提升基层群众法律意识，又能在深入群众中，受教育、受监督，获取改进检察工作的意见建议，改进检察工作，推进检察机关自身反腐倡廉建设深入发展。

综上所述，在改革进入攻坚期的关键时刻，在反腐败斗争形势依然严峻复杂的态势下，面对新情况、新问题和新要求，检察机关只有坚持三项原则，不断加强思想建设、组织建设、作风建设和制度建设，建立健全五大监督机制，构建检察机关自身反腐倡廉的"345"体系，才能建立人民满意的检察机关，才能不断提升司法公信力，促进检察事业持续健康发展。

检察行政公益诉讼：实践考察和制度完善[①]

——以全国首例与广西首例检察行政公益诉讼案为切入点

摘要： 自党的十八届四中全会明确提出了"探索建立检察机关提起公益诉讼制度"以来，我国在推进检察行政公益诉讼制度的进程中，经历了"顶层设计、法律授权、试点先行、立法保障、全面推进"探索与实践的五个阶段，行政公益诉讼制度也取得了阶段性成果。但是在司法实践中，检察行政公益诉讼制度在诉讼主体、诉讼范围、诉讼程序、举证责任、检察撤诉、配套机制等方面均存在一些具体问题，因此，基于比较法视野，借鉴域外行政公益诉讼制度的有益经验，充分发挥检察机关的法律监督职能，切实做到"七个进一步"，是不断完善检察行政公益诉讼制度设计的必由之路。

关键词： 行政公益诉讼；比较法；法律监督；检察建议

党的十八届四中全会明确提出"探索建立检察机关提起公益诉讼制度"决定。随后，最高人民检察院经全国人大常委会授权，在北京、福建、贵州、甘肃、内蒙古等13个省（市、自治区）检察机关开展提起公益诉讼试点工作，并先后出台了《检察机关提起公益诉讼试点方案》《人民检察院提起公益诉讼试点工作实施办法》，两份规范性文件，对试点工作作出了具体部署。经过两年的试点探索，检察行政公益诉讼制度的探索与实践取得了阶段性的重大成果，并走出了一条具有中国特色的公益司法保护道路[②]。2017年7月1日，施

[①] 本文荣获2016—2017年度广西行政法学年会优秀论文一等奖、第三届上海司法高峰论坛三等奖。

[②] 王治国、史兆琨：《检察机关提起公益诉讼成为全面深化改革的一个典型样本》，《检察日报》2017年11月12日，第3版。

行最新修订的《行政诉讼法》,以法律的形式明确了检察机关提起行政公益诉讼制度,自此,行政公益诉讼开始在全国范围内全面铺开。尽管在推动检察公益诉讼制度的过程中,我国完整经历了顶层设计、法律授权、试点先行、立法保障、全面推进探索与实践的五个阶段[①],但是在司法实践中,在诉讼主体、诉讼范围、诉讼程序、举证责任、配套机制等方面依然存在不少具体问题,需要进一步完善。据此,本文从两个案例出发,在深入阐述行政公益诉讼基础理论的基础上,考察域外行政公益诉讼制度的有益经验,分析我国行政公益诉讼实践情况,对当前我国检察行政公益诉讼存在的问题加以分析,并提出相应对策,以期对完善我国检察行政公益诉讼制度提供一些建设性意见。

一、问题提出:全国首例与广西首例检察行政公益诉讼案分析

(一)案件回顾

1. 全国首例检察行政公益诉讼——山东省庆云县人民检察院诉县环保局不依法履行职责案[②]

山东省庆云县人民检察院诉县环保局不依法履职一案是全国人大常委会授权检察机关提起公益诉讼试点工作后,官方公布的全国首例检察行政公益诉讼案件。该案一开始就受到了理论界和实务界的广泛关注,引起了社会的热烈讨论和学术的百家争鸣。早在2014年10月,山东省庆云县人民检察院在审查庆顺公司污水处理厂厂长涉嫌污染环境罪案件时,发现后者在未通过建设项目环保设施竣工验收的情况下,从2008年8月开始,就进行环保型纸用染料项目的违法生产,年产量高达12000吨。与此同时,还排放了大量污水,严重污染了环境,遭到当地群众多次举报。对此,当地党委政府高度重视,责成环保部门严格履行监管职责。庆云县环保局也多次对庆顺公司进行行政处罚,但是,在监管过程中存在违法行为。为此,2014年5月、2015年1月,县检察院先后向庆云县环保局发出了两份检察建议,督促后者依法履行监管职责。庆云县

[①] 王治国、史兆琨:《检察机关提起公益诉讼成为全面深化改革的一个典型样本》,《检察日报》2017年11月12日,第3版。

[②] 邢婷:《全国首例行政公益诉讼案件背后:检察机关如何介入》,《中国青年报》2016年9月13日,第10版。

环保局虽然给予了回复，但仍未依法正确履行监管职责，致使群众反映的污染问题一直未得到有效解决。为促进依法行政、维护国家和社会公共利益，经过诉前程序后，庆云县检察院于 2015 年 12 月以县环保局为被告，向法院提起行政公益诉讼，请求确认县环保局批准未通过建设项目环保设施竣工验收的庆顺公司进行试生产、试生产延期的行政行为违法，撤销其违法行政处罚决定，并责令县环保局依法履职。2016 年 5 月 6 日该案开庭审理，6 月 20 日公开宣判，法院一审判决支持了检察机关的诉讼请求。自此，官方认可的全国首例行政公益诉讼告一段落。

2. 广西首例检察行政公益诉讼案——宾阳县人民检察院向县水产畜牧局发出行政公益诉讼诉前检察建议

2017 年 8 月，宾阳县人民检察院在梳理该院办理的县水产畜牧局工作人员涉嫌玩忽职守案时发现，县水产畜牧局作为中央财政现代化农业——优势水产品产业发展资金项目法定监督管理机构，未能认真贯彻落实中央支持、发展现代化农业政策，未能严格履行法定监督职责，致使中央财政"池塘改造"专项补助资金损失人民币 113.99 万元。发现案件线索后，宾阳县人民检察院呈报南宁市人民检察院，为了保证案件质量，两级检察机关专门召开了专题会议，研讨案件审查方向、证据把握关键、文书制作规范等各环节问题，最终形成统一意见，并由宾阳县人民检察院向未依法履行职责的县水产畜牧局依法发出行政公益诉讼诉前检察建议，督促其履行职责。

（二）案件分析

山东省庆云县人民检察院诉县环保局不依法履行职责一案，是在全国人大常委会授权最高人民检察院在部分地区开展公益诉讼试点工作期间提起的，是一种探索实践。当时，其诉讼主体、诉讼程序主要依据《检察机关提起公益诉讼改革试点方案》以及《人民检察院提起公益诉讼试点工作实施办法》。就整体而言，该案诉讼程序较为完整，诉前程序、诉讼程序等各个环节也比较清晰。而广西首例检察行政公益诉讼案是在公益诉讼制度在全国范围内全面铺开的背景下提出的。尽管有试点地区的经验总结和模式样本可以借鉴，但是其整个流程也只止步于诉前程序——向未依法履行职责的行政机关发出诉前检察建议。检察建议作为检察机关履行法律监督的一种重要方式，在行政公益诉讼中,是诉前必经程序,也能达到监督行政机关依法履行法定职责的目的。但是,如果行政机关在接到检察建议后,仍未及时对检察机关提出的建议进行整改落实,依法履责,就不能实现检察行政公益诉讼的最终目的。在此情况之下,检察机关以行政机关为被告提起行政公益诉讼,以维护国家和社会公共利益,就非常必要。

就全国和广西的两个案例来看,提起检察行政公益诉讼的依据是十二届全国人大常委会第十五次会议作出的《关于授权最高人民检察院在部分地区开展公益诉讼试点工作的决定》和《检察机关提起公益诉讼改革试点方案》《人民检察院提起公益诉讼试点工作实施办法》,以及2017年7月1日实施的新《行政诉讼法》,检察机关依据这些授权性规定和后期的立法完善获得了行政公益诉讼的原告资格,依法享有对在履行职责中发现的污染环境、食品药品安全等领域侵害国家和社会公共利益的行为提起诉讼的权力。也明确检察机关提起行政公益诉讼的诉前程序。在现实中,行政机关违法行使职权损害国家和社会公共利益的行为屡屡发生,检察机关作为法律监督机关,提起行政公益诉讼,履行对行政权的法律监督职能,是检察机关立足本职的题中之意。但是,就前述两个案件可以发现,在推进检察行政公益诉讼探索与实践之初,就面临着不少突出的问题。

其一,检察行政公益诉讼制度先行与立法滞后的冲突。尽管,党的十八届四中全会通过的《中共中央关于全面推进依法治国若干重大问题的决定》明确提出"探索建立检察机关提起公益诉讼制度""检察机关在履职时发现行政机关违法行使职权或不行使职权的行为,应该督促其纠正"。2015年7月,全国人大常委会也作出了《关于授权最高人民检察院在部分地区开展公益诉讼试点工作的决定》,随后最高人民检察院也正式下发《检察机关提起公益诉讼改革试点方案》和《人民检察院提起公益诉讼试点工作实施办法》等规范性文件,对试点案件范围、诉讼主体、诉讼程序、权利义务、诉讼请求等都作出了明确规定。但是,在试点期间,有关行政诉讼原告的规定依然是行政行为的相对人及其有利害关系的公民、法人或者其他组织。在试点期间,当时的《行政诉讼法》及其他法律法规仍未对行政公益诉讼制度进行明确规定。直到2017年6月27日,全国人大常委会通过了修改民事诉讼法和行政诉讼法的决定,并于7

月1日开始实施，才以法律形式明确规定了检察机关提起公益诉讼制度。这种改革先行和立法滞后的矛盾依然突出，使得检察机关提起行政公益诉讼仍然面临着一个能与不能的尴尬境地。

其二，检察机关提起行政公益诉讼主体资格定位尚不明确。最高人民检察院下发的《检察机关提起公益诉讼改革试点方案》《人民检察院提起公益诉讼试点工作实施办法》以及2017年7月1日施行的《行政诉讼法》只是规定了检察机关的"公益诉讼人"的身份，即在行政机关违法行使职权或不作为，造成国家和社会公共利益受到侵害时，公民、法人和其他社会组织又没有直接的利害关系，没有也无法提起诉讼时，可以向法院提起行政公益诉讼。理论界也有不少"作为法律监督机关，检察机关天生就该享有提起行政公益诉讼的主体资格"的论断。如武汉大学环境法研究所秦天宝教授就认为，作为法律监督机关，检察机关对行政机关有抗衡能力，由检察机关作为公共利益代表人，充当行政公益诉讼原告，不仅合适也切实可行[①]。但是，如前所述，现行法律法规中关于检察机关参与行政公益诉讼的方式，是直接提起诉讼还是参与诉讼抑或是督促诉讼还未有明确规定。如此，在检察行政公益诉讼中，检察机关居于"控辩审"三角关系中何种位置？作为"公益诉讼人"的检察机关是否相当于行政诉讼中的原告，还是作为"诉讼参加人"，只是作为行政机关的监督机关参与行政公益诉讼，还是兼具"行政公益诉讼原告"和"诉讼参加人"的双重身份，需要法律法规进一步明确。

其三，检察队伍整体素质与行政公益诉讼制度要求还有一定差距。作为法律监督机关，我国检察机关不仅要履行对行政执法和司法审判的监督，还要履行侦查活动监督和执行监督等职能工作。在案多人少矛盾突出的情况下，增加行政公益诉讼职能，检察人员将面临新工作压力和专业领域的挑战。行政公益诉讼案件多涉及生态环境、自然资源、国有资产、食品药品安全、国有土地使用权出让等领域，专业性较强，这对检察人员的专业技能和综合素质提出了更高的要求。如果检察人员在履行法律监督职责时，对所要提起的行政公益诉讼所涉及的关键环节难以把握，不仅影响诉讼效率，而且不利于对社会公共利益

[①] 刘子阳：《检察机关"官告官"破监督乏力难题》，《法制日报》2015年1月12日，第5版。

的保护。因此,针对行政公益诉讼,检察人员需要不断提高专业技能和综合素质,以满足人民群众的法律诉求。

二、理论考察:检察行政公益诉讼制度的法理基础

(一)概念界定

1. 公共利益

检察行政公益诉讼的根本目的是保障公共利益,因此必须首先明确公益利益的内涵。而对公共利益的表现形式,当前我国理论界存在不同观点。一种观点认为,在现实社会生活中并不存在真正现实的公共利益[①]。这一观点尽管不占多数,但是观点自成一派,且具有一定的影响力。而另一种观点认为,法律意义上的公共利益在现实生活中确实存在。持这一观点的专家学者从不同角度对公共利益进行了界定。其中基于功利主义论的专家学者认为,公共利益就是最大多数人的根本利益。基于公共需求论的专家学者认为,公共利益的主要构成包括公共道德的建立与维护、公共秩序的安全与和平、社会弱势群体的利益平衡与保护、社会资源与机会的合理分配和利用,等等。而从法律角度解读社会公共利益的学者,将公共利益定义为,公共利益是形成于公众的公共生活内,而后为全体人民所共同拥有的内容[②]。本文认为法律意义上的公共利益确实存在,且在当前现实社会生活中,公共利益在多个层面上在法律制度中都有涵盖,且体现国家和社会公众的利益。

2. 公益诉讼

公益诉讼,从解释循环学的角度来看,就是为公共利益而提起的诉讼。公益诉讼最早可以追溯到古罗马法学家乌尔比安(Domitius Ulpianus)关于"公法"与"私法"的划分。维护国家利益的法律即公法,维护私人权益的法律即私法。据此,古罗马法中又将诉讼分为公益诉讼和私益诉讼。但是这里的私益

[①] 孔祥俊:《公益诉讼与诉权扩张》,《人民法院报》2005年9月5日,第23版。

[②] 周孜予、张弛:《与议行政公益诉讼原告资格》,《黑龙江省政法管理干部学院学报》2013年第3期,第24页。

诉讼仅仅只维护国家利益的诉讼[①]。而随着人类社会的发展,当下的公益诉讼不单单限于包括维护国家利益的案件,更涵盖了与人们生活息息相关的生态环境、自然资源、食品安全等公共利益的案件。就我国现阶段而言,学界关于公益诉讼的研究不少,对公益诉讼也有诸多论述,但是对公益诉讼的界定也还未形成共识。比如,中南大学颜运秋教授从经济公益的角度界定公益诉讼,认为公益诉讼就是对于侵犯国家利益、社会公共利益的行为,任何组织和个人都可以根据法律授权向法院提起诉讼的司法活动[②]。而最高人民法院行政审判庭法官梁凤云博士认为公益诉讼是一种以诉讼标的为标准划分的诉讼类型,是行政诉讼的一种。民事诉讼中涉及公共利益的,就是民事诉讼,而不是公益诉讼[③]。清华大学李刚博士在其论文《公益诉讼研究》中,依据适用诉讼法的性质或被诉对象的不同,将公益诉讼区分为民事公益诉讼和行政公益诉讼,认为公益诉讼是指对侵犯国家利益、社会公共利益或者不特定的他人利益的行为,特定的国家机关、相关团体和个人,可以根据法律授权向法院提起诉讼的司法活动[④]。将公益诉讼定位为经济公益诉讼的目的是借此解决经济法的可诉性问题,以期将经济公益诉讼发展为可解决经济违法者的刑事责任、民事责任和行政责任的一体化万能诉讼程序,这种不加区分诉讼类型和被诉客体,将所有涉及公共利益的案件打包式地装入一个箩筐,显然过犹不及了。而将公益诉讼等同于行政公益诉讼,难以涵盖社会公共利益涉及的所有范围,也限制了当事人的程序选择权。因此,本文持李刚博士的观点,将公益诉讼依据适用诉讼法和被诉客体的区别划分为行政公益诉讼和民事公益诉讼,这样可以全面涵盖侵害社会公共利益的所有范畴。

3. 行政公益诉讼

对于民事公益诉讼,现行《民事诉讼法》及其司法解释明确了法律规定的有关机关组织,对于污染环境和侵害众多消费者合法权益的案件,有权提起公

[①] 王珂瑾:《行政公益诉讼制度研究》,山东大学出版社 2009 年版,第 37 页。

[②] 颜运秋:《公益诉讼理念研究》,中国检察出版社 2002 版,第 52 页。

[③] 梁凤云、武楠:《关于公益诉讼的几大误区》,《人民法院报》2002 年 9 月 21 日,第 2 版。

[④] 李刚:《公益诉讼研究》,清华大学 2003 年博士学位论文。

益诉讼。而对于行政公益诉讼，如前所述，除了《人民检察院提起公益诉讼试点工作实施办法》、2017《行政诉讼法》等相关规范性文件赋予检察机关提起行政公益诉讼的权力外，现行法律法规对检察行政公益诉讼的具体方式仍未有专门规定，而学界对于行政公益诉讼的内涵也没有达成统一共识。中国政法大学马怀德教授鲜明地认为行政公益诉讼就是为了维护社会公共利益而提起的诉讼，被诉行为是行政机关的作为或不作为，原告应与被诉行为有直接的利害关系[5]。而南京大学王太高教授则认为，行政公益诉讼就是公民、法人或者社会组织对损害社会公共利益的行为提起的诉讼。[6] 中南大学颜运秋教授认为，行政公益诉讼具有预防功能，是对行政机关的违法作为或者不作为损害或者即将损害社会公共利益时，公民、法人或者有关机关可以向法院提起诉讼的司法活动[7]。纵观学者对行政公益诉讼的界定可以看出，不同学者对行政公益诉讼的认识和理解都各有侧重，马怀德教授认为行政公益诉讼的原告必须是公民，且与案件有实质联系，这与现行"民告官"的行政诉讼制度相符，可以防止滥诉现象的发生，但是对于原告适格主体的限定较死，对于涉及环境资源侵害、国有资产侵害等案件，侵害的对象不确定，则无法找到适格原告。而王太高教授将行政公益诉讼的原告范围扩大，但是对于行政公益诉讼的对象限定于行政机关损害公共利益的行为，不能全面涵盖侵害公共利益的所有行为。颜运秋教授将损害社会公共利益的行政作为和不作为都纳入行政公益诉讼的对象范畴，补充了王太高教授论述的不足。尽管如此，从这些不同观点中可以发现，行政公益诉讼的起诉主体呈现出多元化的趋势，包括公民、法人、有关组织和有关机关。据此，可以将行政公益诉讼定义为"公民、法人、有关机关、组织对行政机关的违法作为或者不作为侵害或者即将侵害社会公共利益的行为，向法院提起诉讼的司法活动"。而检察行政公益诉讼就是对于行政机关违法行使职权或者不作为，造成国家和社会公共利益受到侵害的，检察机关根据法定授权向法院提起诉讼的司法活动。

---

[5] 马怀德：《行政诉讼法原理（第二版）》，法律出版社2009年版，第452页。

[6] 王太高：《论行政公益诉讼》，《比较法研究》2003年第2期，第42页。

[7] 颜运秋：《公益诉讼理念研究》，中国检察出版社2002版，第52页。

（二）理论基础

检察行政公益诉讼已完成试点先行到全面推开的过渡，在此基础上，考察其理论基础，不仅可以检视检察行政公益诉讼制度运行法理基础，而且可以明晰检察行政公益诉讼制度的完善思路。梳理考察检察行政公益诉讼的理论基础，可以概括为以下几种理论。其一，公益有限理论。检察行政公益诉讼的根本目标在于保障国家和社会公共利益，如何界定公共利益便是完善检察公益诉讼制度的基础命题。如前所述，法律意义上的公共利益就是体现国家和社会公众的利益。而公益有限理论指出，任何合法正当的公共利益都是有限的，在一定程度上，都有归属主体、内容范围、表现形式、目的指向、效果功能等方面的界限，因此就应当有对应的在性质、职能、地位上相匹配的国家机关采取相应的保障措施[1]。据此，检察机关通过公益诉讼方式所保障的公共利益也是有限的。其二，宪法授权理论。宪法作为国家的根本大法，不仅明确了公民享有批评、建议、申诉、控告、检举和取得赔偿的基本权利，而且明确了检察机关的法律监督权力。这既为检察机关提起行政公益诉讼提供了法律依据，也赋予了检察行政公益诉讼的宪法权力。其三，当事人适格扩张理论。当事人适格其实就是公民、法人或者其他组织（包括有关机关）向法院提起诉讼时符合原告资格的条件。我国现行《民事诉讼法》《行政诉讼法》都明确诉讼案件必须有适格当事人，即作为诉讼原告必须与案件之间有直接关系或利害关系。如前所述，随着社会的发展，在环境污染、自然资源破坏、侵害国有资产、行政不作为等侵害社会公共利益的案件中找不到适格的原告，针对此类侵害公共利益的案件，应当对当事人适格进行扩张，有关组织或者有关机关提起公益诉讼，有利于维护国家和社会公共利益。而作为法律监督机关的检察院，就天然地具有此类案件原告的资格。其四，诉讼类型化理论。诉讼类型化就是依据既定的标准，将诉讼的具体形态格式化，以促进当事人起诉和法院裁判的规范化运作。检察行政公益诉讼的类型化要综合考虑主观诉讼与客观诉讼、民事公益诉讼与行政公益诉讼、提起公益诉讼与参与公益诉讼以及环境资源保护、国有资产保

---

[1] 高家伟：《检察行政公益诉讼的理论基础》，《国家检察官学院学报》2017年第2期，第19-29，170页。

护、食品卫生安全等不同案件类型的区别,以对检察行政公益诉讼进行细致分类,明确检察行政公益诉讼的特殊性[①]。

三、域外实践:欧美等国家行政公益诉讼制度扫描及启示

欧美等国家关于行政公益诉讼制度发展较早,立法也较完善,经过多年的司法实践,已成为维护国家和社会公共利益的重要手段。因此,通过扫描欧美等国家行政公益诉讼制度的基本情况,总结其实质特点,可以为完善我国行政公益诉讼提供一些有益的经验借鉴。

(一)欧美等国家行政公益诉讼制度扫描

通过查阅相关资料,梳理欧美等国家行政公益诉讼制度,可以发现欧美等国家公益诉讼制度主要有普遍参与模式、偏重民事公益诉讼模式和偏重行政公益诉讼模式三种。

1. 普遍参与模式

英美等国家在公益诉讼制度中采取的是普遍参与模式,即无论是政府机关、社会团体还是利害相关人,都可以提起或参与公益诉讼。英国的公益诉讼主要是总检察长提起或授权他人、组织或者地方政府提起公益诉讼——总检察长有权代表公众提起公益诉讼,也有权授权他人或组织提起诉讼,地方政府机关经检察长同意,可以以自己的名义提起与辖区内居民利益相关的诉讼。此外,公共交易总局局长有权对垄断、不正当竞争等侵害公共利益的行为提起诉讼;种族平等委员会、平等机会委员会有权对涉及种族和性别歧视的行为和宣传提起诉讼;其他一些机关或组织,如公共卫生监察员、专利局局长有权在辖区内代表公众提起民事诉讼[②]。而美国公益诉讼制度较为健全。在世界范围内,美国是最先建立了现代公益诉讼制度和最先在环境保护法律体系中建立公益诉讼性质的公民诉讼制度的国家。在美国法律中,公民为了维护社会公共利益,有权对企业或其他组织违反法定环保义务、损害公共资源、污染自然环境的行

---

① 高家伟:《检察行政公益诉讼的理论基础》,《国家检察官学院学报》2017年第2期,第19-29,170页。

② 王学成:《英国的行政公益诉公制度及其启示》,《政法学刊》2004年第10期,第41页。

为或行政机关不履行法定职责提起诉讼。在环境保护领域，1970年《清洁空气法》首次确立了公民诉讼制度，明确公民诉讼的原告可以是公民、地方政府或非政府组织，也就是说"任何人均可对违反环保法律的行为提起诉讼，而不要求与诉讼标的有直接利害关系"。而在其他领域，美国公益诉讼制度的运用也较为广泛，从1863年的《反欺骗政府法》到后来1914年的《克莱顿法》等，都明确规定国家机关和公民个人可以提起民事公益诉讼。后者法条第15条就明确规定，对于违反反托拉斯法造成的损害，任何人、公司、联合会都可以提起诉讼和获得救济。美国还在《联邦地区民事诉讼规则》中，对公民诉讼的相关程序问题进行了规定，解决了公民的当事人适格问题[①]。

2. 偏重民事诉讼模式

法国、德国等国家公益诉讼制度采取偏重民事公益诉讼模式。法国作为现代检察制度的发源地，也是最先实行检察机关提起公益诉讼制度的国家。其在1806年通过的民事诉讼法典中规定了检察机关参与民事公益诉讼制度，此后为其他国家纷纷效仿。大革命后，检察官被定位为国家法律的守护人和社会公共利益的保卫者[②]。在这一模式下，检察院作为主当事人或从当事人参加诉讼。此外，在法国如作家协会、省狩猎联盟、防止酒精中毒委员会、家庭保护全国联合会、工会等社会团体也可依法提起公益诉讼。而在德国，对公益诉讼制度的范围限定得较为狭窄，主要形式包括团体诉讼和检察官诉讼。德国民事诉讼法中明确规定，检察官对于确认婚姻无效案、雇佣劳动案、申请禁治产案等可以提起或者参与诉讼。此外，德国法律中还明确了特定领域中具有法人资格团体的当事人资格，可以为团体成员利益受损提起赔偿诉讼。

3. 偏重行政诉讼模式

日本检察制度建立于明治政府时期，主要效仿法国明确了检察机关可以作为公益代表人提起或参与诉讼的权利。日本行政公益诉讼制度主要体现为"民众诉讼"和"住民诉讼"两种制度。前者规定在日本1962年《行政诉讼法》

---

① 李北辰：《检察机关行政公益诉讼研究》，东北林业大学2016年硕士学位论文。

② 梁景明：《检察制度的多元发展刍议——基于检察制度起源的比较考察》，《法学杂志》2009年第9期，第13-16页。

中，指为了纠正国家机关或公共团体的违法行为，民众有权以选举人资格提起诉讼。后者则规定在日本1948年《地方自治法》中，指对于地方公共团体长官等实施了不当或违法的财产管理处分及公款支出时，住民有权通过监察委员经过检察请求提起诉讼。

（二）欧美等国家行政公益诉讼制度启示

分析总结欧美等国家行政公益制度的实践，对完善我国检察行政公益诉讼制度具有一定的借鉴意义。首先，基于保护公益的制度设计初衷。不管是英国、美国等海洋法系国家，还是法国、德国、日本等大陆法系国家，立法者都是充分考虑本国法律传统和司法环境，设计出符合本国实际的公益诉讼制度和诉讼程序，但是纵观各国公益诉讼制度设计，都充分体现了现代法治国家对社会公共利益的确认和保护，对公民基本权利的关注与重视。其次，对公益代表人身份的确定。尽管不同国家在法律层面上对公共利益的界定有所区别，但是都有法律保护公共利益共识。多数国家还以法律的形式确认了检察机关公共利益代表人的身份，个别国家甚至明确了检察机关公益诉讼参与人资格。再次，对公益诉讼范围确定。尽管各国政治经济结构不同，但各国对公共利益界定的维度较为广泛，涵盖公民人身权利、生态环境与自然资源保护、国家资产保护、经济社会秩序等领域。这为我国检察行政公益诉讼制度的完善与丰富提供了可借鉴的样本。最后，不同公益诉讼模式设计。基于不同形式公共利益的保护，欧美等国家检察机关参与公益诉讼的方式不同，如前所述，有英美等国的普遍参与模式，有法德等偏重民事诉讼模式，有日本偏重行政诉讼模式。这些为我国公益诉讼模式的设计提供了宝贵经验。

四、现状分析：我国检察行政公益诉讼实践情况

（一）基本情况及特点

从党的十八届四中全会提出"探索建立检察机关提起公益诉讼制度"，到十二届全国人大常委会第十五次会议授权最高人民检察院在北京、福建、内蒙古、云南、贵州等13个省（市、自治区）检察院开展提起公益诉讼试点工作。经过两年的努力探索与实践，可以说，在一定程度上，试点各地检察机关在提起行政公益诉讼方面积累了经验，取得了成绩。截至2017年6月底，全国试

点地区检察机关在履行职责时发现公益诉讼案件 11226 件，其中，行政公益诉讼案件 10057 件，占 89.59%；办理公益诉讼诉前程序 7903 件，其中，行政公益诉讼诉前程序案件 7676 件，占 97.13%；向人民法院提起公益诉讼 1150 件，其中行政公益诉讼 1029 件，占 89.48%；行政公益诉讼附带民事公益诉讼 2 件，占 0.18%；人民法院共审结 458 件，其中，行政公益诉讼 439 件，占 95.85%，行政公益附带民事公益诉讼 1 件，占 0.22%[①]。

2017 年 7 月 18 日，最高人民检察院召开全国检察机关全面开展公益诉讼工作电视电话会议，总结了公益诉讼制度试点工作，部署下一步公益诉讼制度推广工作。自此，检察公益诉讼制度在全国范围内全面铺开。截至 2017 年 9 月底，检察公益诉讼制度全国铺开短短三个月，全国检察机关共收集公益诉讼线索 6399 件，其中行政公益案件线索 5692 件，占 88.95%；共提出检察建议和发布公告 2916 件，其中，行政公益诉讼诉前程序案件 2843 件，占 97.5%；向法院共提起公益诉讼 19 件，其中行政公益诉讼 1 件，占 5.26%[②]。

对最高人民检察院通报的情况进行系统梳理和分析，可以概括出检察行政公益诉讼制度，从试点实践到全国铺开的整体情况具有以下三个特点：

1. 检察行政公益诉讼具有一定的规模数量

从试点情况来看，2016 年 6 月、2016 年 12 月和 2017 年 6 月份，各试点地区收集的行政公益诉讼的案件线索和所占总数的比例分别为：242（87.05%）、797（96.02%）、1793（93.87%）。而公益诉讼制度在全国铺开后，就 2017 年 7、8、9 三个月的数据来看，全国各地收集的行政公益诉讼的案件线索和所占总数的比例分别为：1853 件（80.18%）、1846 件（94.47%）、1993 件（93.39%）[③]。从这两个数据可以看出，检察行政公益诉讼案件具有大量的案件基础，从试点实践的摸索中一个月 242 件到试点最后的一个月 1793 件，随着试点经验的积累，案件总量在逐月上升，且每个月的数量都占到公益诉讼案件总量的八九成。可见，检察机关提起行政公益诉讼制度具有很大的可为空间。

---

① 数据来源于最高人民检察院内部情况通报。
② 数据来源于最高人民检察院内部情况通报。
③ 数据来源于最高人民检察院内部情况通报。

2. 检察行政公益诉讼处理方式多集中在诉前程序上

以 2016 年 12 月底的数据为例，试点各地累积收集的行政公益诉讼案件线索 4886 件，累积办理行政公益诉讼诉前程序 3763 件，占到案件线索总数的 77.06%，最后累积提起行政公益诉讼案件 437 件，占案件线索的 8.94%，占办理诉前程序案件的 11.61%。而从 2017 年 6 月底的数据来分析，也可以看出大体一致的规律。检察公益诉讼制度试点两年，试点地区累积收集行政公益诉讼案件线索 10057 件，累积办理行政公益诉讼诉前程序案件 7676 件，占到案件线索总数的 76.32%。检察公益诉讼制度在全国铺开后的情况也基本如此。如 2017 年 7 月份，全国检察机关共收集行政公益诉讼案件线索 1853 件，办理行政公益诉讼诉前程序 777 件，占案件线索总数的 41.93%[①]。

3. 检察行政公益诉讼成效明显

从检察行政公益诉讼试点到全国全面铺开的探索与实践来看，一方面，从国家层面而言，有力地促进了国家和社会公共利益的维护，有效地推动了依法行政和法治政府建设，比如在部分地区，检察行政公益诉讼纠正了长期以来国家和社会公共利益受损的现象。比如各级行政机关对检察行政公益诉讼给予了高度重视和积极配合，对于检察机关办理行政公益诉讼过程中，发出的行政公益诉讼诉前程序检察建议，都给予了及时整改和回复。以试点地方为例，截至 2017 年 7 月份，两年的试点实践，福建省检察机关累积办理行政公益诉讼诉前程序案件 621 件，行政机关在收到检察建议后，一个月期限内积极整改及时回复 460 件，整改率 74.07%。甘肃省检察机关累积办理行政公益诉讼诉前程序案件 323 件，一个月期限内及时整改回复 228 件，整改率 70.59%。从全面铺开后的数据来看，从 2017 年 7 月份到 9 月份，三个月中福建省检察机关累积办理行政公益诉讼诉前程序案件 115 件，一个月期限内及时整改回复 98 件，整改率 85.21%。广西检察机关累积办理行政公益诉讼诉前程序案件 5 件，一个月期限内及时整改回复 5 件，整改率 100%[②]。另一方面，就检察机关自身而言，行政公益诉讼扩宽了行政检察监督的范围，丰富了行政检察监督的手段，增强

[①] 数据来源于最高人民检察院内部情况通报。

[②] 数据来源于最高人民检察院内部情况通报。

了行政检察监督的威慑力①。

（二）存在问题

从具体实践来看，我国检察行政公益诉讼制度从实践探索到全国铺开施行，积累了制度落实经验，也取得了一定成效。但是通过前述个案分析和实践考察可以看出，当前我国检察行政公益诉讼在主体、对象、程序、证据以及相关配套机制方面仍然存在一些问题。

1. 诉讼主体问题

这主要是指在行政公益诉讼中，检察机关主体定位问题。尽管《人民检察院提起公益诉讼试点工作实施办法》和《人民法院审理人民检察院提起公益诉讼案件试点工作实施办法》中都明确规定"人民检察院以公益诉讼人身份提起行政公益诉讼"。但是后者还明确了"人民检察院的诉讼权利义务参照《行政诉讼法》关于原告诉讼权利义务的规定"。两高对检察行政公益诉讼主体地位规定的差异，导致司法实践中法检两机关对检察机关在行政公益诉讼中应当履行的义务存在较大分歧，严重影响了行政公益诉讼的效率。

2. 诉讼对象问题

这主要包括两个方面，一方面，行政公益诉讼案件范围限定过窄。如前所述，全国人大《关于授权最高人民检察院在部分地区开展公益诉讼试点工作的决定》《人民检察院提起公益诉讼试点工作实施办法》对检察行政公益诉讼的范围都有列举式的规定。2017年7月1日施行的《行政诉讼法》最终以法律形式将行政公益诉讼的范围明确为"生态环境和资源保护、食品药品安全、国有财产保护、国有土地使用权出让等领域"。尽管法定范围是非详尽式的列举，但是在司法实践中，全国各地检察机关在提起行政公益诉讼中基本都限定于四个法定领域。而在现实生活中，除了四个法定领域外，因行政机关违法行使职权和不作为致使国家利益、公共利益受侵害的案件大量存在，却由于没有特定的相对人而无法起诉，导致国家和社会公共利益无法得到及时保护和救济。因此，行政公益诉讼范围限定得过窄，在一定程度上不利于行政公益诉讼功能的

---

① 孔祥稳、王玎、余积明：《检察机关提起行政公益诉讼试点工作调研报告》，《行政法学研究》2017年第5期，第87-98页。

发挥。另一方面，案件线索发现、转化、成案较难。从司法实践的情况来看，检察行政公益诉讼案件线索很大一部分来自检察机关内部职务犯罪案件侦查、批捕、起诉等部门已经办理或者正在办理的案件。但是，由于职务犯罪案件办理的相关部门并不从事行政公益诉讼具体工作，对于行政公益诉讼的种类、范围、程序等没有清晰的认识，导致在司法实践中一定数量的案件线索的丢失。而随着国家监察体制改革的推进，检察机关职务犯罪侦查与预防职能的整体转隶，这将给行政公益诉讼案件线索的发现和转移带来新的挑战。

3. 诉讼程序问题

这主要有两个方面的问题，一方面，诉讼类型划分标准不够明确。尽管《人民检察院提起公益诉讼试点工作实施办法》分别规定了检察民事公益诉讼和检察行政公益诉讼的条件，但是并没有规定同时具备提起民事公益诉讼和行政公益诉讼条件的个案应当是适用民事公益诉讼程序，还是适用行政公益诉讼程序，抑或是适用行政公益诉讼附带民事公益诉讼程序。在司法实践中，民事公益诉讼和行政公益诉讼划分得不够明确，常常导致检察机关在提起公益诉讼时陷入选择的困惑。另一方面，诉前程序与诉讼程序衔接不连贯。从司法实践来看，诉前程序是行政公益诉讼的必经环节，具有分流案件、督促行政机关积极履责、节约司法资源等功能，就试点情况和全面铺开的司法实践来看，检察行政公益诉讼占七八成的量是在诉前程序解决的。比如在两年的试点探索中，各试点地区检察机关共在履行职责中发现行政公益诉讼案件10057件，通过诉前程序解决案件7676件，占76.39%[①]。尽管如此，在司法实践中，仍然存在诉前程序与诉讼的衔接问题。在个别案件中，检察机关在诉前程序中，向行政机关发出检察建议后，在经过了规定的一个月的期限后，行政机关才回复已经启动了相关督促程序或者已经开始整改，也就说行政机关一开始履行职责或者开始部分履行职责，但是还未充分履行职责或履职还不到位。对此，检察机关难以准确定性，行政机关是否充分履职也就成为行政公益诉讼庭审争议的焦点。

4. 证据问题

证据问题主要体现在取证难和举证责任分配不明确两个方面。取证难主要

---

① 数据来源于最高人民检察院内部情况通报。

有四个方面的原因。其一，检察机关调查取证权受限。《人民检察院提起公益诉讼试点工作实施办法》明确规定了检察机关调查核实不得采取限制人身自由以及查封、扣押、冻结财产等强制性措施。其二，行政机关的消极配合。检察行政公益诉讼，可能会进一步追究行政机关主要领导和负责人的有关职务犯罪的刑事责任，基于此的担忧，行政机关对于检察机关的调查核实，常常消极配合，甚至积极抵抗，更有甚者故意隐瞒证据。其三，委托专业鉴定成本过高。如前所述，检察行政公益诉讼案件范围主要涉及生态环境、食品药品安全、国有财产等专业性和技术性较强的领域，在司法实践中，检察机关只能委托有关机构和专家鉴定，而这些专业性的鉴定需要高额的时间和金钱成本。其四，调查取证权缺乏操作性指引规范。当前，就检察行政公益诉讼制度全国尚未形成统一的调查取证规范指引，对于询问笔录制作、程序、收集书证的手段和措施，现场勘验即勘验笔录的制作等均没有统一的规范指引。举证责任分配不明确的原因主要是当前理论界对此还未形成一个比较统一的认识[①]，而《人民检察院提起公益诉讼试点工作实施办法》对检察机关在行政公益诉讼中承担的举证责任只是笼统的规定。有人认为行政公益诉讼隶属于行政诉讼，其举证责任应当遵循行政诉讼法中"举证责任倒置"原则。也有人认为检察机关与行政机关地位平衡，已经突破了普通行政诉讼中"民告官"中的原告弱势地位，因此应当采取"谁主张，谁举证"的平均主义的举证责任模式。也有认为应当合理分配双方的举证责任，由检察机关承担提出初步证据，被告承担证明自己行政行为合法的责任。

5. 撤诉问题

《人民检察院提起公益诉讼试点工作实施办法》明确规定检察机关在行政公益诉讼过程中，被告纠正违法行为或者依法履行职责而使人民检察院诉讼请求得以全部实现的，可以撤回起诉。但是在司法实践中，有的行政机关在诉前程序中对检察机关发出的检察建议置之不理、抵抗、敷衍，却又担心败诉，在诉讼程序中又突击整改，并且确实纠正了违法行为或依法履行了职责，对此检

[①] 季美君：《检察机关提起行政公益诉讼的路径》，《中国法律评论》2015年第3期，第214-221页。

察机关是继续诉讼程序,还是请求法院判决确认违法,不好界定。

6.配套制度问题

一方面,民事行政检察部门人员配备不足问题。《人民检察院提起公益诉讼试点工作实施办法》明确行政公益诉讼职能由检察院民行部门依法履行,而长期以来,民行部门属于检察机关中相对"悠闲"的"养老部门",人员配置偏少,且基本为"老弱病残"群体。面对新增的公益诉讼检察职能,案多人少矛盾依然突出,案件技术性强、专业复杂与检察人员综合素质不高的矛盾已经突显,因此单靠现有民行部门的力量,已经难以满足保护国家和社会公共利益日益增长的公益诉讼的需要。另一方面,公益损害评估鉴定、环境损害修复资金管理等配套机制不健全,仍处于摸索阶段。

五、制度完善:基于法律监督职能的检察行政公益诉讼制度建构

我国行政公益诉讼制度虽然经过两年的试点,已经积累了一些实践经验,但是在全面推行行政公益诉讼制度的过程中,仍然面临着前述迫切需要解决的问题。因此,需要在加强实践总结和理论研究的基础上,立足检察法律监督职能,确实做到"七个进一步",不断完善检察行政公益诉讼的制度建构。

(一)进一步明确检察机关行政公益诉讼当事人适格

如前所述,对于公益诉讼,公民、法人和其他有关组织依据法律授权有权向法院提起诉讼。而对于行政公益诉讼,检察机关具有天然的优势。其一,由检察机关提起公益诉讼具有法律历史积淀。在清朝的《高等以下各级审判厅试办章程》(1907)和《法院编制史》(1909)、"中华民国"的《各省高等法院检察官办事权限暂行条例》(1927)、《地方法院检察官办事权限暂行条例》(1927)等法典条文中,都有检察官作为公益代表人参加诉讼之规定。而1949年的《中央人民政府最高人民检察署试行组织条例》、1951年的《中央人民政府最高人民检察署暂行组织条例》和《各级地方人民检察署组织通则》中也都有规定检察机关可以代表国家对事关社会利益、全民利益的民事、行政诉讼参与诉讼[1]。其二,由检察机关提起公益诉讼有丰富的域外经验。如前所述,英

---

[1] 梁聪:《检察机关行政公益诉讼原告资格研究》,苏州大学2015年硕士学位论文。

国总检察长提起或授权他人、组织或者地方政府提起公益诉讼制度；法国早在1806年通过的民事诉讼法典中明确了检察机关参与民事公益诉讼制度等。其三，由检察机关提起行政公益诉讼具有宪法优势。行政公益诉讼本身就是为了使即将被侵害或者已经被侵害的公共利益得到保护和救济。作为法律监督机关，对行政机关的违法作为或不作为而侵害社会公共利益，检察机关当然具有监督的权力。如前文所述，社会公共利益是社会公众享有的一种利益形态，当其遭遇侵害时，则需要宪法授权的公权力机关代表国家实现保障公共利益的责任，对此检察机关与其他公民、法人或社会组织相比就具有天然的宪法优势。综上所述，尽管在公益诉讼主体扩张的比较法视野下，在逐步探索建立完善公民、法人和其他社会组织的公益诉讼主体资格的同时，必须首先进一步明确检察机关在行政公益诉讼中的原告资格。2017年7月1日实施的新《行政诉讼法》明确了检察机关有权提起行政公益诉讼，下一步在《人民检察院组织法》修订中也应进一步明确检察机关行政公益诉讼的原告资格。

（二）进一步明确行政公益诉讼中检察机关的权利和义务

作为行政公益诉讼案件的原告，检察机关除了具有民事诉讼和行政诉讼中当事人享有的申请回避权、参与诉讼权、辩论权等一般权利外，还有作为法律监督机关的特殊权利。《人民检察院提起公益诉讼试点工作实施办法》第三十三条列举式规定了检察机关在行政公益诉讼中调查核实的六项权利。与此同时，也明确规定了检察机关在调查核实过程中不得采取限制人身自由和查封、扣押、冻结财产等强制性措施，这势必造成在行政机关、有关单位或者个人不予配合的情况下，检察机关调查核实的被动性，甚至对于有些部门的不配合束手无策。因此，在行政公益诉讼全面铺开的大形势下，应当从立法层面赋予检察机关在行政公益诉讼中更多的权利。

作为行政公益诉讼的参与主体，检察机关与普通原告主体提起一般民事诉讼或行政诉讼一样都必须承担证明自己符合起诉的条件，即证明侵害社会公共利益的行政行为，公民、法人、社会组织与其没有直接的利害关系，没有也无法提起诉讼。检察机关也要承担一定的举证责任，比如证明自己诉求的证据。此外，《人民检察院提起公益诉讼试点工作实施办法》第四十条明确规定检察机关在行政公益诉讼中的诉前义务，即在提起诉讼前必须向行政主体提出检察建议，督促履行职责。这些有关义务的规定，也要从立法层面加以进一步明确。

（三）进一步扩大行政公益诉讼案件范围

最新的《行政诉讼法》将检察行政公益诉讼的范围列举式地界定在"生态环境和资源保护、食品药品安全、国有财产保护、国有土地使用权出让等领域"，这样列举式的规定并不能穷尽公共利益被侵害的范围，因此，必须对"等领域"进行扩大解释，可以借鉴欧美等国家在行政公益诉讼方面的实践经验，将行政公益诉讼的范围扩张到但不限于国有资产流失、行政机关侵害自然资源、行政垄断行为、行政机关政府信息不公开、规章以下的抽象行政行为、破坏社会经济秩序、规划领域违法审批、公共建设领域违法审批、政府不当使用政府财政资金等领域。

（四）进一步明确行政公益诉讼的诉讼程序

1. 探索建立附带诉讼机制

如前所述，当前对民事公益诉讼和行政公益诉讼的划分不够明确，特别是对同时具备民事公益诉讼和行政公益诉讼条件的个案中具体适用哪一诉讼程序不明确，导致检察机关在提起公益诉讼时面临选择的困惑。比如，在行政机关对国家利益和社会公共利益直接侵害导致公众利益受损，或者行政机关违法行使职权或者不作为导致社会公共利益遭受侵害的情况下，启动行政公益诉讼诉前程序，发出检察建议，督促行政机关履行相应职责，或者提起行政公益诉讼，能够达到维护社会公共利益的目的，但是需要经过较多的诉讼程序，耗费较多的时间和司法资源。而民事公益诉讼以侵权者为诉讼对象，可以直接矫正侵权行为，相对而言效率较高，但是如此并未对行政机关的违法行为或不作为行为进行矫正。对此如何选择诉讼类型，则要综合考虑案件具体情况而定。而如果建立行政公益诉讼附带民事公益诉讼制度则可以一举两得地解决选择的困惑，并提高诉讼效率。

2. 明确检察机关提起行政公益诉讼的方式

就诉讼方式而言，检察机关提起行政公益诉讼主要有直接起诉、支持起诉、督促起诉三种方式。直接起诉，是对于行政机关违法履行职责或者不作为，造成公共利益遭受损失，公民、法人和其他社会组织没有直接利害关系、没有也无法提起诉讼的，检察机关可以直接向法院提起诉讼。支持起诉，是指对于侵害社会公共利益的行政行为,有利害关系的公民、法人和其他社会组织提起行政公益诉讼,但是由于没有专业的法律人员,而请求检察机关支持向法院提起诉讼。督促起诉,是指在国有资产流失等案件中,原告怠于行使诉讼权利,不向法院提起行政公益诉讼,保护社会公共利益,检察机关行使督促权利,督促相关主体提起诉讼。《人民检察院提起公益诉讼试点工作实施办法》和最新的《行政诉讼法》只对直接起诉进行了规定,而对于支持起诉和督促起诉并没有规定,因此在完善行政公益制度时,必须对此加以明确规定。

3. 理顺诉前程序和诉讼程序对接

在行政公益诉讼中,检察机关在向法院提起诉讼前,应当经过诉前程序,先向行政机关提出检察建议,以督促行政机关主动纠错。设立前置程序既可以防止滥诉,也可以节约司法资源。但对于诉前程序与诉讼程序的对接问题,即如何准确判断行政机关是否已经依法履职,需要区分具体情况,进行准确把握。比如在司法实践中,对于污染环境和资源破坏的案件,各地检察机关则采用"用尽行政机关执法手段""是否达到整改效果""是否停止侵害并开始恢复"等标准。对诉前程序和诉讼程序对接问题,应根据不同案件的具体情况具体分析,可以通过发布指导性案例加以指导,也可以通过司法解释或者批复的形式加以确定。

(五)进一步明确行政公益诉讼的举证责任

与一般民事诉讼和行政诉讼一样,行政公益诉讼的原被告双方也要承担为自己诉求提供证据的责任。作为"原告"资格的检察机关,如前所述,必须证明自己符合起诉条件,提供证据证明自己诉求。具体而言,必须按《人民检察院提起公益诉讼试点工作实施办法》之规定,提供相应证明材料。比如行政公益诉讼起诉书、被告违法行为或者不作为对社会公共利益造成损害、对诉讼请求和辩论观点提供证明、对已适用诉前程序提供证明,等等。而作为被告的行政机关应当对自身行政行为的合法性负有举证责任。对于抽象行政行为、政府信息公开等案件中,行政机关直接掌握着规章制度,对此适用"举证责任倒置"原则更有益于诉讼的进行。

(六)进一步明确行政公益诉讼检察机关的撤诉权

如前所述,在司法实践中,对于诉前程序中检察机关提出的检察建议,行政机关没有在规定的期限内及时回复整改，但是在诉讼程序中害怕败诉而作出整改。在这种情况下，检察机关是继续起诉还是请求确认行政机关违法比较难以把握。在现实生活中，行政机关在诉前阶段未能及时纠正违法行为或者依法履行职责并非出于故意，而是受行政职能合并、调整等不可抗拒条件所影响，且未造成严重结果的，如在诉讼阶段加以整改，检察机关的诉讼请求也能得以实现，则应当允许检察机关撤诉。这一方面可以鼓励并督促行政机关依法履行职责，另一方面在一定程度上可以缓解检察监督权与行政权的关系。因此，明确检察机关在行政公益诉讼中享有撤诉权具有现实的意义。

（七）进一步健全行政公益诉讼配套机制

其一，加强公益诉讼队伍建设。选派专业知识扎实、业务能力精通的检察人员充实民事行政检察部门；选派民事检察业务骨干参加业务技能培训、专题研讨实训、优秀庭审观摩等，提升公益诉讼能力和水平。其二，加强内外沟通协调。加强与上级检察机关的沟通联系，争取对行政公益诉讼制度落实和行政公益诉讼个案的指导；加强与地方党委、政府的沟通协调，争取对检察行政公益诉讼的理解与支持，完善公益损害评估鉴定、环境损害修复资金管理等机制，督促行政机关纠正认识偏差，及时整改落实。其三，建立健全监督机制。自觉接受人大监督，定期向人大及其常委会专项汇报行政公益诉讼工作情况；进一步加强检务公开，及时将国有资产流失、环境污染等行政公益诉讼案件通过"两微一端"、广播电视、门户网站等渠道向社会公开，接受群众监督。

调查报告篇

调查报告篇主要从基层检察院的检察数据入手，对检察数据进行统计分析，从中总结归纳出一类案件的一般特点，并对检察机关在执法办案中存在的问题进行系统分析，进而提出完善类案办理的意见、建议，而形成的调查报告类的研究成果。主要内容包括调查范围、数据分析、对策建议等。

关于农村危房改造领域职务犯罪案件的调查报告[①]

摘要：对农村危房改造给予中央资金补助是党中央、国务院着眼于"扩内需、保增长、保民生、保稳定"而作出的一项惠民政策。但由于农村危房改造工程工作涉及范围广、资金流量多、监管难度大，导致不少地区的农村危房改造领域成为诱发职务犯罪的温床。在中央农村危房改造补助资金分配及发放等环节违纪违法案件频发，直接侵害了广大农民的利益，影响社会的和谐稳定发展。当前，农村危房改造领域职务犯罪案件呈现出犯罪主体的集中性、涉案罪名的单一性、犯罪形式的多样性、犯罪后果的严重性等特点。究其根源在于法律意识不高、方案制度不健全、监督机制不完善、执行力度不到位。为此，要通过加强教育，把好思想观念关；完善管理，把好制度关；健全机制，把好监督关；严格执法，把好执行关来加强预防。

关键词：农村危房改造；职务犯罪；受贿罪；预防

对农村危房改造给予中央资金补助是党中央、国务院着眼于"扩内需、保增长、保民生、保稳定"而作出的一项惠民政策。但由于农村危房改造工程涉及范围广、资金流量多、监管难度大，导致不少地区的农村危房改造领域成为诱发职务犯罪的"温床"。在中央农村危房改造补助资金分配及发放等环节违纪违法案件频发，直接侵害了广大农民的利益，影响社会的和谐稳定发展。据统计，2011年，G市先后查处农村危房改造领域职务犯罪案件13件31人，收到了良好的法律效果和社会效果。在立案侦查的31人中，其中乡镇政府副职领导1人，村镇建设管理站人员5人，村基层组织人员24人，农民1人，涉案金额300万余元。因此，为了更好地保护国家利益，保障民生利益，对农村危房改造领域职务犯罪案件的特点及诱因加以研究分析，并提出预防农村危房

[①] 本文荣获2012年度贵港检察理论研究优秀成果三等奖。

改造领域职务犯罪的对策与建议，不仅具有一定的理论意义，更具有迫切的现实意义。

一、农村危房改造领域职务犯罪案件的特点

（一）犯罪主体的集中性

中央农村危房改造补助资金的申请、审核、发放主要由乡（镇）分管领导、村镇建设管理站人员以及村"两委"干部负责。近年来，为保障民生，改善农村人居环境，推进新农村建设、美丽乡村建设，农村危房改造补助资金也逐年增加。而负责办理中央农村危房改造补助资金的乡（镇）分管领导、村镇建设管理站人员以及村"两委"干部，经过多次"历练"后，以权谋私，中饱私囊，打起了为自己谋取额外利益的主意，成为在实施农村危房改造项目工程工作中索贿、受贿的主要犯罪主体。

（二）涉案罪名的单一性

从犯罪罪名上看，农村危房改造领域职务犯罪多为受贿罪，而且多是共同犯罪。2011年，G市立案侦查的31人中，涉嫌受贿犯罪的有29人，占总立案人数的93.55%；涉嫌贪污犯罪的有1人，占总数的3.23%；同时涉嫌贪污、受贿犯罪的有1人，也占总数的3.23%。农村危房改造补助涉及土地丈量、记录、审核、报领等环节，因此，一个人不可能完成犯罪，以至于负责办理农村危房改造工程工作的专项人员就相互勾结、集体作案。2011年，G市查处的案件中，共同犯罪案件有4件21人，占查处总数的30.77%

（三）犯罪形式的多样性

在农村危房改造领域中职务犯罪案件的作案手法多种多样。一是虚报冒领。即利用申请、核定、发放危房改造补助金的职务便利，以自己及其亲属名义上报、虚报、冒领危房改造补助金。如该市GM区MX镇SL村村支书朱某某在负责农村危房改造工程工作中，就以其孙子名义制作虚假材料虚报冒领危房改造补助款16000元。二是直接向农户索贿。即提前与危房改造农户协商，农户同意给好处费才帮其办理申请。如该市QT区SK镇L村文书陆某某在负责农村危房改造工程工作中，以办危房改造申请需要一定活动经费为由，直接向农户索取好处费累计13900元。三是通过中间人受贿。即通过中间人向危

房改造农户索要好处费。如该市 PN 县 DX 镇村建站站长梁某某在 DX 镇 AF 村危房改造指标已经用完的情况下，私自调取其他村危房改造指标分给 AF 村村民，并通过 AF 村村干部向 10 户农户索要好处费共计 54000 元。

（四）犯罪后果的严重性

虽然涉案人员每次作案获得的金额不多，多则上千上万元，少则一百两百元，构不成犯罪，但也要受到纪律处分，若是多次作案，前后几次作案金额加起来大就构成犯罪，就要受到刑罚的处罚。此外，由于该类案件涉及范围较广，牵涉农户较多，查处难度也较大，导致该类职务犯罪案件社会危害性大，严重侵害了广大农民群众的切身利益，影响社会和谐稳定发展。如 2011 年 GP 市 DX 乡副乡长宁某、村建站站长刘某某利用负责农村危房改造工程工作勾结 DX 村"两委"干部受贿案，涉案人员达 11 人，受贿金额 197400 元，涉及危房改造农户 80 多户。

二、农村危房改造领域职务犯罪频发的原因分析

（一）法律意识不高

法律意识不高有两个方面的含义。一方面是指在农村危房改造领域，涉嫌职务犯罪人员思想文化素质不高，法治观念淡薄。有的涉案人员在金钱诱惑面前，私欲膨胀，目无王法，以权谋私，中饱私囊，甚至不认为自己的行为已经触犯法律，存有严重的侥幸心理，以致"有权不用，过期作废"的思想泛滥，"不给好处不办事，给了好处乱办事"的违纪违法行为频发。2011 年，G 市立案侦查的 31 人中，高中、中专学历的有 15 人，占查处总人数的 48.39%；高中以下学历的有 10 人，占查处总人数的 32.26%；而大专以上学历的只有 6 人，占查处总人数的 19.35%。另一方面是被侵权农户法律知识淡薄，维权意识不强，更不懂的有效行使法律赋予的知情权和监督权。如该市 GN 区 MZ 镇 XL 村危房改造户黎某某、苏某某为能顺利申请到危房改造指标及补助金，不是正确运用法律手段维护自己的合法权益，而是通过以感谢费的名义给负责危房改造工程工作的村委会主任黄某某送礼才顺利得以申请。这不仅维护不了自己的合法权益，还助长了黄某某的私欲，形成恶性循环。

（二）方案制度不健全

在方案制度上，上下级不统一是主要问题。为逐步解决和改善农村贫困群众的住房安全问题，深入推进和谐新农村建设。除有住房城乡建设部、国家发展改革委、财政部联合发布的《关于 2009 年扩大农村危房改造试点的指导意见》（建村〔2009〕84 号）外，还有广西结合当地实际发布的《自治区人民政府办公厅关于印发广西农村危房改造项目规划（2009—2014）的通知》，都明确了农村危房改造工程的具体方案措施。而地方政府也结合当地实际，因地制宜地制定了具体的实施方案。然而下级政府在制定具体方案时存在与上级政府相冲突的规定，由此产生制度漏洞，滋生犯罪。比如在农村危房改造补助金的使用方面，上级方案规定，市、县财政设立"农村危房改造补助资金"专户，对财政资金实行专户管理、统一使用、封闭运行。项目动工前，按经审批的补助额度先预付 10% 补助资金给危房改造户，项目动工后，预付 30%，主体工程完成后支付 50%，项目经县级人民政府组织竣工验收合格后付清余款。而 G 市有的地区经农村危房改造办公室审批后就一次性将补助金拨给危房改造农户。在补助金申请上，不是由符合农村危房改造条件的农户自愿向村委会书面提出申请，而是村委会干部直接要求想建房子或者在建房的农户提出申请。

（三）监督机制不完善

这主要表现在两个方面，一是信息公开流于形式。一方面，对于农村危房改造政策的宣传力度不够，只是停留在村干部向农户的口头传达，没有确实将惠农政策张榜公布，导致农户对政策一知半解，理解不全面。另一方面，对于农村危房改造补助金申请审批结果没有及时公布，甚至不公布，导致农户对审批公开公正持怀疑态度。二是村民无处监督。由于信息不公开，财务管理混乱，造成村民代表不清楚"家底"，找不到问题，无从监督。三是监督部门形同虚设。同级监管部门碍于情面，顾虑太多，不愿监督、不敢监督，有的甚至沆瀣一气，相互串通，共同犯罪；而上级监督部门走过场监督，没有深入调查，也找不出问题。

（四）执行力度不到位

在农村危房改造工程工作的开展过程中，各级部门没有严格按照住房城乡建设部、国家发展改革委、财政部联合发布的《关于 2009 年扩大农村危房改造试点的指导意见》(建村〔2009〕84号)执行。该指导意见中规定农村危房改造要坚持公平、公开、公正的原则;要规范程序,严格管理;要公开资助政策、公开申请审批程序、公开审批结果,阳光操作,接受群众监督;要坚持最贫穷、最危险、最积极优先的原则。然而在实际执行中,地方往往因地制宜制定具体补助标准和补助金申请审批等手续。而部分农村危房改造工程工作负责人为了谋取个人利益,还制定"不给好处费,就不给予办理申请,甚至不发放补助金"的霸王条款。

三、预防农村危房改造领域职务犯罪的对策与建议

诱发农村危房改造领域职务犯罪的原因涉及多个层面,既有主观意识方面的原因,也有客观环境的因素。为此,为了有效预防该类职务犯罪的发生,应该坚持把好"四关",真正做到"观念是基础,制度是根本,监督是保障,执行是关键"。

(一)加强教育,把好思想观念关

一方面,要加强廉洁从政教育和职业道德教育。这主要是针对农村危房改造工程工作人员而言的。正确引导有关工作人员树立正确的世界观、人生观、价值观和正确的权力观、事业观,树立良好的职业操守,筑牢抗腐防变的堤坝,不断增强抵御腐败风险的能力,自觉做到依法办事、廉洁从政,并从"推动社会矛盾化解、促进社会管理创新"的高度,充分认识农村危房改造工作的重要意义,要带着对人民群众的深厚感情开展农村危房改造工作,确保把党和政府对人民群众特别是弱势群体的关怀和扶持落到实处。另一方面,要加强法治宣传教育。要加强对农村危房改造工程工作人员的法治教育,通过给相关工作人员上党风廉政教育专题课、职务犯罪预防课等,让其树立"党的事业至上、人民利益至上和宪法法律至上"的观念,服务人民,奉献社会。此外,也要加强对农民的法律宣传教育,通过"12·4"普法宣传活动以及发挥派驻乡镇检察室、流动检察室的作用,深入乡镇农村,开展多种形式的"送法下乡"活动,宣传法律知识,让广大基层人民群众牢固树立法律意识,树立维权意识,让农民"懂法、守法",并懂得运用法律维护自己的合法权益。

(二）完善管理，把好制度关

一方面要完善农村危房改造补助资金的申请和审批制度。各级危房改造机构的有关人员在开展工作中一定要严格执行实施方案的各项规定，对申请危房改造的农户，村委会要召开村民会议进行评议，评议结果要进行公示；乡（镇）人民政府危房改造机构对村委会的申报材料要严格审核，要组织人员上门核查，防止弄虚作假、以权谋私；市县（区）危房改造机构对乡（镇）审核上报的材料要进一步加强审核，严格部门负责人和分管领导审批程序，坚持分批次召开部门联审会议进行审批，审批结果在村务公开栏张榜公布，加强内部和群众的监督力度。另一方面要建立健全财务管理制度。应该建立健全监管机制，强化专项资金管理与制约，并贯穿于专项资金运行的全过程。农村危房改造补助金实行县级专户管理，乡镇财政集中发放，为防止该项补助金在发放中被非法截留，可将农村危房改造补助金直接打入享受农户账户中，乡镇财政定点定时将账户存折发放给农户，农户凭有效身份证件到银行领取补助金。

（三）健全机制，把好监督关

一要开展阳光村务。农村危房改造相关政策、申请审批结果都要在村务公开栏张榜公布，让农户充分了解国家惠农政策，充分了解农村危房改造补助金申请审批流程及审批结果。二要严格检查抽查。对危房改造补助资金的使用和拨付程序建立专项审计制度，完善发现犯罪的长效机制。各级危房改造机构部门对上报的材料数据要认真审核把关，要对所上报的材料及数据进行抽检，并上门核实，对下拨的危房改造补助资金的使用情况要跟踪检查。三要发挥民主监督作用。各级监督部门、村民代表要通过民主监督机制加大对危房改造补助资金的监督，把发生在农村危房改造项目工程中的职务犯罪遏制在萌芽状态。

（四）严格执法，把好执行关

一要严格依法行政。上下各级部门严格按照住房城乡建设部、国家发展改革委、财政部联合发布的《关于2009年扩大农村危房改造试点的指导意见》（建村〔2009〕84号）执行，不能打折扣执行，也不能超越范围执行，更不能以权谋私、中饱私囊。二要加强农村危房改造机构的自身建设。一般农村危房改造机构都是各级政府设立的临时机构，其组成人员一般也是临时抽调的。因此，农村危房改造机构部门要加强自身建设，加强相关工作人员的培训教育工作。三要加大对违纪违法行为的打击力度。农村危房改造工程关乎广大农民群众的切身利益,因此一旦发现在农村危房改造领域中的违纪违法行为,应当及时移交纪检监察部门查处,对涉嫌职务犯罪触犯刑法的要移送司法机关,对利用职权贪污、收受贿赂,挪用、冒领农村危房改造补助资金或不负责任、徇私舞弊、滥用职权,造成危房改造补助资金流失的,应当及时查处办理,做到违法必究、有罪必惩,发挥法律的震慑作用,提高惠农政策的执行力。

关于指定居所监视居住适用问题的调查报告[①]

摘要：新刑事诉讼法增设了指定居所监视居住制度，在司法实践中，由于对"无固定住处"认定不清，对"指定居所"难以界定，以及对"特别重大贿赂案件"细分不够等，导致在适用指定居所监视居住的过程中，存在司法成本过高、安全责任过大、执行监督不力等问题。为了实现惩罚犯罪与保障人权的有机统一，必须进一步明确"无固定住处"，逐步建立专门"指定居所"，进一步细分"特别重大贿赂案件"，还要加强侦查队伍建设，完善监督机制，充分发挥检察监督权。

关键词：司法改革；人权保障；监视居住；指定居所

为实现惩罚犯罪和保障人权的有机统一，修订后的刑事诉讼法完善了监视居住制度，增设了"指定居所监视居住"之规定，从立法层面而言是一次很大的进步。但是，在理论界和实务界对指定居所监视居住的适用标准和条件仍存在很多争议，以至于在具体的司法实践中，对具体问题的理解和法律适用存在偏差，使得指定居所监视居住的适用仍然存在权力滥用、人权得不到有效保障等问题。因此，本文对 M 市两级检察机关 2013 年至 2014 年 9 月期间，适用指定居所监视居住的情况进行调查分析，剖析在适用指定居所监视居住过程中存在的问题，在基于立法本意和司法实践的基础上，秉承惩罚犯罪与保障人权相统一的理念，提出一些改进的建议，以期对"指定居所监视居住"制度进行公正化的改造与完善。

[①] 本文荣获 2014 年度贵港检察理论研究优秀成果一等奖、广西诉讼法学研究会 2015 年学术年会主题征文二等奖。

一、M市检察机关指定居所监视居住适用情况分析

（一）基本情况

自新刑事诉讼法颁布实施以来，各级检察机关充分发挥检察职能作用，在办理贿赂案件过程中，依法适用指定居所监视居住制度，有效地促进了案件的顺利突破和成功告破。据统计，2013年至2014年9月，M市检察机关共办理贪污贿赂案件258件335人，其中，贿赂犯罪案件172件186人，占立查总数的66.67%（件比）、55.52%（人比）。适用的主要强制措施有据传、拘留和逮捕，依法适用指定居所监视居住的有14件15人[①]。

（二）特点分析

表1 适用指定居所监视居住基本情况表

贪污贿赂案件		贿赂案件		适用指定居所监视居住案件	
件数	人数	件数	人数	件数	人数
258	335	172	186	14	15

一是适用指定居所监视居住的比例偏低。如表1所示，2013年至2014年9月，在M市检察院机关所查办的172件186人贿赂案件中，适用指定居所监视居住的只有14件15人，只占所查办贿赂案件总数的8.14%（件数比）和8.06%（人数比）[②]。

二是受贿金额越大，适用指定居所监视居住的人数越多。如图1所示，在M市检察院机关适用指定居所监视居住案件中，受贿金额200万元以上的有5人，占适用总人数的33.33%；受贿金额在151万～200万元的有4人，占适用总人数的26.67%；受贿金额在101万～150万元的有3人，占适用总人数的20%；受贿金额在51万～100万元的有2人，占适用总人数的13.33%[③]。由图1可看出，受贿金额越大，适用指定居所监视居住的人数也越多。这是因为受贿金额越大，案情有可能越复杂，所涉及的行贿人数有可能越多，所以越有可能适用指定居所监视居住。

---

① 来源于M市检察院数据统计。
② 来源于M市检察院数据统计。
③ 来源于M市检察院数据统计。

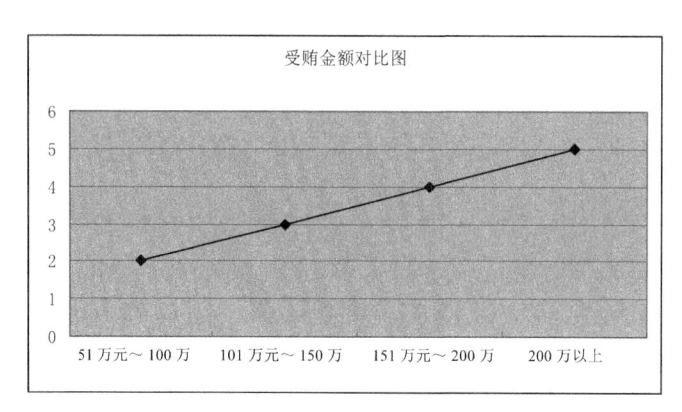

图1 适用指定居所监视居住犯罪嫌疑人受贿金额情况图

三是适用指定居所监视居住的高学历高级别犯罪嫌疑人居多。从表2、表3可以看出适用指定居所监视居住的犯罪嫌疑人中，大学本科以上高学历的人数居多，占适用总人数的73.33%，正科级以上的领导干部居多，占适用总人数的86.67%。

表2 适用指定居所监视居住犯罪嫌疑人学历情况表

学历	人数
高中、中专	2
大专	3
大学本科	4
研究生	7

表3 适用指定居所监视居住犯罪嫌疑人级别情况表

行政级别	人数
科员	1
副科级	2
正科级	4
副处级	5
正处级	3

四是适用指定居所监视居住一般能在一个月以内突破案件，除了特别重大复杂的窝案需要在2个月以内突破。如表4所示，适用指定居所监视居住后，一个月突破案件人数有12人，占适用总人数的80%。目前，M市检察机关适用指定居所监视居住的天数还未有达到最长期限6个月的。

表 4　适用指定居所监视居住的天数表

天数	人数
1~10	4
11~20	5
21~30	3
31~40	1
41~50	1
51~60	1

二、M 市检察机关适用指定居所监视居住的法律效果

（一）保障案件的突破时间

2014 年，M 市检察机关在办理特别重大贿赂案件中，依法适用指定居所监视居住的共 5 件 5 人，突破案件的时间最长的为 29 天，最短的也要 12 天[①]。新刑诉法规定，一般案件，若未依法采取强制措施，突破嫌疑人口供的时间为 12 小时，若采取拘留强制措施，突破口供的时间最长为 36 小时；对于特别重大复杂案件，若不采取强制措施，突破口供时间为 24 小时，采取强制措施的，突破时间最长为 48 小时。而指定居所监视居住的期限最长可达 6 个月，这为顺利突破特别重大贿赂案件提供了充裕的时间保障。

（二）扩大案件的查办战果

依法适用指定居所监视居住，让犯罪嫌疑人在较长的时间内与外界断绝联系，侦查人员通过运用思想教育、情感攻势、心理突破等侦查策略，侦破案件。而为了争取立功和宽大处理的机会，犯罪嫌疑人可能在如实交代本人犯罪的同时，会供出其他人的犯罪事实或重要线索。如 2014 年，M 市检察机关在查办 3 件特别重大受贿案件中，就在依法适用指定居所监视居住期间，深挖了 8 条有价值的新犯罪线索[②]。

（三）确保办案的保密安全

依法适用指定居所监视居住的案件，犯罪嫌疑人一般只能与其辩护律师会

---

① 来源于 M 市检察机关数据统计。

② 来源于 M 市检察机关数据统计。

见或通信。而在特别重大贿赂案件的侦查过程中，犯罪嫌疑人与其辩护律师会见，还需经侦查机关许可。这就大大减小了犯罪嫌疑人与外界的沟通与联系，隔断了与外界的信息交换，使得案件的涉密信息更加安全可靠。2013年至2014年9月，M市检察机关在依法适用指定居所监视居住所查办的特别重大贿赂案件中，没有出现办案泄密事件。

（四）有利于人权的有效保障

依法适用指定居所监视居住制度查办特别重大贿赂案件，为侦查人员组织调查取证和讯问突破提供了十分充裕的时间保障，保证侦查人员在执法办案中，切实做到依照法律程序，严格执法，文明办案，正确处理实体公正与程序公正的关系，惩罚与保护的关系，坚决杜绝刑讯逼供等违纪违法办案行为的发生。自2013年至2014年9月，M市检察机关所查办的案件中无违反办案纪律和办案程序现象的发生。

三、适用指定居所监视居住面临的困难与存在的问题

（一）适用指定居所监视居住面临的困难

1. "无固定住处"不易认定

根据《现代汉语词典》的解释，"固定"是指不变动或不移动，和"流动"相对；"住处"即居住的处所。在司法实践中，"固定住处"的认定一般有两种情况，其一是指公民户籍所在地的"住所地"，其二是指公民离开住所地连续居住一年以上的经常居住地（住院治病的除外）。但是在实际生活中，对公民有无"固定住处"却难以认定。比如，没有自有房产的外来流动人口租住他人的房屋是否可认定为有"固定住处"？又如，无自有房产的犯罪嫌疑人居住的父母的房子是否可认定为有"固定住处"？再如，在多处有房产的犯罪嫌疑人，住处经常变更，犯罪时是否认定有"固定住处"？由于目前法律对"固定住处"规定较为笼统模糊，在司法实践中，很难认定犯罪嫌疑人是否有"固定住处"，这就极易扩大指定居所监视居住的适用对象。

2. "指定居所"难以界定

新《刑事诉讼法》第七十三条规定，指定居所监视居住"不得在羁押场所、专门的办案场所执行"。具体而言，就是指定居所监视居住不得在办案区、

看守所、审讯室等场所执行。但是，对"指定居所"却没有作出明确规定，使得在司法实践中对指定居所监视居住执行地点的选择产生困扰，也使得在司法实践中指定居所监视居住的执行地点五花八门。如前所述，2013 年至 2014 年 9 月，M 市检察机关查办的贪污贿赂案件中适用指定居所监视居住的有 15 人，其中，执行地点在宾馆、酒店的共 8 人，占总人数的 53.33%；在党校、山庄、武警基地、人大会议中心、林场职工宿舍、售楼中心等独立、临时租用地点的共 6 人，占总人数的 40%；在检察官培训中心、检察官公寓等检察机关自有地点的有 1 人，占总人数的 6.67%[①]。"指定居所"的多样化，容易导致指定居所监视居住的执行演变成变相羁押，不仅不易于犯罪嫌疑人人权的保障，还容易导致冤假错案的发生。

3. "特别重大贿赂案件"规定不够科学

新刑事诉讼法对"特别重大贿赂案件"没有作具体规定，《人民检察院刑事诉讼规则（试行）》第四十五条第二款对"特别重大贿赂犯罪案件"限定为三种情形："（一）涉嫌贿赂犯罪数额在五十万元以上，犯罪情节恶劣的；（二）有重大社会影响的；（三）涉及国家重大利益的。"但是，对"特别重大贿赂犯罪案件"情形的限定不够科学，情形一的规定有点"一刀切"，"五十万元"的涉案金额标准适合经济发达地区，不适合西部贫困地区，对于西部贫困地区来说这一标准相对较高了。如 2013 年，M 市检察机关查办的贿赂犯罪案件共 93 人，其中，50 万元以上的有 20 人，只占立查总数的 21.51%；30 万元以上不满 50 万元的有 29 人，占立查总数的 31.18%；10 万元以上不满 30 万元的有 50 人，占立查总数的 53.76%。平均每个基层检察院最多只有 4 个贿赂案件达到指定居所监视居住的认定标准[②]。情形二和情形三的规定模糊，在司法实践中，尤其在基层司法实践中很难认定，也很难遇到。

（二）适用指定居所监视居住存在的问题

1. 适用指定居所监视居住司法成本过高

一方面，在司法实践中，指定居所监视居住一般都是在宾馆、酒店或者临

[①] 来源于 M 市检察院院数据统计。

[②] 来源于 M 市检察院院数据统计。

时租用地执行，执行期间还要投入大量的监控设备、安全设施等，需要一笔相当高的执行费用。另一方面，指定居所监视居住的执行时间较长，任务繁重，需要花费更多的时间和精力，需要投入更多的警力。

2. 适用指定居所监视居住安全责任重大

一方面，新的《刑事诉讼法》第七十二条第三款明确了监视居住由公安机关执行。而在司法实践中，适用指定居所监视居住的案件在侦查初期一般都需要高度保密，但是适用指定居所监视居住进行强制措施需要投入更多的警力，无形中扩大了案情的知情面，不利于案件的侦查和突破。另一方面，在司法实践中，指定居所监视居住的执行，时间长、任务重，本就工作繁重的公安机关不愿投入过多警力，往往是被动地配合检察机关，而为了突破案件，检察机关多是自行执行为主，这既增加了检察机关的办案责任，同时对检察机关自身办案监督也提出了挑战。

3. 对适用指定居所监视居住的监督不力

一是对监督方式不够明确。虽然新《刑事诉讼法》第七十三条第四款明确了检察机关对指定居所监视居住决定和执行的监督权，但是可以通过何种途径监督却没有明确规定，是对自身参与决定和执行进行监督，还是对参与外的监督，没有作出细分规定。审判机关、检察机关和公安机关都有权决定适用指定居所监视居住，而对于涉嫌危害国家安全犯罪、恐怖活动犯罪、特别重大贿赂犯罪三类重点犯罪案件，只有经过上一级检察机关或者公安机关的批准才能决定适用指定居所监视居住。而对于自诉案件，一般不直接参与自诉案件的检察机关该如何监督法院对被告人依法作出适用指定居所监视居住的决定。

二是监督不到位。在司法实践中，为了突破案件，少数侦查人员有可能通过"打擦边球"技巧适用指定居所监视居住，变相限制犯罪嫌疑人、被告人的人身自由，以通过空间隔离、信心阻断、时间独占，来实现口供的突破，而检察机关有可能"睁一只眼闭一只眼"，导致指定居所监视居住的滥用，导致犯罪嫌疑人、被告人的人权无法得到有效保障。

三是救济途径不明朗。如前所述，指定居所监视居住是介于普通监视居住和逮捕之间的"准羁押"强制性措施，且新刑诉法明确规定，指定居所监视居住期限可折抵刑期。但是现行《国家赔偿法》对错误适用指定居所监视居住是否可申请、可向谁申请国家赔偿尚无明确规定,这就容易产生对指定居所监视居住的滥用,造成对犯罪嫌疑人、被告人人权的侵犯。

四、完善指定居所监视居住的对策建议

(一)"六月"为限,明确"无固定住处"的认定

新刑事诉讼法明确了"监视居住最长不得超过 6 个月",《人民检察院刑事诉讼规则(试行)》也对"固定住处"作出了规定,即犯罪嫌疑人在办案机关所在地的市、县内工作、生活的合法居所。因此,"无固定住处"可以认定为,犯罪嫌疑人在办案机关所在地的市、县内没有连续不断的工作生活 6 个月以上的合法居所。即以"6 个月"为限,连续不断地居住 6 个月以上的视为"有固定住处",反之视为"无固定住处"。

(二)明确标准,逐步建立专门的"指定居所"

在宾馆、酒店执行指定居所监视居住,不仅理论界存在争议,在司法实践中,也存在安全性差、成本过高、人员复杂、不宜看管等缺陷。因此,要对指定居所监视居住的执行地点进行明确规定,要逐步减少在酒店、宾馆等地执行的方式,建立专门的"指定居所"。为此,随着司法体制改革深入推进,省级检察机关要统一规划,制定标准,在争取国家财政专项经费支持的前提下,加强与地方党委政府的沟通和联系,争取地方党委政府的财政支持,由各级检察机关各自建设、使用、管理,逐步建设满足"四个符合"标准的专门"指定居所"。即符合日常必需的生活、休息标准,符合有利于监视管理要求,符合办案安全要求,符合不高于羁押场所的监管强度。从长远来看,建立专门"指定居所",既可以节约指定居所监视居住的司法成本,又可以保证办案安全。

(三)区别对待,完善"特别重大贿赂案件"的细分

如前所述,现行刑诉法和人民检察院刑诉诉讼规则对"特别重大贿赂案件"规定得不够科学,导致司法实践中,发达地区和贫困地区适用指定居所监视居住制度存在巨大的数量差异。如东部 A 省检察机关 2013 年查办贪污贿赂案件中适用指定居所监视居住的案件达到 186 人,而西部 G 省检察机关同比只

有 84 人①。因此，必须结合司法实践和地方经济发展水平，对发达地区和欠发展地区区别对待，对"特别重大贿赂案件"做进一步细分。可以依据刑法关于贪污贿赂犯罪案件的定罪量刑标准和最高人民检察院《关于检察机关直接受理立案侦查中若干数额、数量标准的规定（试行）》等规范性法律文件，将"特别重大贿赂犯罪"细分为五个方面：（1）经济发达地区，个人贿赂犯罪50万元以上，单位贿赂犯罪100万元以上；经济欠发达地区，个人贿赂犯罪20万元以上，单位贿赂犯罪50万元以上；（2）党政机关、重要职权部门的处级以上领导干部；（3）涉案人数为5人以上；（4）情节特别严重的贿赂案件，如强行索取财物，因贿赂行为使国家或社会利益遭受重大损失等等情形；（5）在一个辖区有重大影响的案件。

（四）加强监督，健全依法适用指定居所监视居住制度的保障机制

一是狠抓检察队伍建设。以党的群众路线教育实践活动等为契机，广泛开展岗位练兵活动和业务技能竞赛，开设法治论坛，组织加强法律业务学习，狠抓队伍建设，切实改进侦查人员的执法方式，真正做到严格执法、文明办案，提高执法公信力。

二是进一步完善案件回访机制。健全内部监督机制，纪检部门和上级侦查监督部门要定期对案件进行回访，督察侦查人员在执法办案中是否存在违法乱纪行为，以确保公正文明执法。

三是完善检务公开制度。充分运用微博、微信等新媒体，完善检务公开，重大案件侦查终结后，要定期向社会公布侦查情况，以便社会监督；要坚持有关案件向人大汇报制度，听取人大代表对侦查工作的意见和建议，主动接受人大监督，让检察监督权在阳光下运行。

四是充分履行检察监督权。进一步明确备案制度，即规定公安机关收到上一级公安机关批准适用指定居所监视居住的决定后，必须书面报同级检察机关备案。对无固定住处的犯罪嫌疑人、被告人，公安机关、法院决定适用指定居所监视居住的，应当将决定的依据等法律文书书面通知同级检察机关备案。在指定居所监视居住期间，公安机关、法院和检察院还要进行定期或不定期监督

---

① 数据来源自2013年高检院数据统计。

检查，并根据案件具体情况及时依法变更或取消强制措施，以防止或消除变相羁押、不当讯问等权力滥用，确保犯罪嫌疑人、被告人的人权得到有效保障。

五是健全国家赔偿机制。结合司法实践，进一步修订《国家赔偿法》，明确错误适用指定居所监视居住时可以申请国家赔偿的条件与主体；对犯罪事实清楚、证据确实充分，但因法定情节按撤销案件、不起诉、终止审理、宣告无罪的情形，或适用指定居所监视居住不当，应适用其他刑事强制措施的，不纳入国家赔偿范围；对无犯罪事实或因犯罪事实不清、证据不足等原因撤销案件或宣告无罪的，决定或批准适用指定居所监视居住的公安机关、法院或检察院应给予赔偿。

从实现惩罚犯罪和保障人权的立法意图来说，增加"指定居所监视居住"制度，是完善刑事强制措施的需要，给监视居住以更加明确的定位，是立法的进步。但是在具体的司法实践中，由于立法与实际的部分脱节，导致司法机关在适用指定居所监视居住过程中面临一些困难和问题。在法治中国建设的大背景下，这些困难与问题必将随着司法体制改革的不断深入而得到公正化的改造，指定居所监视居住制度也必将在司法实践中发挥惩罚犯罪和保障人权的积极作用。

社会治理篇

社会治理篇主要是基层检察机关及其检察人员在服务保障中心大局工作，积极参与脱贫攻坚、乡村振兴、矛盾纠纷化解等社会治理过程中，针对权力清单运行、基层社会治理、生态旅游法律保障等问题进行调查分析所形成的社会治理类的研究成果。

事业单位会计存在的问题及其制度完善[①]

摘要： 当前我国事业单位会计制度仍实行1998年《事业单位会计制度》和《事业单位会计准则》。在事业单位改革和财政体制改革深入推进的背景下，事业单位会计的内外环境发生了巨大变化，与现行会计制度的矛盾和冲突也越来越明显，事业单位会计问题也越来越突出，比如，会计核算基础不科学、会计要素划分不合理、会计核算体系不完善、会计报表体系不健全、资产和经费管理不到位，等等。因此，通过引入权责发生制的会计核算基础、重新划分会计要素、改进会计核算体系、加强资产和经费的管理、建立完善的会计报表体系等方式，来加强事业单位会计研究与改革势在必行。

关键词： 事业单位；会计制度；《会计法》；无形资产

随着社会主义市场经济的发展，我国会计制度改革也不断深化，尤其是2000年《会计法》和2001年《企业会计制度》的颁布实施，更进一步完善了同国际惯例相协调并同我国国情相适应的企业会计法规体系。然而，相比之下，我国事业单位会计的改革还相对落后。尽管财政部对事业单位会计核算体系进行了一定改革，也颁布了《事业单位会计准则》《事业单位会计制度》等相关法律法规制度。但是，这些法规制度在近些年的实行过程中还存在一些问题。而且随着经济全球化以及我国改革开放的深入，事业单位在经济活动方面出现了很多新情况、新问题。因此，为促进我国各项事业的有序健康快速发展，必须深化事业单位会计制度改革。

[①] 本文荣获2013年广西区行政事业资产与财务征文三等奖。

一、何为事业单位及事业单位会计

所谓事业单位，是指国家为了社会公益目的，国家机关举办或者其他组织利用国有资产举办的，从事教育、科技、文化、卫生等活动的社会服务组织。事业单位按照财政补贴的多少，可以分为"全额拨款""参公""财政补贴""自收自支"四类。

事业单位是一种公益的社会服务组织，其不具有政府的管理职能，但政府的某些职能是通过事业单位实现的。其特征可以概括为以下几个方面：

一是资产、经费投入的无偿性。事业单位作为政府职能的延伸与发展，其经费主要来源于国家的无偿拨入。此外，还需要国家无偿投入土地、房屋等有形或无形的资产。

二是服务性。事业单位具有广泛的服务性，这是由于国家对事业单位投入具有无偿性，其目的是完善政府的某种职能，发展社会公益事业。

三是非营利性。由于事业单位所提供的服务不是商品化的服务，因此事业单位所提供的各种服务具有非营利性的特点。虽然事业单位提供服务时有时存在着一定的事业性收费，但是这种事业性收费只是一种管理性费用。

而事业单位会计，是以事业单位的各项经济业务为对象，记录、反映、监督事业单位预算执行过程与结果的一种专业会计。事业单位会计能够保护事业单位财产安全，并在一定程度上能够促进国家预算收支任务的完成，提高事业单位的社会效益和经济效益。

二、当前事业单位会计存在的问题分析

随着经济全球化的发展与改革开放的深入，目前事业单位开展经济活动的客观环境发生了重大变化，如资金来源渠道增多、综合经营项目多种多样，单位组织形式复杂化，资产形态多样化等。这些在促进事业单位自身发展的同时，也显现出其财务会计管理体制的不健全。

一是会计核算基础不科学。目前，大部分事业单位仍按照1998年实施的《事业单位会计制度》的规定，采取收付实现制或权责发生制两种核算基础并行的方式。在会计核算中M事业单位所属的二级科研所对于进行成本核算的科研课题和相关的经营活动采用权责发生制来核算，对一般的日常经济业务采用

收付实现制作为核算基础。在原有预算管理模式和会计环境下,事业单位采取收付实现制或权责发生制两种核算基础并行的方式,对我国加强公共财政资金管理,发挥了积极的作用。然而,随着经济全球化的发展以及我国预算管理体系的新构建,事业单位会计制度和会计核算基础也将面临新的改革与发展。对于非经营活动,采用收付实现制基本上能够满足预算管理的要求。然而,在收付实现制下,会计核算生成的会计信息不能满足单位加强成本管理的需要,也不能真实、完整地反映单位的财务状况。这不利于于防范财务风险,不利于正确处理年终结转事项,也不利于单位进行成本核算。

二是会计要素划分不合理。我国《事业单位会计准则》将会计要素划分为五类:资产、负债、净资产、收入、支出,会计科目也依此设置。但是仔细推敲,就会发现这种划分存在一定问题。《事业单位会计准则》第三十一条对净资产的定义为"事业单位的净资产是指资产减去负债的差额,包括事业基金、固定基金、专用基金、结余等。"第一,这里净资产是一个数量概念,是资产减去负债的差额,不能说明会计要素的性质。第二,现行事业单位会计科目表的净资产要素下设事业基金、专用基金、固定基金、经营结余、事业结余、结余分配等科目。这里结余科目的含义同净资产要素没有联系,导致要素名称与其涵盖的会计科目名称没有联系。第三,现行事业单位会计制度中净资产的内容包括基金项目、历年累计结余项目、当年结余、存量指标(余数指标、静态指标)、流量指标(发生额指标、动态指标)等内容。然而,将不同类别的项目放在一个要素内,对于指标的分析利用非常不方便。此外,净资产要素将存量指标和流量指标混在一起也很不科学,使资产负债表失去明晰性。因为净资产要素既有静态存量指标,又有流量指标,资产负债表只能按照"资产+支出=负债+净资产+收入"的会计等式进行设计编制,致使资产负债表项目与收入支出表项目中的收入、支出相互重复。

三是会计核算体系不完善。事业单位会计核算体系不完善主要表现在基建会计核算、事业支出核算、固定资产核算、无形资产核算和非税收入核算五个方面:

第一,基建会计核算质量不高。现行的《事业单位会计准则》规定"事业单位有关基建投资的会计核算,按有关规定执行,不执行本制度"。这项规定导致一个单位执行两种制度,一个单位形成两个会计主体,编制两种会计报表。对两种生产活动的核算执行两种会计制度，分开建账，造成单位把整体经济活动的记录分割成两部分，导致任何一种会计报表提供的财务信息都不够完整，不能满足信息使用者全面掌握单位整体经济活动的需求。

第二，事业支出核算烦琐。根据《关于政府收支分类改革后事业单位会计核算问题的通知》精神，从2007年开始，"事业支出""财政补助收入"科目设"项目支出""基本支出"二级明细科目。"事业支出"科目在二级明细科目下"支出经济分类科目"的"款"级科目设置明细账，进行明细核算。"财政补助收入"在二级明细科目下按照"支出功能分类科目"的项级科目进行三级明细核算。此外，事业单位必须设置"财政拨款支出备查簿"，登记每项财政拨款支出的具体情况和每个会计期末的财政拨款结余情况。其实，这样设置会计核算体系操作起来繁杂，也无法满足信息使用者的需要。一方面，因为"事业支出"下的明细科目是按经济分类设置，而"财政补助收入"下的明细科目是按功能分类设置，使得收支没有一个直观配比，这导致事业单位会计人员沿袭传统的不分资金和渠道的核算方式。另一方面，设置财政拨款支出备查簿，要是业务简单或者财政拨款少还可以采用，但是业务繁多时，操作起来就不太现实。

第三，固定资产核算不合理。《事业单位会计制度》（1998）规定，事业单位的固定资产设置"固定资产"和"固定基金"两个科目同时核算，不计提折旧。这就导致在资产负债表上存在虚增资产及净资产的问题。制度规定，固定资产在使用过程中不计提折旧，固定基金不随着其价值的转移或消耗而作增减变化。这样就夸大了事业单位资产的价值，不仅不能客观反映固定资产的损耗程度，也无法为评估固定资产的残值和转让价值提供依据。此外，融资租赁收入固定资产和利用借款购置固定资产的核算方法不一致，这导致利用借款购置固定资产不能充分反映资产和权益的关系，违背了会计信息的一致性原则，而且不利于会计信息使用者对事业单位会计信息的了解。

第四，无形资产核算不健全。不少事业单位对外购无形资产按购入价进行入账处理，对自行开发的无形资产没有进行计量。究其原因除了因为无形资产的定义引起之外，还有两点：一是由于自行开发的无形资产的取得通常需要经过较长的时间，成本归集不容易。二是由于即便单位将获得专利技术认定为一项无形资产,并即时入账,也要一次性摊销,或者确定其受益期。这是因为《事业单位会计制度》(1998)规定,不实行内部成本核算的事业单位,其购入和自行开发的无形资产摊销时,应一次记入"事业支出"科目,借记"事业支出"科目,贷记本科目;对于实行内部成本核算的事业单位,其无形资产应在受益期内分期摊销,摊销时借记"经营支出"科目,贷记本科目。这就导致无形资产要么确定其受益期,要么进行一次性摊销。无形资产可以使企业获得高于同行业一般水平的盈利能力,但这种盈利能力是不稳定的。

第五,非税收入核算不科学。政府收支分类改革特别是国库集中支付实行后,收入过渡账户被取消,非税收入资金就实行"收支两条线"管理模式,对行政事业性收费和罚没收入实行票款分离和罚缴分离的管理制度,即各项行政事业性收费实行"单位开票、银行代收、财政统管";当事人持相关票据到财政部门指定的银行缴纳,所有收费全部直接缴入国库。现行事业单位会计制度对非税收入项目的处理是平时开出票不作账务处理,待收到财政部门核拨款时,再依据"授权支付到账通知书"或"财政直接支付额度批复"等借记"零余额账户用款额度""财政直接支付用款额度"科目,贷记"事业收入"或"财政专户返还收入"等科目。但是,这种处理方法有欠缺之处。

四是会计报表体系不健全。《事业单位会计制度》(1998)规定,资产负债表格式采用"资产+支出=负债+净资产+收入"的平衡原理。其实这种模式是会计科目余额平衡表,不但与收支表的关系显得重复累赘,其报表内容与其名称也不吻合,而且不利于信息使用者对其进行分析。尤其是事业单位的资产负债表也应反映事业单位在某一特定日期所承担的现有义务、所拥有或控制的经济资源、所有者对净资产的要求权。资产负债表提供的是某一日期的资产总额,揭示的是某一特定时点资金来源及运用情况。收入支出表反映的是时期概念,是反映一定期间生产经营成果的会计报表。事业单位将静态的要素和动态的要素集中通过一张表来反映单位的财务状况和经营情况,混淆了会计的时期和时点的概念,导致会计信息不清晰。此外,事业单位不编制现金流量表,采用权责发生制的原则处理经营活动及科研课题,其收支表中的收支就不能反映现金收支的真实情况,使得出资者和管理部门无法全面了解单位的现金流量情况。而科研项目、课题从现有的报表体系中无法看出其进展情况,不利于进行项目的成本核算。

五是资产和经费管理不到位。事业单位对固定资产管理意识淡薄，固定资产管理体制不健全，随意配置、随意处置的现象时有发生。这不仅导致固定资产的闲置和浪费，影响固定资产使用效率，而且造成了固定资产的流失。固定资产管理不到位主要表现在：（1）资产购置随意性。（2）对固定资产监管缺少有效的制度。（3）固定资产的处置不符合相关规定，在固定资产的处置上国家对事业单位有一套复杂的审批程序，很多单位并未依照规定进行处理。而在经费管理方面，事业单位普遍存在着"重资金轻资产"的思想，而"重资金"又仅仅表现在只重视对经费的争取，却忽视了对到位经费的管理问题。这主要表现在经费预算形同虚设、经费管理政策松弛两个方面。

三、完善事业单位会计的对策与建议

一是引入权责发生制的会计核算基础。权责发生制（应计制）不考虑什么时候收到现金或付出现金，而是在交易或事项发生时确认收入和支出（费用）。权责发生制的基础计量是在会计分期的前提下各期间收入与费用配比的财务成果，向使用者提供运营（服务）成本、主体控制的资源、资源的来源等评价主体财务状况及其变动情况，以及主体是否经济有效运行等全面的财务信息。权责发生制能够综合反映会计主体的运营业绩和受托责任。国外非营利组织通常都采用权责发生制来进行会计核算，事业单位采用权责发生制主要有以下优点：首先，权责发生制能准确全面反映事业单位的资产和负债、业务收支及结余、财务状况和工作业绩以及资金运动的全貌。其次，有利于单位实行成本核算，事业单位实行权责发生制，其重要作用在于如实反映各单位在经济活动中的权利和责任。再次，有助于提高事业单位防范风险的能力，以权责发生制为核算基础能够真实、全面反映事业单位的财务状况，使事业单位能够及时了解各种风险情况，提高防范风险的能力。最后，事业单位会计核算基础由收付实现制向权责发生制转变符合国际惯例，有利于单位应对国际竞争，适应经济全球化的发展。

二是重新划分会计要素。一方面，将"净资产"要素分解为"基金"和"结余"两个要素，这样调整后的会计等式为：（1）资产负债等式：资产＝负

债+基金（是编制资产负债表的依据）；（2）收入支出等式：收入-支出=结余（是编制收入支出表的依据）；（3）总等式：资产=负债+基金+（收入-支出）（是据以分析各要素之间联系的依据）。这样调整就与国际惯例保持一致。另一方面，增设"结余"要素，具体增设"专项结余""专用基金结余"科目。为此，要改变专项资金中只有拨入、支出科目而无结余科目，以及改变专用基金中收入、支出、结余都在"专用基金"科目中核算的状况。在设立"经营结余""事业结余"科目的同时，增设"专项结余""专用基金结余"科目。各月末各种结余需在账上体现，年末就将"经营结余""事业结余"科目转入"事业基金"，而"专项结余""专用基金结余""经营结余"科目仍允许有余额，这会使得日常核算和期末报表更加清晰。

三是改进会计核算体系。第一，要解决基建会计的归属问题，为此，要在不影响政府部门和事业单位对基建信息需求的前提下，把事业单位基建拨款纳入事业单位会计统一核算。并通过在事业单位会计中调整有关报表体系和增设会计科目，完整、全面地重构基建资金和事业经费统一管理与核算的新制度。第二，将"基本支出"与"项目支出"纳入一级科目核算。第三，对固定资产计提折旧，而对于融资租入的固定资产，应当采用与自有应当计提折旧资产相一致的折旧政策。第四，加强对无形资产的计量及摊销。第五，改进非税收入的核算方法：（1）对于收费很少的单位按照开出的票据设置收费明细备查账即可；（2）如果收费项目较多，仍然采用过渡科目的方法。第六，增设"投资收益"科目，将捐赠收入纳入"专项基金"核算。

四是建立完善的会计报表体系。一个完整的会计报告体系应包括单位基本情况、基本会计报表、会计报表附表、会计报表附注、财务情况说明书等部分。随着事业单位会计环境的日益复杂化，在现行会计报表以外进行一些会计核算基础、纳税情况、负债情况、或有事项及非常项目的说明和解释显得非常有必要。因此，设计制定完整的事业单位财务报告新体系就势在必行。

首先，提供详细的报表说明。事业单位编写决算报表说明应包括以下内容：（1）单位总体情况。（2）运用相对指标或绝对指标分析年度收入、支出预算的完成情况，并找出影响预算执行情况的原因。（3）分析报表指标。（4）管理情况说明。（5）在会计决算报表编制工作中发现的其他相关财务会计问题及相应的改进办法。

其次，增设现金流量表。现金流量表能够反映事业单位一定会计期间内的各项活动对现金资产的流入与流出产生的影响。报表使用者可据此获得最直观、最准确的会计信息，评价单位的偿债能力，预测单位未来的现金流量。现金流量表是以现金为基础编制的会计报表。因此，事业单位必须在现有的会计报表基础上，增加一张反映现金流量的报表。再次，增设专项补助收支情况表。专项补助款作为财政定向使用经费必须加强监督与管理，以保证经费使用的有效性，因此，设置财政专项补助收支情况表就显得很有必要。表中应包括四个项目：上年财政专项补助结转、当年专项补助拨款、当年专项补助支出和专项补助结余。支出可以按项目、课题设置明细科目，期末结余数必须与资产负债表中的财政专项补助结余数对应相等。

最后，增设基本数字表。基本数字表反映事业单位的基本情况。基本数字表可从人数、人员结构、科研水平、存量资产四个部分来反映单位情况。人数部分可包括在职职工期末数和平均数、离退休职工期末数和平均数及发放的工资数。人员结构可以根据事业单位对人才储备的要求设置人员的学历、职称情况。科研水平主要反映当期及累计取得的成果、奖项，以及获得专利的情况。存量资产就是统计单位如大型仪器、车辆等数量及金额。这样通过基本数字表可大概了解事业单位的基本情况及发展情况，便于检查与管理。

五是加强资产和经费的管理。一方面，加强固定资产管理。首先，加强固定资产会计核算和监督，建立固定资产清查和盘点制度，确保账账、账实相符。其次，将科研固定资产管理列入单位整个资产管理范围，对于科研经费、仪器设备，要严格遵循国有资产管理办法的有关规定，做好预算、申报、审批、购置、验收和登记。最后，利用现代化手段，对固定资产进行管理，要建立科学有效的网络管理系统，及时管理和掌握固定资产的流动，合理调配资源。另一方面。加强经费财务管理。管理出效益，要解决事业单位自身"造血功能差，创收能力低"的问题，就要重视和加强对经费的管理。第一，做好预算编制，严肃预算执行；第二，对经费实行分类管理和考核；第三，推行全面成本核算办法。

法治语境下服务型政府的建构路径研究[①]

摘要： 英美等西方国家从20世纪70年代末以来，以"新公共管理理论"为基础，完成了行政改革，实现了以公共服务为主导的政府职能的转变。总结我国"服务型政府"的理论研究和具体实践，不难发现，坚持"以人为本"是打造服务型政府的根本途径。

关键词： 法治社会；服务型政府；以人为本；新公共管理理论

自20世纪70年代末以来，英美等西方国家以"新公共管理理论"为基础完成了"政府再造"运动，实现了以公共服务为主导的政府职能的转变。中国入世后，服务型政府理念在理论界和党政实务中都进行了不断探索和深入实践，党和国家最高层都明确提出了构建"服务型政府"的行政改革目标。在深入推进依法治国，建设社会主义法治国家的法治语境下，坚持以人为本，是不断推进服务型政府建设的路径选择。在"十三五"时期，广西各级政府应当坚持以人为本，借鉴国内外行政改革经验，打造职能科学、结构优化、权责法定、执法严明、公开公正、廉洁高效、守法诚信的服务型政府和法治政府。

一、理论基础：服务型政府的提出

（一）西方国家"政府再造"运动的理论基础——新公共管理理论

自20世纪70年代末80年代初以来，英、美、日等国家为走出财政危机、管理危机和信任危机，在"新公共管理理论"的推动下，掀起了一场声势浩大的"政府再造"的行政改革运动，其核心内容是通过公共管理主体的多元化，

[①] 本文荣获广西"政务服务监督管理工作"主题征文活动三等奖、广西法学会法理学研究会2015年学术年会三等奖，获邀现场主题发言。

推动公共服务的社会化；通过引入工商企业的管理理念、理论、技术和方法，提高公共服务品质；通过分权化改革，强化公共服务的主动性和责任机制；通过法制化建设，促进公共服务的规范化、程序化和法治化。以"新公共管理理论"为基础的"政府再造"运动使西方国家实现了政府本位向公民本位的转化，改造后的政府更加强调社会公共服务职能，主张向社会提供个性化服务。

尽管西方国家没有明确提出"服务型政府"（service government）的概念，且其"政府再造"运动的理论基础——"新公共管理理论"自身也有难以克服的缺陷，诸如，市场化取向有可能导致对公共利益的背离，顾客服务导向又可能导致公民价值的丧失，以及其适用条件需进行特别限定，等等。但是，从理论视域而言，西方国家以"新公共管理理论"为基础的"政府再造"论对完善和正确把握"服务型政府"的内涵具有重要的参考价值。

（二）服务型政府的内涵

就概念而言，"服务型政府"是我国学者自己创造的。早在20世纪90年代初期，我国行政法学界最早使用了"服务行政"的概念，主要从行政价值、行政伦理和行政哲学的角度来分析中国的行政现实，试图构建适合中国本土历史和现实的行政制度框架[①]。

21世纪初，为顺应中国政府改革，学界明确提出了"服务型政府"的概念，并围绕"服务型政府"进行了多元化、全方位探究，不同学者还根据其偏好加入某些特定要素来限定"服务型政府"，比如有限政府、和谐政府、掌舵政府、扁平化组织政府、危机管理政府，等等[②]。陈群民在《构建服务型城市政府》一文中指出，服务型政府，就是指以服务为理念，以公众为导向，以服务公众为核心职能，将创造必要的社会经济文化发展环境和条件作为根本任务的现代化政府。楚德江在《试论我国服务型政府建设》一文中指出，服务型政府是以"服务"为核心的、致力于社会公正和社会发展的责任政府。服务型政府是透明的和负责任的，它的结构是扁平的，它是一个有限的政府又是一个法

---

① 张康之：《行政道德的制度保障》，《浙江社会科学》1998年第4期，第64-69页。

② 程倩：《行进中的服务行政理论——从2001年至2004年我国"服务型政府"研究综述》，《中国行政管理》2005年第4期，第77-81页。

治的政府,它应具有参与性和回应性等特征。谢庆奎在《服务型政府建设的基本途径:政府创新》一文中指出,服务型政府是民主政府、有限政府、责任政府、法治政府、绩效政府。尽管不同的学者对"服务型政府"有不同的论述,但是对比其核心内涵,不难发现,尽管不同学者对"服务型政府"的界定不同,但是均强调公民本位、社会本位的理念,主张政府应当满足公众需求,回应民意。其中,刘熙瑞在《"服务型政府"——经济全球化背景下中国政府改革的目标选择》一文中对"服务型政府"作了较为全面的论述。"服务型政府是指在公民本位、社会本位理念指导下,在整个社会民主秩序的框架下,通过法定程序,按照公民意志组建起来的以为公民服务为宗旨并承担着服务责任的政府"。[①] 这一定义的内容较为全面,几乎涵盖了现代政府所必需的一切特点和要素,因此被政府官员与学者们所普遍认同。

(三)建设服务型政府的提出

中国入世后,随着经济全球化的深入发展,以服务为核心的政府角色理念逐渐深入民心,政府在增加经济调节和市场监管职能的同时,必须更加重视政府的社会管理和公共服务职能。因此,"服务型政府"的理念在政府层面也逐渐得以确立。

2004年2月21日,温家宝在中央党校省部级主要领导干部专题研究班结业典礼上首次提出了"建设服务型政府"的奋斗目标。2005年3月5日,在十届全国人大第三次会议上,温家宝作政府工作报告时明确提出:"要努力建设服务型政府。"并对建设服务型政府进行了全面阐述,即要求创新政府管理方式,寓管理于服务之中,更好地为基层、企业和社会公众服务;整合行政资源,降低行政成本,提高行政效率和服务水平;政府各部门要各司其职,加强协调配合;健全社会公示、社会听证等制度,让人民群众更广泛地参与公共事务管理;大力推进政务公开,加强电子政务建设,增强政府工作透明度,提高政府公信力。

2007年10月15日,胡锦涛在党的十七大报告中进一步强调"加快行政管

[①] 刘熙瑞:《"服务型政府"——经济全球化背景下中国政府改革的目标选择》,《中国行政管理》2002年第7期,第5-7页。

理体制改革,建设服务型政府"。

2010年3月5日,温家宝在十一届全国人大三次会议上做政府工作报告时指出,要以转变职能为核心,深化行政管理体制改革,大力推进服务型政府建设,努力为各类市场主体创造公平的发展环境,为人民群众提供良好的公共服务,维护社会公平正义。

党和国家最高领导层将建设服务型政府作为行政改革的目标,展示了政府改革的方向及未来的发展远景,为深入推进服务型政府建设提供了重要的决策依据,也指明了努力方向。

二、域外考察:英美行政改革的启示

(一)英国行政改革

从20世纪70年代末开始,为应对财政危机、管理危机和信任危机,英国率先进行了行政改革。从改革的历程来看,可以按照执政党的不同,分为两个阶段:第一阶段为保守党行政改革时期,第二阶段为新工党行政改革时期。

第一阶段:从1979年"铁娘子"撒切尔夫人上台执政到梅杰政府时期,也就是保守党连续17年的执政时期。这一时期的行政改革主要表现在以下几个方面:一是雷纳评审。即以马克斯·斯宾塞连锁店执行总裁、国防部联合采购部首任负责人、撒切尔效率小组负责人雷纳为首的雷纳评审小组对政府部门的行政改革进行调查、研究、审视和评价,以逐步提高行政效率,降低行政成本的一种行政改革方式。二是部长管理信息系统。此项行政改革制度是1980年环境大臣赫素尔廷率先在环境部建立的管理机制和技术,随其调入国防部后,亦施行该项制度。部长管理信息系统的实施包括三个步骤:其一,每个部门负责人向部长递交包括工作内容、工作程序、工作人员、工作目标等内容的工作陈述;其二,部长审核工作陈述;其三,各部门按照既定目标执行工作计划,并定期向部长汇报。部长管理信息系统有机地融合了目标管理、绩效评估等现代管理方法和技术,便于全面、系统、及时了解内部信息。三是财务管理新方案。这是英国财政部1982年5月颁布的财务管理新方案,其目的有三:其一,让部门负责人了解所掌握的行政资源并有效利用行政资源;其二,让部门负责人认清行政目标及测量行政绩效的原理;其三,让部门负责人获得所需信息、技能培训和专家咨询等。其侧重点依然是通过提高行政效率，来降低行政成本，提升行政绩效。因此，从一定程度上可以说，财务管理新方案是部长管理信息系统的拓展和延伸。四是"下一步"行动方案。即1988年，伊布斯领导评审小组提交的《改变政府管理："下一步"行动方案》的调查报告。其主要内容包括：其一，设立"执行机构"，将公共政策的制定、评估与公共政策执行、服务相分离；其二，加强政府人力资源的开发与利用，扩宽高级公务员来源渠道；其三，以外部压力来推动改革的持续性。五是"公民宪章"运动。该运动是1991年梅杰上台执政后推出的一场声势浩大的行政改革运动，并将侧重点从偏重经济和效率，转向更加注重质量和公共服务。六是竞争求质量运动。梅杰政府在"公民宪章"运动四个月后，以《为质量而竞争》的白皮书的发表，掀起的将市场和竞争引入公共部门的行政改革运动[①]。

第二阶段：新工党执政时期的行政改革，即从1997年布莱尔上台后，推出了"合作政府"的理念，侧重打造一个更加注重结果导向、顾客导向、合作与有效的信息时代政府[②]。

(二) 美国行政改革

自20世纪80年代以来，为了应对财政危机、管理危机和信任危机，美国的行政改革也持续不断推进。而美国行政改革的特点可以概括为以下三点：一是政府功能定位的市场化。一方面，政府为减轻财政负担，从1975年开始不断推进放松管制改革，收缩政府经济职能；另一方面，从1996年开始推行福利政策改革，收缩政府的社会职能。二是政府公共服务输出的市场化。为减轻财政压力，提高公共服务质量，美国政府改变先前由政府包办的公共服务，转向公共服务输出的市场化，即将政府权威与市场交换的优势有机结合，提高政府功能的输出能力。三是政府再造或称重塑政府。其核心内容是建立起催化作用的政府：掌舵而不是划桨；建立社区拥有的政府：授权而不是服务；建立受

[①] 陈振明：《政府再造西方"新公共管理运动"述评》，中国人民大学出版社2003年版，第47-62页。

[②] 陈振明：《政府再造西方"新公共管理运动"述评》，中国人民大学出版社2003年版，第47-62页。

顾客驱使的政府：满足顾客需求而不是满足官僚需求；培养有责任的政府：有收益而不浪费；建立有预见的政府：预防而不是治疗；建立分权的政府：从等级制到参与协作制；建立以市场为导向的政府：通过市场力量促进行政变革[①]。

（三）英美行政改革启示

在西方国家以"新公共管理理论"为基础的行政改革运动浪潮中，英美所进行的轰轰烈烈的行政改革，既有成功经验，也有失败教训。总的来说，对我国加强服务型政府建设，有以下几点值得借鉴：

一是行政改革方案应当系统设计稳步推进。就如英国行政改革历经雷纳评审、部长管理信息系统、"下一步"行动方案、公民宪章运动、竞争求质量运动等一系列行政改革运动，尽管侧重点不同、表现形式不一、追求的目标也有差别，但是先后之间又有联系，且每次重大改革措施都进行了独立评估，为下一步深化改革奠定了坚实的基础。因此，加强服务型政府建设，推进行政改革不能"头痛医头脚痛医脚"，要进行系统设计，稳步推进。

二是行政改革应当采取"由内而外"的改革方式。具体而言，就是先从内部改革着手，再带动外部改革，形成内外良性互动。英美行政改革运动都是从内部开始的，在内部管理改革上，体现了以公民为中心、服务至上、结果为本等理念；在外部管理改革即政府和社会关系上，体现了政府退却、公共服务市场化、社会化等理念。在加强服务型政府建设中，应当借鉴英美行政改革经验，进行"由内而外"的改革，在一定程度上，可以说"内部员工"的满意是"外部顾客"满意的基础。

三是行政改革应当大力推行绩效管理。英美行政改革的成功经验之一就是大力推行政府绩效评估。在一定程度上可以说建立健全科学的政府绩效评估机制是推进服务型政府建设，确保行政改革取得确实成效的良好途径。

四是行政改革应当综合运用行政机制和市场机制。在公共服务领域，政府机制和市场机制各有优缺点。前者的优点在于利用公共选择制定公共政策，提供公共物品及公共服务，缺点在于难以实现资源的有效配置。后者的优点在于

---

① 陈振明：《政府再造西方"新公共管理运动"述评》，中国人民大学出版社2003年版，第47-62页。

能够实现资源的有效配置,缺点在于难以消除外部效应和实现社会公平。因此,在建设服务型政府的过程中,要综合运用行政机制和市场机制,以保证社会资源的合理配置,促进实现社会公平,提高公共服务质量。

三、国内实践:南京、成都、广州构建服务型政府的成功实践

随着以"新公共管理理论"为基础的西方国家行政改革的深入推进,以及中国政府"推进服务型政府建设"的提出,全国各地先后掀起了以建设服务型政府为目标的政府改革运动。其中不乏成功实践的典型,比如南京倾力打造亲民、富民政府,成都构建规范化服务型政府以及广州推进依法行政建设服务型政府。

(一)南京倾力打造"亲民""富民"服务型政府

2002年年初,南京市在政府工作报告中首次提出建设服务型政府的行政改革目标,并制定了"一年构建框架,三年逐步完善,五年全面完成"的服务型政府建设工作总体方案,将建设服务型政府作为全市的首要任务来抓。

一是构建服务型政府基本框架。南京市政府建设服务型政府的基本框架主要包括以下五个方面:其一,精简机构,缩减编制,完成机构改革和机构调整目标,搭建服务型政府组织框架。其二,构建服务型政府基础职能框架,理顺组织职能,提高行政效率,强调政府的经济调节、市场监管、社会管理和公共服务职能。其三,建立符合市场规律的行政管理规则,提高行政服务规范性。其四,努力建立公共财政体系,优化公共支出结构,重点支持基础设施建设、生态环境保护和科教文卫等公共事业发展。其五,鼓励发展社会中介组织,提高社会自我管理能力。

二是多措并举提高行政效能。南京市政府为提高行政效能,采取有效措施,通过减少行政环节,推进政务公开,促进行政运行机制良性运转。其一,深入推进行政审批制度改革,将减少审批数量和转变政府职能紧密挂钩。其二,大力推行政务公开,主动向社会公开规章制度、办事程序、办事结果,实施专家咨询、市民听证、决策公示制度。其三,推广快捷化政务服务,在全市乡镇和街道建立政务超市,在区县和开发区推行一站式服务和联合办公,以方便市民和企业。

三是营造服务氛围,优化投资环境。其一,树立经营城市理念,重组和盘

活城市基本要素，充分发挥经营效益、社会效益和环境效益。其二，积极构建社会诚信体系，探索建立政府信用、企业信用和个人信用的社会诚信体系，打造"诚信南京"城市名片。其三，完善社会保障制度，关心群众生产生活，全面落实社会福利制度[①]。

（二）成都全力建设规范化服务型政府

从 2000 年 5 月开始，成都市委、市政府就积极推进行政审批制度改革、投融资体制改革和机构改革，以提高行政效率。在此基础上，通过专家的调查论证评估，提出了建设"规范化服务型政府"的构想。2002 年 8 月开始在市工商局、公安局和市政公用局试点，在试点过程中，探索经验，于 2003 年 10 月出台《关于全面推进规范化服务型政府建设工作的意见》及八个配套文件，在全市全面铺开规范化服务型政府建设工作。

在推进规范化服务型政府建设工作中，成都市委市政府以"执政为民 依法行政 深化改革"为基本原则，以构建人民满意政府为目标，着力加强"四个创新"，切实提高公共服务效率。其一，着力加强行政管理理念创新，破除"官本位"思想，积极引导公务员树立"以人为本"的服务理念。其二，助力加强行政管理体制创新，切实推进审批制度改革、投资体制改革，精简行政机构，改进财政体制，加快政府职能转变步伐。其三，着力加强行政运行机制创新，推行"阳光行政"，促进决策透明度、行政执行力和监督公开的不断加强。其四，着力加强行政服务方式创新，努力加强流程再造、信息公开、集中服务、电子政务四方面建设。

经过多年的探索和努力，成都市规范化服务型政府建设取得了初步成效，行政效率不断提高，投资环境有所改善，政府形象不断提升，创业环境、人居环境和综合实力都有所提高[②]。

[①] 陈礼海：《南京市推进服务型政府建设简况》，《中国行政管理》2014 年第 11 期，第 27-28 页。

[②] 葛红林：《建设规范化服务型政府的原则与实践》，《中国行政管理》2004 年第 11 期，第 10-13 页。

（三）广州以依法行政推进服务型政府建设

近年来，广州市政府积极推进管理理念、管理职能、管理体制和管理方式转变，以推进依法行政，推进服务型政府建设，使现代化大都市建设迈上新台阶。具体而言，广州依法行政推进服务型政府建设主要从以下两个方面进行。一方面，是强化依法行政，加快政府职能转变。规划城市发展战略，明确打造经济中心、山水之都和文化名城的城市发展目标；把政府经济管理职能转到创造良好环境，为市场服务；将城市管理纳入法治化、规范化轨道，实施城市管理综合执法新体制；坚持以民为本，完善政府社会管理和公共服务职能；助力解决政府职能"缺位""越位"和"错位"问题。另一方面，是创新管理模式，完善政府运作机制。通过深化政府机构改革和行政审批制度改革，合理配置行政权力；通过推行政务公开，打造"阳光政府"；通过完善政府立法，扩大群众参与立法权力；通过规范行政行为，明确执行公务时的基本准则、工作程序、办事规则、行政纪律和行政责任；通过推进财政体制改革，完善依法行政的财政保障；通过一系列管理模式创新，建立办事高效、运转协调、行为规范、工作透明的行政管理体制[①]。

四、路径抉择：以人为本打造广西服务型政府的根本途径

党的十八大明确指出，深入推进政企分开、政资分开、政事分开、政社分开，建设职能科学、结构优化、廉洁高效、人民满意的服务型政府。党的十八届四中全会指出，各级政府必须坚持在党的领导下、在法治轨道上开展工作，加快建设职能科学、权责法定、执法严明、公开公正、廉洁高效、守法诚信的法治政府。2014年年初，广西壮族自治区主席陈武在政府工作报告中明确指出，要加快政府职能转变，切实履行经济调节、市场监管、公共服务、社会管理、环境保护等职能，致力建设法治政府和服务型政府。在全面推进依法治国，建设社会主义法治国家的法治语境下，"十三五"时期，广西该如何构建服务型政府？其实，从西方国家以"新公共管理理论"为基础的行政改革，到

---

① 陈锦德：《广州市推进依法行政，建设服务型政府》，《中国行政管理》2004年第11期，第29-30页。

我国"服务型政府"的理论研究与具体实践，追溯其价值取向的根源，不难发现无论是"新公共管理理论"，还是"服务型政府"理论，其中"顾客满意度"和公民本位的理念，无不是"以人为本"思想的体现。因此，坚持"以人为本"的思想，是打造广西服务型政府的根本途径。具体而言，应当构筑"为民、便民、利民"的"三民"工程，打造广西服务型政府。

（一）统一认识，明确以人为本的价值取向，构建"为民"思想体系

一是明确以人为本是建设服务型政府的价值导向。以人为本是科学发展观的核心，是"全心全意为人民服务"的党的根本宗旨的体现。其强调的是一切发展都是人的发展，一切发展都是为了人，一切发展都离不开人。因此，在建设服务型政府的过程中，要牢固树立人是社会管理和公共服务改革的动力和主体的思想，牢固树立以人为本的价值取向。其一，必须强调人是建设服务型政府的出发点和落脚点。大力推进服务型政府建设，其终极目的就是更好地满足人的日益增长的物质文化需要。任何公共服务都必须把尊重人民群众的意愿、实现人民群众的利益、维护人民群众的权益作为根本前提，评价政府公共服务的好坏也必须以人民群众满不满意为根本依据。其二，必须强调人在建设服务型政府过程中的动力作用和主体地位。开展服务型政府建设要以人民群众的实践经验和创造精神为基础，从生动丰富的群众实践中总结经验；要充分保障人民群众的知情权、参与权、选择权和监督权；要切实赋予每个社会成员以平等受教育的权力，保障均等的发展空间，为人的全面发展创造良好的制度环境、生活环境和工作环境。其三，服务型政府建设必须充分体现人文关怀。人民群众不仅有物质生活需要，还有精神生活、感情生活和心理发展的需要，因此，必须将人文关怀融入服务型政府建设中。

二是用以人为本的观念指导服务型政府建设。在建设服务型政府过程中要大胆创新，力求实现人与自然、人与社会、人与人之间的协调发展。首先，要创新政府价值取向。即在建设服务型政府的过程中要切实将人的全面发展放在政府社会管理和公共服务的核心地位。建设服务型政府的所有改革措施都必须体现以人为主体、以人为动力、以人为中心、以人为目的。其次，要创新政府治理目标体系。即建设服务型政府要以促进人的自由全面发展作为制定政府治理措施的最高和最终价值目标，使人与自然、人与社会、人与人的关系更加和

谐；以人为中心来制定国民经济和社会发展规划，使一切发展都围绕人的发展需要展开；坚持以是否促进人与自然、人与社会、人与人和谐发展，是否有利于提高经济增长质量和效益，是否有利于改善人民群众生活质量和发展环境作为新时期评价党政领导干部政绩的基本依据[①]。再次，要创新政府治理工具。政府治理工具就是政府治理的方式和手段。服务型政府建设，人民群众是政府治理的主体也是客体。因此，一方面，必须由人民群众来决定和掌握政府治理工具，由人民群众讨论决定采用何种治理手段和方式。另一方面，选择治理工具时，必须充分尊重人民群众的基本权利、人格尊严和普通愿望。

（二）高屋建瓴，规划服务型政府建设方案，出台系列"利民"政策

一是科学定位政府职能。政府职能是政府在国家政治、经济和社会生活中的功能、任务和所负的责任。政府职能由国体、政体和经济社会发展状况决定，不同社会制度和经济体制下的政府职能各不相同。准确定位政府职能是开展服务型建设的基本前提，否则就可能造成政府职能的缺位、越位和错位。在社会主义市场经济体制下，服务型政府职能是根据我国社会主义市场性质和建设中国特色服务型政府实践为政府所规定的职责和权力。现阶段我国政府职能定位为"经济调节、市场监管、社会管理、公共服务"。广西打造服务型政府应围绕这一职能定位进行整体规划。

二是深化机构改革，加强机构编制管理。深化机构改革的目标就是要坚持以中国特色社会主义思想为指导，按照完善社会主义市场经济体制和推进社会主义政治文明建设的要求，以建设服务型政府为主题，以转变政府职能和全面推进依法行政为重点，逐步形成职能清晰、机构精干、行为规范、运转协调的行政组织体制。加强机构编制管理需要建立有效的机构编制监督机制。应当强化内在监督约束机制，机构编制管理部门应实现机构编制检查制度化，定期向党委政府以及上级领导部门报告工作。要建立政务信息公开制度，定期将有关信息向人民群众公开，自觉接受人民群众监督。建立社会舆论监督制度，积极通过广播、电视、报纸、网络、微博、微信等媒体加大编制管理工作的宣传力度。

三是健全公共财政体制。公共财政建设是服务型政府的经济基础，服务型

---

① 王学杰：《以人为本与公共政策创新》，《中国行政管理》2005年第4期，第43-47页。

政府建设离不开公共财政制度的保证。打造服务型政府必须加快公共化为取向的财政制度变革，改革公共收入制度，加快预决算管理制度改革，优化公共支出结构，并逐步理顺公共服务供给中涉及政府间的财政事权划分。要增加农村公共服务的投入，为建设"美丽乡村"提供充足的资金支持。要加大政府支持力度，完善社会保障体系。要充分运用财政政策，大力促进就业。大力发展服务行业，促进下岗失业人员再就业。要通过财政补贴、税收优惠、财政贴息等财政手段促进中小企业和个体、民营经济的发展，鼓励独立创业，创造就业岗位。

（三）多措并举，创新政府服务职能，搭建"便民"服务平台

一是大力发展电子政务。对政府管理所需信息以电子化、数字化形式自动采集、交流和再现，建立电子化、数字化的政府信息系统，为广大公民、企事业单位、社会组织和政府机关自身提供高效率、低成本、优质量的政府服务。具体而言，其一，建立服务公众的高效的电子政务。进行定期系统调查和分析，了解服务对象需求，了解公众关注的热点、难点问题，不断改进电子政务。要把为人民群众和企事业单位提供高效公共服务作为电子政务的动力和目标，本着"全局规划、协同建设、统一管理、互连互通"的原则，逐步实现"一站式"公共服务平台和不受时空限制的"在线办理"，凸显"以人民为中心"，持续不断提高公众满意度[1]。其二，建立透明安全的电子政务。一方面，提供信息对称交流平台，及时收集公众诉求；通过网络让公众参政议政。另一方面，要确保电子政务系统安全。其三，建立互动性的电子政务。通过电子互动平台，加强人民群众、企事业单位等与政府直接的、双向互动。

二是发展先进行政文化。现阶段发展先进行政文化就是发展中国特色社会主义行政文化，为服务型政府建设提供源源不断的精神文化力量，不断推进行政改革和发展。为此要创新行政文化建设，使行政文化建设与行政改革实践相结合，与文化建设实践相结合，与党风廉政建设实践相结合，与社会人文环境相结合，与繁荣哲学社会科学相结合，实现从"人治"到"法治"、从"集权"到"参与"、从"管制"到"服务"、从"权力"到"责任"的转变。

---

[1] 彭玲、李德才：《电子政务的互动障碍和对策析论》，《中国行政管理》2005年第6期，第61-63页。

三是全面推进依法行政。党的十八届四中全会明确提出构建"法治政府",而构建法治政府,首先必须推进依法行政。重点需抓好以下几个方面工作。首先,严格落实《全面推进依法行政实施纲要》的"二十四字"方针[1],切实做到"执法有保障、有权必有责、用权受监督、违法受追究、侵权须赔偿"。其次,加强和改进政府立法工作。坚持以人为本,尊重经济社会发展规律,科学立法、民主立法,扩大公众参与政府立法规范,确保制度建设科学性、合理性和公正性。再次,规范行政决策程序。健全公众参与决策机制,完善听证制度,确保行政决策反映人民群众意愿和要求。最后,严格行政执法,完善执法监督。严格执行"收支两条线"规定,杜绝乱罚款、乱收费,完善听证程序,防止自由裁量权滥用,加强行政复议工作,提高行政复议效能。

---

[1] 全面推进依法行政实施纲要基本要求:合法行政、合力行政、程序正当、高效便民、诚实守信、权责统一。

生态旅游可持续发展的法律规制路径[①]

摘要： 生态旅游是一种可持续发展的旅游，我国生态旅游发展较晚，但是发展迅速，广西具有丰富的生态旅游资源，在开发建设过程中，与全国其他地区一样只重视生态旅游的经济效益，而忽视对生态环境的保护，导致在生态旅游开发建设中存在对环境的污染与破坏。在美丽中国的大背景下，应该加强对生态旅游可持续发展的法律规制，做到生态旅游的产权清晰，管理明确，有法可依，监督完善，以促进生态旅游经济效益、环境效益和社会效益的有机统一。

关键词： 美丽中国；生态旅游；可持续发展；法律规制

党的十八大首次提出了"美丽中国"的执政理念、即"把生态文明建设放在突出地位，融入经济建设、政治建设、文化建设、社会建设各方面和全过程，努力建设美丽中国，实现中华民族永续发展"。自 20 世纪 80 年代以来，生态旅游逐渐被人们所接受并青睐有加。随着社会经济的快速发展，人们生活水平的日益提高，生态旅游蓬勃发展，并成为世界性旅游的潮流。我国生态旅游由于起步较晚，在开发建设中存在立法滞后、产权不清、多头管理等诸多问题，导致很多地方在开发建设生态旅游的过程中，只顾发展经济，而忽略了对自然资源和环境的保护，背离了生态旅游可持续发展的轨道。因此，加强生态旅游可持续发展的法律规制问题的探讨和研究，找出规制生态旅游可持续发展的对策具有迫切的现实意义。

[①] 本文荣获广西环境资源法学研究会 2015 年年会论文三等奖。

一、生态旅游内涵

何谓生态旅游？1983年，IUCN（国际自然保护联盟）特别顾问谢贝洛斯·拉斯柯瑞（Ceballas-Lascurain）最先提出了"生态旅游"的学术概念。当时对生态旅游界定基于两个基本点：一是生态旅游的物件是自然景物；二是要保护生态旅游的物件[①]。国际生态旅游协会于1993年给生态旅游下的定义：生态旅游是具有保护自然环境和维护当地人民生活双重功能的旅游活动，其强调的是对自然景观的保护，是可持续发展的旅游。1993年9月，第一届东亚地区国家公园与保护区会议在北京召开，会议通过了《东亚保护区行动计划概要》，首次以文件的形式提出了生态旅游的定义。随后，对于生态旅游的研究层出不穷，并赋予了不同的定义。其中，比较有代表性的是中国现代地理学家、生态旅游学家以及农业旅游学家卢云亭教授于2001年在其与王建军编著的《生态旅游学》一书中提出的概念："生态旅游是以生态学的基本原则为指导，以长远利用自然环境和生态环境为取向所开展的既能获得社会经济效益，又能促进生态环境保护的边缘性生态工程和旅游活动。[②]"卢云亭教授给出的这个定义很好地阐释了生态旅游与社会政治、经济利益之间相辅相成的关系，既提到了人们的旅游需求，也考虑了对自然环境的保护，较为准确全面地揭示了生态旅游的内涵，符合可持续发展的宗旨。

自20世纪80年代生态旅游在发达国家先后蓬勃发展以来，我国也借助对"生态旅游"的研究大力发展生态旅游，截至2012年年底，我国已经设立了2669个自然保护区。但是，从总体上来看，我国包括旅游者、开发者乃至学者与政府对生态旅游的认识并不准确和全面，有的甚至存在误区，某些地方为了发展经济、吸引投资，总打着"生态旅游"的旗号，干着破坏、污染生态环境的事情。

二、我国生态旅游发展现状——以广西生态旅游发展为例

（一）我国生态旅游发展概况

近年来，生态旅游发展迅猛，年产值已超过3000亿美元，其年增长率高

---

① 杨桂华、钟林生、明庆忠：《生态旅游》，高等教育出版社、施普林格出版社2000年版，第5页。

② 卢云亭、王建军：《生态旅游学》，旅游教育出版社2001年版，第53页。

达15%，是各类旅游形式中发展最快的一类。我国幅员辽阔、地貌复杂、气候多样、旅游资源丰富，为发展生态旅游提供了良好的物质基础。我国生态旅游类型多样，主要有草原生态旅游、海洋生态旅游、森林生态旅游、农村田园生态旅游、湖泊生态旅游等。1982年，我国建立了第一个国家级森林公园即张家界国家森林公园，标志着我国将旅游开发与生态环境保护结合起来，我国生态旅游的发展由此开始。此后，生态旅游在我国得到了迅速的发展。我国生态旅游的发展，主要依托于自然保护区、森林公园、风景名胜区等自然环境而建立。据《全国环境统计公报（2012年）》统计，截至2012年年底，全国自然保护区总数为2669个，总面积14979万公顷，其中自然保护区陆地面积约占国土面积的14.94%；其中，国家级自然保护区363个，面积约9415万公顷。

（二）广西生态旅游发展现状

广西壮族自治区地处祖国南疆，位于东经104°26′～112°04′，北纬20°54′～26°24′之间，北回归线横贯全区中部，具有优越的区位环境，南临北部湾，面向东南亚，西南与越南毗邻，东邻粤、港、澳，北连华中，背靠大西南。首府南宁是东盟十国和中国团结合作的聚会地点。广西区聚居着汉、壮、瑶、苗、回、京、彝、水、侗、仫佬、毛南、仡佬等民族。广西具有丰富的旅游资源，主要是以自然旅游资源、民俗特色旅游资源及红色旅游资源为主，而这些旅游资源坚持可持续发展战略，都是属于生态旅游资源。据《2013年广西国民经济和社会发展统计公报》统计，截至2013年年底，广西已获批准的国家级生态示范区25个，建成自然保护区达到77个，其中，国家级自然保护区21个；自然保护区面积138.2万公顷；森林覆盖率61.8%。此外，还有34个风景名胜区、26个国家森林公园、6个国家地质公园，保护区网络已基本形成。

广西优越的区位优势，造就了其丰富的自然旅游资源，既有桂林阳朔一带的石灰岩峰林，也有七星岩、沟漏洞、碧水岩、白莲洞等溶洞；既有优美的山峰和美丽的大海和海滩，如大明山、元宝山、猫儿山、大瑶山和北海银滩、防城港金滩等，也有靖西的三叠岭瀑布、隆林的冷水瀑布、上思的应天府瀑布、龙州的响水瀑布以及跨越中越边境的德天瀑布等。

广西有丰富的生态旅游资源，与全国其他地区一样，正不断加快生态旅游事业的发展，参与其中的企业、旅游者和组织越来越大，而由于生态旅游法治建设速度以及管理水平的提高跟不上生态旅游事业发展的需要，有些地区为了一味招商引资发展经济，而借着发展生态旅游，大肆开发建设，导致生态旅游景观不同程度地受到破坏与污染。

三、生态旅游开发建设及立法存在的问题

生态旅游开发建设中存在的核心问题就是对生态旅游景区的开发建设与自然资源和环境的保护不能协调推进，往往是以牺牲资源环境为代价，促进生态旅游的开发建设与发展，背离了可持续发展战略。具体表现为以下几个方面：

一是对生态旅游的内涵认识不够清晰。包括开发者、旅游者以及当地政府对生态旅游的内涵以及开发生态旅游的意义不能准确把握和深刻认识。很多地方仅仅把生态旅游作为招商引资、发展经济的一种广告和宣传的手段。有的企业甚至为了自身一时的经济利益，借生态旅游之名，误导旅游者，进而促进消费，增加收益。这在生态旅游发展的初级阶段，虽然可以吸引一定游客，获得可观收益，但是这种做法不仅欺骗了游客，也损害了当地信誉，还对环境造成了破坏和污染，不利于当地旅游业的长远发展，背离了生态旅游的可持续发展规律和特点。

二是粗放开发与经营，没有合理规划。许多地区的政府在开发旅游资源时，没有深入调查研究，没有进行全面的科学论证和评估规划，就匆忙地、盲目地开发。特别是新旅游区的开发，如果没有调查研究，没有评估论证，没有整体规划，就盲目地进行粗放式的探索式开发，往往会导致资源和环境等不可再生旅游资源的破坏和污染。而景区的人工化、商业化和城市化使得一些风景名胜区受到的破坏越来越严重，某些地方为了发展旅游，在自然保护区、生态旅游区毁林劈山、大兴土木，建造高档豪华宾馆和数量众多的服务设施，景区建设人工化、商业化、城市化严重，违反了最大限度保护自然环境的开发原则。有些景区不顾旅游的生态容量，在特定节假日让游客大量进入，任由游客四处践踏，导致旅游资源的原始性和自然性遭到破坏。某些景区甚至不进行市场定位和预测，也没有进行宣传谋划，盲目经营后，不仅没有达到预期的吸引游客的目的，无序的开发也对自然资源造成了破坏。

三是国民的环保习惯尚未形成。就我国目前的生态旅游发展现状来看，无论从个人还是法人，"保护环境 人人有责"的意识都有待进一步提高。个人在旅游景区内随意丢弃垃圾，法人无条件无节制的开发利用自然资源，以及大量排放废弃物，都造成旅游景区的破坏与污染。

四是生态旅游景区的分权化管理体制不适应旅游业迅速发展的需要。生态旅游景区有的是属于国家级的，有的是属于省级政府管辖的，有的则分属各个市县级政府。不管是对省级、市县级生态旅游景区，还是国家级生态旅游景区都普遍实行了属地管辖原则，也叫"分权化管理"原则。然而，随着国民经济的飞速发展，人们有着越来越多的旅游热情和能力，各类景区面临的环境压力也日趋增大，各种人地供需矛盾日益突出，此时地方各级政府往往与企业打成一片，不顾景区的生态环境破坏情况，仅仅把景区当作地方致富发财的手段，而不顾旅游资源的保护。

五是生态旅游立法滞后，缺乏必要的法律监督手段。尽管我国有《旅游法》《环境保护法》以及多部资源保护法和300多个环境法规，但是，我国仍没有制定专门的《生态旅游法》，生态旅游立法体系还不够完善，加之执法渠道不畅，监督力度不够，导致资源和环境遭到破坏的现象频繁发生。此外，生态旅游立法尚未形成体系，规范生态旅游的法律规定仍处于空白。虽然很多省份出台了规范生态旅游的地方性法规，但由于缺乏统一法律的约束和引导，立法水平参差不齐，法规内容相对单一，而且更多地考虑本部门本地区的利益，缺乏与其他地区和部门的沟通协调，因而调整范围非常有限。在生态旅游立法还不够完善的情况下，相关的配套法律在现有的运行机制下还不能有机结合，进而有效运转[①]。

四、国外生态旅游发展及法律规制借鉴

（一）美国

国家公园作为一种生态旅游早期较为先进的理念已经被全世界100多个国家所普遍认可，并且在1200多个国家公园和保护地中得到贯彻实施。美国是世界上国家公园建设的先驱，在经营管理方面也是其他各国的榜样。美国国

---

① 张建萍：《生态旅游理论与实践》，中国旅游出版社2001年版，第104页。

家公园的成功,可以归纳为两点。一是独立于地方政府的垂直领导公园管理体制。1916年美国依法在内政部设立了 National Park Service(即国家公园管理局),专门负责全国国家公园的管理事务。国家公园管理局总部设在华盛顿,为中央管理机构,下设7个地区局,分片管理。这样国家公园管理局、地区国家管理局和公园国家管理局三级管理机构实行垂直领导,与公园所在地方政府没有任何业务关系。国家公园管理局代表国家直接管理全国国家公园的行政、规划建设、业务技术、旅游经营、人事任免等事宜。二是完整的法律体系和监督机制。1872年,随着美国第一个国家公园——黄石公园的成立,美国专门出台了相应的配套法案即《黄石法案》。1894年和1916年,国会又先后通过了《国家公园保护法》和《国家公园服务法》,这意味着国家公园的管理被纳入了法治化轨道。20世纪初,随着美国有关保护环境和文化资源(包括国家公园)的一系列法律、法规、公约、标准与指导原则、执行命令的颁布和完善,美国逐步形成了一整套依照这些法律法规的国家公园管理政策和管理体制。

另外,在监督机制上,美国实行的是依法监督和公众参与相结合的监督机制。在美国几乎每一个国家公园都有独立的法案,国家公园管理局的各项政策也都以联邦法律为依据。同时,国家公园管理部门的重大举措必须向公众征询意见乃至进行一定范围的全民公决,这使主管部门的决策都不得不考虑多数人的利益最大化,而并不是部门利益最大化,也使管理机构本身几乎没有以权谋私的空间。

(二)肯尼亚

肯尼亚是发展中国家中开展生态旅游最早的国家之一。肯尼亚的生态旅游资源主要是野生动物旅游。以野生动物旅游为主的生态旅游是这个国家最主要的外汇收入来源,其创造的巨额外汇收入是其他任何行业都无法比拟的。然而,由于狩猎旅游的盛行以及政府管理不善,野生动物旅游业在给肯尼亚创造巨额外汇收入的同时,也造成了对野生动物的滥捕滥杀,导致生态资源遭到破坏,旅游品质下降。值得借鉴的是,肯尼亚政府认识到了这个严峻的问题,并于1977年颁布禁猎令,引导游客"用你的镜头来猎取肯尼亚"。此外,肯尼亚政府还实行开放政策,接受来自德国、英国、瑞士等发达国家不同组织机构所提供的旅游发展规划,并从中取得资金、技术和先进经验等。肯尼亚生态旅游的成功归功于政府支持和扶贫政策。即政府基于对保护野生动植物资源重要性的认识，于20世纪70年代成立了"野生生物保育暨管理部"。该部门把生态旅游作为发展项目，以改善当地居民生活条件，提高当地居民生活水平为出发点和落脚点，使当地居民能够真正从生态旅游的发展中受益，使得生态旅游成为解决环境保护、经济发展与当地居民利益三者矛盾的有效方法。

五、美丽中国背景下规制生态旅游可持续发展的法律对策

我国生态旅游虽然取得了一定成就，但是还存在诸多问题，为促进生态旅游的可持续发展，必须通过法律的手段来规制生态旅游，使其处于一个生态资源环境开发利用与社会经济发展良性循环的局面。为此，应从以下法律手段加以努力。

一是完善生态旅游立法。一方面，要明确生态旅游立法的原则，其中最核心的、最基本的原则就是要坚持可持续发展的原则，就是要协调好生态旅游发展的经济效益和生态效益、社会效益之间相辅相成的关系。另一方面，要构建一个完整的生态旅游法律体系。即形成以《宪法》为根本大法，以《旅游法》《环境保护法》《森林法》《草原法》等为基本法，以风景名胜管理条例、自然保护区条例等为专门法规的生态旅游法律体系，并尽快出台《生态旅游法》等专门法律。

二是理清产权关系。应由国家依法统一制定生态旅游景区的划定标准。省级人民政府严格按标准划定一般生态旅游景区，国务院严格按标准划定世界遗产和国家级生态旅游景区。对于划定为生态旅游景区的，其产权原则上统归国家所有，原先景区内的集体所有制产权，由国家按具体标准统一收购或置换。而对于构成景区内生态景观有机组成部分的个人所有的那部分产权，应允许所有者选择变通方式，除由国家收购或置换外，还可由其选择折价入股、租赁、出售返租等方式。

三是明确管理者。一方面，由于我国目前没有一部法律清楚地赋予某一个部门对各类生态旅游景区的统一管理权，而是从不同的管理条例中规定了各类景区不同的管理机构，有的归建设部门，有的归文化部门，有的归水利部门，等等，使得每一个部门的管理似乎都有法可依。另一方面，我国生态旅游景区

的种类繁多，有的以地质地貌为主（如各类地质公园），有的以水文现象为主（如九寨沟景区），有的里面夹杂着丰富的人文旅游资源（如一些古代雕塑、石刻、碑文等），这就需要在景区开发和保护的过程中有不同专业的专家参与其中，而这些专家往往分布在不同的部门，而旅游主管部门或环保部门又缺乏专业人手，使得很多部门不得不介入其中，导致"条块分割，多头管理"现象的出现。为此，要借鉴美国国家公园垂直管理经验，通过立法明确特定部门专门享有对生态景区和生态旅游的管辖权，使之成为生态旅游的权威管理部门，对全国的生态旅游实行高效集权的中央垂直管理。

四是丰富经营管理模式。生态旅游资源的开发，是一个庞大的系统工程，需要全面科学的规划和大量资金的投入，才能保证总体开发建设的科学性和合理性。因此，除靠政府投资外，在提高准入门槛，规范投资方式的基础上，还可以引入市场竞争机制。比如吸收非国有资金和国外资金投入生态旅游资源开发项目，这不仅可以缓解政府无力开发的不足，还可以增强生态旅游资源保护的资金后盾，既发展经济，又保护环境，达到人与自然的和谐发展。

五是加强执法力度。首先，要依法建立包括司法部门、行政部门和相关社会团体在内的专门的生态旅游执法机构。独立、专门执行生态旅游管理事务。其次，要依法建立一支作风过硬、业务精良、素质高尚的生态旅游执法队伍，可以通过聘请相关领域的专家担任专、兼职生态旅游执法人员，并依法赋予相应的权限。再次，要严肃生态旅游执法，对于破坏环境、污染环境、破坏生态资源的违法犯罪行为，要严格落实生态旅游行政执法责任，触犯刑法的要依法追究刑罚。最后，要严格按照生态旅游行政执法程序办事。

六是健全生态旅游监管机制。健全我国的生态旅游活动的监督形式，从国家的各个层面，进行整合，从整体上形成合力，共同促进监督权的行使，保护我们的生态旅游环境。首先，在国家机关监督方面，要做到人员到位、责任明确等。其次，各式各样的旅游企业也应当肩负起环境保护监管的重任，在旅游项目的制定、开发中，也需要注意环境的问题，包括游客也需要参与进来，可以担负起监督相关旅游管理机关以及企业的责任，推进公众参与制度的完善。最后，积极利用好环境保护民间组织这个主体在社会监督方面的重要作用，通过立法的方式赋予其监督管理行为的效力。

权力清单：地方法治政府建设路径抉择[1]

摘要： 法治政府的根本目的在于限制政府权力，实现廉洁高效政府。推行权力清单就是让政府"清权、减权、制权、晒权、查权"，以实现"简政放权"，为法治政府建设提供依据。近年来，一些地方政府在推行权力清单、加快法治政府建设方面进行了不少探索和实践，充分证明了权力清单对加快法治政府建设具有重要的促进作用。但是在推进的实践中，仍然遇到政策规范与权力法定原则的冲突、监督机制不健全导致的权责失位和改革实践中可能的形式主义等问题。为此，通过加快政策入法，健全"三项原则""七大指标""三个步骤"的考评机制，完善监督机制，以此来推进权力清单制度，是加快地方法治政府建设的必由之路。

关键词： 权力清单；法治政府；考评机制；责任制度

深入推进依法行政，加快建设法治政府，是圆梦"法治中国"的题中应有之义。法治政府建设旨在把政府权力关进制度的笼子里，让权力在阳光下运行，以实现建立"廉洁高效、守法诚信"政府的目标。而推行权力清单制度，规制政府权力，消除权力设租寻租空间，让政府依法"清权、减权、制权、晒权、查权"，实现"简政放权"，是加快法治政府建设的首要任务和根本途径。当前，全面深化改革已步入深水区和攻坚期，一些地方政府在推进权力清单、加快法治政府建设方面进行了不少有益探索和尝试，也取得了一定成效。但是，在推进的过程中，仍然存在一些实践与理论的冲突、制度与法律的碰撞。因此，加强权力清单制度和法治政府建设的研究，探索如何充分发挥权力清单

---

[1] 本文载《法治社会》2017年第2期，入选"闽、桂、粤、浙四省（区）法理学研究会2017年学术年会"论文集，并获邀作主题发言。

在加快地方法治政府建设的作用,不仅具有一定的理论意义,而且具有迫切的现实意义。

一、理论阐述:法治政府与权力清单的历史考察

(一)法治政府

1.法治

"法治"之含义有广义与狭义之分。广义的"法治"与"人治"相对,指"以法治之"(rule by law),此说古已有之,《晏子春秋·谏上九》有载:"昔者先君桓公之地狭于今,修法治,广政教,以霸诸侯。"《淮南子·泛论训》有曰:"知法治所由生,则应时而变;不知法治之源,虽循古终乱。"亦有"依法处治"之意。《史记·蒙恬列传》曰:"高有大罪,秦王令蒙毅法治之。"而现代意义上的"法治"则为狭义上的"法治",单指"法律之统治"(rule of law),是一种治理状态,且在这一治理状态中,法具有普遍性和有效适用性,且较于政府权力具有优先的、至上的权威。换言之,政府应在法律规制中服从法律,以维护、保障并扩大公民的自由权利[1]。

2.法治政府

"法治政府"是"法治"的题中应有之义,亦是"法治"得以实现的基础。"法治政府"是相对于"人治政府"而言的,其思想渊源可以追溯到古希腊时期亚里士多德的政治哲学。其在《政治学》中指出,一个秩序良好的共和国,应由法律而不是由人来统治。然而,作为一种社会治理的政府模式,"法治政府"概念形成于 17 世纪后期。其中,最有代表性的莫过于北美殖民地马萨诸塞州 1780 年宪法。该法第 30 条之规定:为实现一个法治而非人治的政府,立法部门将永远不行使执行权和司法权,执行部门将永不行使立法权和司法权[2]。"中国之宪政理念源于传播,中国之立宪始于模仿",我国行政法治建设是在

---

[1] 张成福:《面向 21 世纪的中国政府再造:基本战略的选择》,《教学与研究》1999 年第 7 期,第 4-10,79。

[2] 张千帆:《西方宪政体系》(上册·美国宪法),中国政法大学出版社 2000 年版,第 712 页。

"法律移植"的模式下进行的①。因此,在我国学界,法治政府的提法较晚,从文本分析来看,我国学者对"法治政府"的研究出现于1990年代中期。其中,比较有代表性的意见是深圳市法制研究所周成新所长提出的:"法治政府"是同"人治政府"相对立的,法治政府是指法律独立于政府之外,而政府要受法律的支配。②而随着2004年十届人大二次会议政府工作报告中正式提出"法治政府",国务院发布《全面推进依法行政实施纲要》,明确提出必须全面推进依法行政,建设法治政府。"法治政府"也就越来越为人们所熟悉,对"法治政府"的理论研究也越来越系统全面,其内涵也越来越丰富。概括而言,"法治政府"应当是以公民为本位的政府管理模式,是一个在法律框架下的有限政府、服务政府、诚信政府、公开政府、廉洁政府、责任政府、效能政府。

(二)权力清单

"权力清单"是一个比较新兴的概念。我国最早关于权力清单的提法是2005年河北省邯郸市公开的全国首份市长"权力清单"。而中央对"权力清单"的公开表述则是2009年中纪委、中组部在河北成安县、江苏睢宁县、四川省成都武侯区三地开展"县委权力公开透明运行"试点,要求厘清权力事项,公布"权力清单"。而2013年中共中央在《关于全面深化改革若干重大问题的决定》中明确提出"推行地方各级政府及其工作部门权力清单制度,依法公开权力运行流程",为权力清单的推广奠定了政治基础。

尽管官方提出了"权力清单"制度,地方政府在推进法治政府建设中,对权力清单制度也进行了积极的探索与实践。但是,并没有对"权力清单"给出具体明确的解释。理论界对"权力清单"的理解囿于角度的不同而存在一定的差异。从权力清单的内容来解释,"权力清单就是对政府及其职能部门权力的数量、种类、依据、运行程序、行使边界等进行全面的梳理、统计,而形成的目录清单"③。而从权力清单功能上来看,"权力清单就是以清权、确权、配权、

---

① 梁治平:《宪政译丛书目》总序,生活·读书·新知三联书店1997年版,第1页。
② 周成新:《依法治国需要建立法治政府》,《特区理论与实践》1997年第2期,第21-23页。
③ 王春业:《论行政权力清单制度及其法制化》,《中国法理学研究会2014年年会暨"推进法制中国建设的理论与实践"学术研讨会论文集(下册)》2014年版,第887-888页。

晒权、制权为目的,通过清单的形式,将权力事项、实施主体、法律依据等内容一一列举,公之于众,为依法行政提供依据,为企业和公民提供便利"[1]。因此,综合而言,权力清单是指为法治政府建设提供依据,将权力关进制度的笼子,放在阳光下运行,将政府及其部门的权力事项进行梳理、统计,划定界限,形成权力事项、权力种类、法定依据、运行程序等内容的目录清单。

而从法理的角度来看,权力清单制度是践行行政法定、行政公开、行政便民等原则的一种体现。行政法定原则是行政法最为核心的基本原则,要求行政权的存在基于法律的授权,行政权的行使必须依据法律,不得与法律相抵触。权力清单制度的"清权、确权、配权"契合了行政法定原则的要求。行政公开原则要求行政主体在行使行政权力时,要把行政权力运行的依据、过程和结果向行政相对人和社会公众公开,以便行政相对人和社会公众熟悉,并有效参与和监督行政权力的运行。而行政便民原则要求行政主体在行使行政权力时,要以方便行政相对人为宗旨,采取方便行政相对人的方式和程序实施行政行为。权力清单制度的"晒权、制权"正是行政公开和行政便民的体现。

二、现状分析:权力清单在推进法治政府建设中的作用及存在问题

(一)实践现状

2005年,河北省在商务厅、国土资源厅和邯郸市推行的政府权力公开透明运行改革试点,邯郸市成为全国首个推行权力清单的地方政府。党的十八大后,特别是党的十八届三中、四中全会作了相应部署后,权力清单制度的大规模实践在全国范围内铺开。当前,全国31个省份已全部公布省级政府部门权力清单,其中24个省份公布了责任清单,17个省份公布了市县两级政府部门的权力清单和责任清单[2]。就权力清单制度实践情况来看,有以下几个特点:

1. 权力清单制度取得实际成效

首先,权力事项大幅度减少,精简率不低于40%。如,安徽省梳理权力

---

[1] 任进:《推行政府及部门权力清单制度》,《行政管理改革》2014年第12期,第48-53页。
[2] 赵兵:《促进简政放权 完善运行机制 全国省级政府部门权力清单全部公布》,《人民日报》2016年1月29日,第1版。

清单后，实施权力事项取消或下放，仅仅保留1712项，精简率68.3%[①]。广西贵港桂平实施权力清单制度后，共梳理权力事项5341项，保留2849项，精简2492项，精简率达到了46.7%[②]。其次，行政审批进一步规范。非行政审批制度依法能够取消的一律取消，对于保留和暂不执行的行政许可事项，改变管理方式。再次，权力下放，执法重心下移。不少省级政府在法律框架内将与市县共有的行政处罚权下放到市县属地管理，地方政府可以结合地方实际就近管理，缩短了空间距离，提高了行政效率。最后，减少政府直接的资源配置权。减少政府权力对市场的干预，充分发挥市场在资源配置中的决定性作用，比如，精简和规范土地资源管理、投资项目等权力，省级专项资金不直接对接企业，涉及市县的，对接市县。

2. 权力清单制度纵横推进不平衡

权力清单制度是一项自上而下的行政改革措施。由于行政条块管辖的特点，权力清单制度在推进过程中，必然会出现快与慢的区别。就横向而言，东部地区推进相对较快，西部地区推进较慢。从纵向来看，尽管不少地方政府在实施权力清单制度过程中，采取试点先行，再全面铺开，但是权力清单制度基本都是以省、市、县、乡的顺序依次推进。

3. 权力清单制定主体及程序相对统一

就制定主体而言，均由地方政府自身制定，大多由政府编办进行，由法制办联合人大、政协、纪委等部门进行意见审核。就程序而言，先由政府各部门自行梳理权力事项，形成自查报告上报，由编办汇总，报法制办审核，并经政府领导班子讨论公布，期间会报送人大、政协、监察及上级部门，并向公众、专家征求意见，经过多次修订、审核，最终在政府门户网设置专栏公布，同时出台相关权力运行流程图。

---

① 乔树飞：《推进权力清单制度 加快法治政府建设——安徽的探索与实践》，《安徽行政学院学报》2016年第1期，第5-8，47页。

② 方郎、吴家文：《桂平市推进政府部门权力清单制度有序运行》，《贵港日报》2016年6月15日，第2版。

（二）作用

当前，改革正进入深水区和攻坚期，编制权力清单，厘清权力边界，实现简政放权，为推进法治政府建设提供了有效尝试。具体而言，权力清单在推进法治政府建设的作用可以概括为"三个促进"：

1. 促进政府法治意识的提高

当前，我国各级政府大力推进法治政府建设，其根本目的是加快推进社会主义法治国家的建设。"有权必有责"，任何行政主体只要拥有权力，就要负担相应的责任。建设责任政府的第一步就是要求各行政主体要有法治意识，要用法治思维来行使权力。推行权力清单可以有效督促各级行政主体学法、知法、用法，从而形成守法光荣、违法可耻的良好氛围。而在推进社会主义法治国家建设的进程中，强调的是权力和责任的相对性，防止的是政府职能的退化，因此更要不断提高政府法治意识。邯郸市市长的法定权力事项经清理后只保留了93项。时任邯郸市市长王三堂认为，尽管清理后的权限比预期的要少，工作量上轻松了一些，但是责任感和压力感更强烈。因为"人民群众能更好地对政府实行监督，这就促使政府要更加慎重地对待和使用手中的权力，要比以前更加慎权"[1]。

2. 促进行政权力的规范行使

长期以来，"权力极大"是广大人民群众对政府及其职员的刻板印象。推行权力清单，梳理各级政府的权力事项、权力种类，统计权力数量，将政府权力放进权力清单的"笼子"，使其在"笼子"内依法有序运行。梳理政府权力，给政府用权一个明确的界限，可以有效避免越位、失位的出现。权力清单将政府权力公之于众，放在阳光下运行，可以去除政府权力的神秘感，有效消除人民群众对"权力运行不合法不公正"的疑虑，消除权力运行中的暗箱操作和权力寻租空间，规范政府权力依法规范行使。如广州市推行政府权力清单后，行政执法异常率从开展前的21.59%减少到0.012%，效果可见一斑。[2]

---

[1] 徐彬：《国内首份市长权力清单：邯郸市长的93项法定权力》，《南方周末》2005年8月25日，第2版。

[2] 张林、穗纪宣：《广州公布"行政权力清单"》，《羊城晚报》2013年11月22日，第A4版。

3. 促进政府治理的法治化

在现实中，行政主体有法不依、执法不严、违法不究和多头执法现象仍然不少。编制权力清单，将部门职责交叉、重叠、相近的职能进行重新界定，明确责任主体，克服政府部门职责不清等问题，让行政权力公之于众，让隐性权力公开化，显性权力规范化，可以有效监督行政主体的行政执法行为，进而消除责任的推诿扯皮等执法乱象的滋生，从而提高政府治理法治化水平。

（三）问题

尽管推行政府权力清单有效促进了地方法治政府建设，但是不可否认，地方在推行权力清单的过程中，仍然遇到各种难题。具体而言，主要表现在以下几个方面。

1. 政策规范与权力法定原则之冲突

"权力法定"是建设法治政府的内在要求，"用权有据"是行政权力合法、公正运行的基本前提。"法无授权即禁止"，现代社会，没有法律依据，行政机关就不得存在。权力清单制度的推行受法律、立法层面的约束，然而，自权力清单制度试点以来，除了党的十八届三中、四中全会的决定和《关于推行地方各级政府工作部门权力清单制度的指导意见》外，没有任何一部法律法规依据。在权力清单制度的推行过程中，当政策与现有法律法规发生冲突时，为确保权力清单制度的顺利推行，实践中的做法要么以政策为依据，从而导致出现权力规定变动在先，法律规定变动在后的奇怪现象。要么在立法滞后跟不上现实需要时，通过对现行法律进行解释，以适应现实生活之需。这种先行动后调整法律法规的做法不符合"权力法定"之原则，如果在权力清单制度推行中就存在违反法律规定之现象，无疑违背制度推行的初衷，也无益于法治政府建设。

2. 权力观之转变与改革可能的形式主义

官本位思想在我国历史传统文化中长期居于统治地位，对当下中国仍有根深蒂固的影响。"居庙堂之高"，官僚主义、特权思想严重，唯上是从，曲意逢迎现象盛行；"处江湖之远"，望子成官仍是不少父母之宏愿，羡官敬官畏官仍是普通百姓的普遍心理。全心全意为人民服务是立党之宗旨，坚持立党为公，执政为民，就要对行政权力加以制约。"大道至简，有权不可任性"，在推进权力清单制度，实现简政放权的改革中，对行政主体树立正确权力观和依法用权提出了更严更高的要求。然而，在现实中，一些地方政府部门只将推行权力清单看成一种形式,并未给予高度重视,不少行政主体觉得权力清单不会发挥实效,在实际工作中,本着"以形式对抗形式"的心态,应付权力清单工作。表面上虽然按照权力清单制度梳理了权力事项,划定权力边界,并对取消、整合、暂不执行等权力进行了梳理和精简,但是仍然有个别部门为了个人及小团体的利益,该减的不减,该放的不放。官本位思想不转变,权力清单制度流于形式,将严重损害政府公信力,不利于诚信政府、法治政府之建设。

3. 监督机制不健全导致的权责失位

从已推行权力清单制度的地方政府来看,除少数地方明确了权力清单制度推行的监督机制外,如广州市由纪委监察局开展在线监察、北京市西城区明确投诉举报途径等,大多数地方对权力清单制度的监督机制仍是不明确,有的乃至空白。从实践中发现,权力清单的制定主体是各级政府,监督权力清单制度实施的部门也是政府或其部门。也就是说,在推行政府权力清单制度方面,政府本身就是权力清单的制定者和监督者,换言之,政府既是"运动员",又是"裁判员"。一方面,主导着权力清单的内容、流程和执行方式;另一方面,监督并制约着政府部门的权力运行。这种"自己监督自己"的制度,将会导致违反权力清单而无责任追究之乱象,有悖于"权责统一"之原则,也影响政府形象,有损政府公信力。

三、路径抉择:完善权力清单制度推进地方法治政府建设

推行地方政府权力清单制度,是加快法治政府建设的重要举措。《关于推行地方各级政府工作部门权力清单制度的指导意见》(中办发〔2015〕21号)明确提出了"全面梳理现有行政职权、大力清理调整行政职权、依法律法规审核确认"等"八项任务"[①]。如前所述,政府权力清单在推进法治政府建设中作用明显,但是需要破解的难题依然存在。因此,在以权力清单推进法治政府建设的进路中,要立足国家法治建设的实际,完善权力清单相关制度,循序渐进

---

① 八项任务指中办发〔2015〕21号《关于推行地方各级政府工作部门权力清单制度的指导意见》提出的"全面梳理现有行政职权、大力清理调整行政职权、依法律法规审核确认、优化权力运行流程、公布权力清单、建立健全权力清单动态管理机制、积极推进责任清单工作、强化权力监督和问责"八项任务。

地推进。

（一）加快政策入法，实现权力清单制度于法有据

权力清单制度是加快法治政府建设的有效举措。当前完善权力清单制度的首要任务应当是加强顶层设计，加快制度入法，制定有关推行权力清单制度的法律法规，以解决权力清单制度推行中法律缺位、法律滞后、法律冲突的问题。一方面，加强国家立法对权力清单制度的规制。将公布权力清单纳入政府职责写进法律，明确上级人大为地方政府权力清单相关法规的立法主体，严格规定各级政府及其工作部门公布权力清单的内容、程序、方式以及责任，要求以权力清单作为依法行政的依据。这样既可以明确按照程序推行权力清单制度是各级政府及其部门的法定义务，又可以保证各级政府权力清单的相对统一，还可以通过承担法律责任的形式制约超越或者未按权力清单要求行使权力的行政行为，严格遵循"权力法定"和"法无授权即禁止"之原则。此外，要立法规定权力清单制度的动态管理，以便根据法律法规的立改废和机构职能调整情况，及时删减或补充权力清单内容。另一方面，加强地方法规对权力清单制度的规制。地方应基于当地经济社会发展水平，在不违背上位法的前提下，制定有关权力清单制度的地方性法规，对权力清单的内容、程序、违反的责任承担进行更加细化、精准的规定，以充分体现地方人民的意志，更好发挥地方权力机关的监督作用。

（二）健全考评机制，实现法治政府考核科学合理

党的十八届四中全会通过的《中共中央关于全面推进依法治国若干重大问题的决定》明确建设法治政府的"二十四字方针"[①]。法治政府建设的成效如何，需要一定的客观评价。对照权力清单评价行政行为是检视法治政府建设的重要内容。因此，当前建立健全以权力清单为主要内容的法治政府评价机制，是实现法治政府考核科学合理的有效途径。

1. 三项原则：权力清单下法治政府考评机制建构的合法、合理、实用原则

一是合法性原则。如前所述，权力清单的推行要在法律法规的制约下进

[①] 法治政府的"二十四字方针"指《中共中央关于全面推进依法治国若干重大问题的决定》提出的"职能科学、权责法定、执法严明、公开公正、廉洁高效、守法诚信"。

行，其编制主体要法定授权，权力事项、公布程序也要依法进行。同样的，以权力清单为主要内容的法治政府考评机制要在法律法规限定的范围内来设定。考评机制的制定主体要法定授权，避免考评机制设定的任意性，考评内容和程序要合法，不能凌驾于法律之上。二是合理性原则。权力清单下，法治政府考评机制的设计要科学合理，确保以权力清单为主要考评项目的考评机制能够科学反映地方法治建设的现状与水平。而在考评内容上，除对照权力清单考核政府及部门行政行为的合法性外，还要依据法治政府建设的"二十四方针"，补充涵盖法治政府各方面的内容指标，做到宏观和微观兼顾，考评标准全面而系统。三是实用性原则。以权力清单为主要内容的法治政府建设考评机制的建立不是目的，而是一种检视法治政府建设成效的手段，是为了在考评中更好地推进法治政府建设。因此，考评机制的设计要具有可操作性，考评的方法、步骤和等级的划分等要方便实用，可进行横向比较，并满足不同层级的使用。

2. 七大指标：权力清单下法治政府考评机制基本内容

《法治政府建设实施纲要（2015—2020年）》，将法治政府建设归纳为七个方面[①]。因此，可据此设定法治政府考评的七大基本指标。（1）依法全面履行政府职能情况。政府职能是什么，履行效果如何，是考核的主要内容。因此，此项考核内容要以清单的形式来进行。主要包括政府权力梳理清晰、政府责任明确、依法行政情况、是否存在懒政怠政情况等。（2）健全依法决策机制情况。主要包括内部决策规则科学、民主决策机制健全（公众参与程度）、决策信息系统完备、决策咨询制度作用明显（专家论证制度、法律顾问制度）等。（3）深化行政执法体制改革情况。包括严格执法情况、推进综合执法情况、执法队伍建设情况、罚缴分离和收支两条线管理制度执行情况、案件信息共享平台建设情况等。（4）坚持严格规范公正文明执法情况。包括执法主体法定、执法依据公开、执法程序合法、执法责任落实等内容。（5）强化对行政权力的制约和监督情况。包括内外部监督机制健全通畅，具体涵盖人大监督、民主

[①] 《法治政府建设实施纲要（2015—2020年）》提出"依法全面履行政府职能、完善依法行政制度体系、推进行政决策科学化民主化法治化、坚持严格规范公正文明执法、强化对行政权力的制约和监督、依法有效化解社会矛盾纠纷、全面提高政府工作人员法治思维和依法行政能力"。

监督、社会监督、舆论监督、行政监督、司法监督、审计监督等。(6) 全面推进政务公开情况。包括政务公开平台建设情况、决策公开情况、财政预决算公开情况、重大建设项目审批和实施情况等。(7) 全面提高政府工作人员法治思维和依法行政能力，具体包括政府工作人员的法治教育培训情况、完善政府工作人员法治能力考查测试制度情况、政府工作人员运用法治思维依法行政情况等方面。

3.三个步骤：权力清单下法治政府考评程序"三步走"

第一步，由政府部门按照法治政府考评标准进行自我评估，并形成评估报告。第二步，由法治政府建设考评工作办公室抽调专家组成综合性考评小组，根据考评标准，严格进行打分，并形成专家评审意见作为当地法治政府建设自评报告。第三步，由上级政府组织专业考评小组对下级政府部门的自评报告进行严格审查，并作出初步判断和意见，如有必要，可就材料中的疑点进行现场考察。

（三）完善监督机制，实现权责统一原则贯穿始终

推行权力清单制度，是深入推进依法行政、加快构建法治政府的重要举措。依法行政，建设法治政府要坚持"权责统一"原则。推行权力清单，建设法治政府要建立健全完善的监督机制，才能确保依法行政贯穿始终，才能有效避免权力清单流于形式，法治政府建设目标的落空。

1.完善监督机制制约权力清单

有监督，才能更好地提升权力清单运行的质量，才能更好地推进法治政府建设。首先，明确专门的监督机构。各级人大除了负责制定地方性法规外，还有监督政府的职能。因此将各级人大及其常委会法定为权力清单的专门监督机构，能够确保权力清单制度监督的有效性和持续性。其次，加强事中监督。即在权力清单编制过程中，对可能出现的制度错位、权力排除和权力添加等不法行为进行监督，及时指出并制止，乃至追究相关责任。再次，加强事后监督。即在权力清单实施阶段，对权力清单落实情况进行监督。监督地方政府是否按权力清单简政放权，是否按权力清单要求下放权力。一旦发现蓄意违法权力清单之规定，监督机关要联系责任追究机关，及时启动追责程序。最后，充分发挥群众监督。在权力清单编制过程中，引入听证程序，通过召开听证会或者网上听证等形式，征求人民群众对推行权力清单的意见，广纳法治政府建设的民意。权力清单公布后，要同时公布群众监督渠道和方式，比如监督电话、网络问政等，以方便群众监督政府依法行政，执政为民。

2.建立责任制度确保权责统一

有权必有责，建立对立统一的责任制度，可以对政府权力的行使起到规范、约束、监督、追责的作用。在权力清单编制阶段，要明确编制主体法定，权力清单的编制主体要对编制权力清单的行为负责，在编制阶段，出现行政权力"该减不减""明减暗增"的违法行为，将受到行政处分，造成严重损失，构成违法犯罪的要追究刑事责任。而在权力清单的实施过程中，要确保行政权力严格按照权力清单的规定各归其位，无论是取消、整合还是暂不执行，都必须严格按照权力清单的规定有效运行。如出现违反权力清单规定之行为，就应承担相应责任。

新时代农村社会治理法治路径研究[①]

摘要： 实现农村自治的法治化，是全面推进依法治国战略布局的重要组成部分。"乡镇村治"的农村自治模式的产生，是农村社会经历了社会变革后基层权力真空的必然选择，其背后的法理基础是农村广大群众对民主、自由、平等和权利的追求。而经过多年实践，当前农村自治主要依托行政权力、农村精英、宗族（民族）势力、黑恶势力或他们的结合等非法治力量来治理，偏离法治化轨道，导致农村自治模式下出现农民自身民主意识的自相矛盾，乡镇政府与村委会的权力冲突，村党支部、村委会与村集体经济组织权力并行，法律政策的滞后和超前等多重矛盾。为此，应当选择政府社会互动型的法治发展模式，并且采取健全法律体系、完善制度、转变政府职能、提高法治意识等多种手段促进农村自治的法治化进程。

关键词： 乡政村治；农村自治；乡村治理；法治路径

在推进依法治国、建设社会主义法治国家新时代背景下，实现农村自治的法治化，既是建设社会主义法治国家的具体实践，也是促进国家治理体系和治理能力现代化、法治化实践在基层的有力体现，构成了全面推进依法治国战略布局的重要组成部分。尽管在中国特色社会主义法律体系已建成的当下，《宪法》《村民委员会组织法》等有关法律法规对农村自治的法治模式已有一些规定，"乡政村治+村民自治"的治理模式，形成了当前中国特色社会主义的农村政治模式。经过数十年的实践表明，这一治理模式一方面推动了基层民主；另一方面也促进了农村自治的法治化进程，推动了法治中国建设。但是在推进

[①] 本文荣获2019年第三届"三江源法治论坛"三等奖、2019年第十四届西部法治论坛三等奖。

农村自治的法治化过程中，农村自治仍处在由压力型的传统模式向服务型的现代化法治化模式过渡的中间地带。而且随着中国特色社会主义新农村建设、美丽乡村建设的深入，农村自治的新问题、新矛盾也日益凸显，法律知识缺乏、法律意识观念不强、民主意识不强，依靠国家行政权力的治理还很普遍，凭借农村精英治理或宗族（民族）势力和黑恶势力治理等非法治的方式现象仍然存在，运用法治思维和法治方式推进农村自治的力度不够，乡政村治和村民自治等农村依法治理取得的效果还不明显，等等。因此，深入总结农村自治的历史进程，深刻分析农村自治变化背后的法理基础，细致探究当前农村自治的基本情况及存在的问题，探讨农村自治的法治化路径，推动农村自治的法治化进程，实现农村治理的现代化、法治化，推动法治中国建设，具有一定的理论和现实意义。

一、历史沿革：基层权力真空的必然选择

治理一词古已有之，可以解释为统治、管理的意思。如《汉书·赵广汉传》和《孔子家语·贤君》等古文中的治理都是统治、管理之意[1]。而西方的治理（governance）一词，词源来自拉丁文和古希腊语，意指控制、引导和操作。依据马克斯·韦伯（Max Weber，1864—1920）的科层制理论，治理的核心便是从命令到服从，是一种自上而下的单向的政治统治方式。随着人类社会的发展，治理一词的内涵也发生了重大变化，逐渐由控制的意思转向自治。治理的主体也开始多样化，治理的权力运作也从自上而下的单向运行变成一个上下互动管理模式[2]。

治理理论引入中国后，引起了学术界的广泛研究，并提出了"乡村治理"的概念，深刻影响着我国社会治理的政治实践和理论研究。作为社会治理的最基层领域，农村自治模式同样也受到了非常深刻的影响。最早提出"乡村治

---

[1] 《汉书·赵广汉传》："壹切治理，威名远闻。"《孔子家语·贤君》："吾欲使官府治理，为之奈何？"

[2] 樊雅强、陈洪生：《社会主义新农村建设中的乡村治理理论与实践》，《江西社会科学》2007年第3期，第227-234页。

理"概念的是华中乡土学派的学者①。华中乡土学派认为"乡村治理"是指国家权力、农村组织公共权力在最基层领域——农村的配置、运行、互动及其变化。②基于这样的认识,该学派还在前人研究的基础上,丰富了"村治"的内涵,认为"村治"中的村不单单指"自然村"和"行政村",而是泛指"农村"或"乡村";"治"则是指组织农民实施经济合作,实行自我管理、自我服务和自我发展③。虽然就本质内涵而言,"乡村治理"和"村治"的意思趋同,但是由于"乡村治理"更偏向于乡村的地域范围,而"村治"则局限于村庄的地域范围。因此,为了避免造成概念的混淆和理解的误差,对于村级治理和农村自治还是以"村治"界定为好。

村治,即"村级治理"或农村自治,其核心要义是村民自治。1982 年《宪法》第一百一十一条以最高法律形式提出了"村民自治"的概念。而对其内涵加以定义的则是民政部于 1993 年下发的《关于开展村民自治示范活动的通知》。概括而言,村民自治就是指农村的广大农民群众通过民主选举、民主管理、民主决策和民主监督的方式,直接实现民主自治的权利,依法办理农民自己的事情,创造农村幸福生活,实现自我治理、自我服务、自我教育、自我发展的一项基本的社会政治制度。从这一界定而言,村民自治中的村,范围就局限在农村(村庄)。通过官方文件的定义描述,村民自治是我国特定时期的政治产物,较之更为学术化的"村治"而言,概念更偏向于意识形态,更具有政治意味。

新中国成立以来,农村治理在经历了土地革命、农业合作化和人民公社化三个阶段后,才发展到后来的村民自治阶段。

其一,土地革命阶段。这一阶段主要是从 1949 年至 1952 年。由于这一时期还未完全改变农村社会生产生活资料私有制,党对农村社会的动员、治理作用还十分有限,农村社会仍处在土豪劣绅的控制之下。因此,依法(主要是

---

① 主要是华中师范大学中国农村问题研究中心的农村社会学者、人类学者和政治学者,代表人物有贺雪峰、吴毅等。

② 吴毅、贺雪峰:《村治研究论纲——对村治作为一种研究范式的尝试性揭示》,《华中师范大学学报(人文社会科学版)》2000 年第 3 期,第 39-46 页。

③ 吴毅、贺雪峰:《村治研究论纲——对村治作为一种研究范式的尝试性揭示》,《华中师范大学学报(人文社会科学版)》2000 年第 3 期,第 39-46 页。

依据当时中央人民政府颁布的《中华人民共和国土地改革法》)使用行政手段,将地主阶级的土地等生产生活资料统一收归国有,并由农村集体组织进行统一管理和平等分配。与此同时,对农村工商业进行社会主义改造,让农村集体组织管理农村工商业。土地改革后,农民成功获得了土地和生产资料,农村社会成员的财产占有地位平等,为推进农村生产与建设奠定了基础。

其二,农业合作化阶段。这一阶段主要从1953年到1957年。囿于土地改革之后小农经济在农村出现了两极分化问题,农村社会经济发展缓慢。为克服农村生产分散、发展缓慢的问题,农村互助组模式自发产生,并从临时互助组发展到常年互助组,再发展到初级社、高级社。合作化发展模式的普及,一方面促进了农村农业的生产发展,另一方面由于发展过快,忽视了部分农民的意愿,打击了农民生产的积极性,在一定程度上阻碍了农村社会的发展。

其三,人民公社阶段。这一阶段主要从1958年到1978年。随着反"右"斗争的开始,全国农村迅速冒进人民公社,农村治理开始实行政社合一,实施"公社+生产大队+生产小队"的管理模式,并在公社、生产大队和生产小队分别设党委、党支部和党小组,并实行农村村民统一劳动、工商统一经营、收支统一核算、收益统一分配。这种劳动与分配全部统一的方式,严重打击了农民的生产积极性,阻碍了农村农业的发展,导致农村群众收入不高,生活质量较低。

其四,农村自治阶段。主要是从1979年至今。随着1978年底小岗村18户户主冒着可能坐牢的风险,签订"分田单干"协议后,农村家庭联产承包责任制在全国范围内开始推广。生产队、生产大队的权威不复存在,人民公社也逐渐瓦解,国家权力对农村控制有所松动,而经历了"四清"和"文革"的基层干部又怕犯错误、遭到批判,不敢管理农村事务,使得农村社会秩序一片混乱。为改变这一权力真空时期的秩序混乱局面,1980年2月5日,在广西合寨大队党支部的领导下,韦焕能召集果作生产队85户村民代表经过开会讨论,以差额选举的方式产生了中国第一个村民委员会——果作村村民委员会[①]。自此村民自治模式得到迅速发展,农民生产积极性提高,农村经济迅速发展,农民

---

① 徐勇:《村民自治:一场"静悄悄的革命"》,《人民论坛》2008年第17期,第47-48页。

生活水平也日益改善。

村民自治这一政治制度在 20 世纪 80 年代初产生并迅速发展起来，促进了农村生产力的发展，究其根源，主要有三个方面的原因，其一，生产队绝大多数大队干部不想管事，生产队处于瘫痪或者半瘫痪的状态。其二，各生产队之间推诿扯皮，不解决问题。原来各村委一个生产队，分成几个队后，遗留了不少问题，也新增一些问题，各个队自己解决不了或者不想解决，大队也不积极主动解决。其三，社会治安混乱。地处山区，居住分散，基层权力真空期治安混乱，组织起来有利于搞好治安防范[①]。从人类社会历史发展的角度来看，用一句话概括，村民自治是基层权力真空后的必然选择，而其背后则有一定的法理基础。

二、法理基础：民主自由平等权利理念深入人心

农村自治的核心价值体现在民主自治上，民主自治理念是对民主自由平等权利等自治思想、原则、精神的抽象和概括，不仅客观反映了农村民主治理的现实，而且能够指引农村治理的发展方向，充分体现了人民当家作主的理念，也表达了农民建设中国特色社会主义现代化、法治化新农村的愿望。

（一）民主

民主的核心是人民和权力，意思就是人民的统治，后来延伸为一种国家形式或形态的意思，也指人民享有治理国家、管理国家的平等权利。列宁就曾明确指出，民主是一种国家形式，是一种国家形态；民主就是在形式上要实现公民一律平等，承认公民享有决定国家制度、自己管理国家的平等权利[②]。李龙教授在其《法理学》一书中对民主曾下过一个比较综合的定义，即民主是一种观念，也是一种实践；是一种国家形式或形态，也是国家的一种制度，是国家的本质，也是人民权利[③]。我国是社会主义国家，民主理所应当是社会主义民主，

---

① 郭亮：《桂西北村寨治理与法秩序变迁——以合寨村为个案》，西南政法大学 2011 年博士学位论文。

② 列宁：《列宁选集》（第三卷），人民出版社 1995 年版，第 201 页。

③ 李龙：《法理学》，武汉大学出版社 1996 年版，第 205-210 页。

其主体是人民，本质是一切权力属于人民。而民主理念则是指民主的一种意识形态，属于思想认识的范畴，由经济基础决定并为经济社会发展实践服务。从农村社会发展来看，伴随着农村生产力的发展，尤其是家庭联产承包责任制的广泛实行，农村经济得到发展，农民生活得到改善，当物质需求已经不再是农民生活所追求的目标时，精神需求就得到发展，从而促进了农民民主意识、民主观念的不断提高，促进了农民民主精神、民主素质的不断增强，民主就成了农民追求的政治自由。而经济基础决定着民主的价值追求，民主理念就必然外化为民主实践，并通过民主制度、民主法治等形式表现出来。农村民主自治就是在这种民主价值理念的指导下不断实践和发展的。而农村民主制度的发展实践也在一定程度上倒逼着国家政策、法律的介入，促使农村民主制度的政策化、法律化。

（二）自由

从现代政治的角度来说，自由是现代社会一种非常重要的政治价值理念。而从法律的角度来看，自由是指在社会活动中能够按照个人意志进行各种行为，并受到宪法和法律保护和认可的权利。在西方的民主社会中，自由就是在现代文明中，保障个人幸福的社会必要条件，是一种不受任何限制、只受自己支配的权利[1]。而马克思则认为，自由是人的思想意志和客观规律的统一。自由是由意志自由向行动自由不断转化的过程，是对客观规律的认识。自由是个人和社会、个人自由和社会发展、个人自由和社会责任的辩证统一。概括来说，人是自然界的主人，是自己和社会的主人，从而成为自由人[2]。可见，向往自由是人的天性，追求自由、实现自由是人的终极目标，因为自由是人的本质[3]。在近代历史上，中国有一段半封建半殖民地的屈辱历史，在那段历史时期，自由对于人民来说只是一种虚无的东西，是一种理想。直到新中国成立后，广大劳动人民翻身做主，成了国家的主人，才真正享受自由，感受到自由精神。随后，伴随着生产资料的解放和社会生产力的发展，中国农村改革深入推进，农

---

[1] 拉斯基著、何子恒译：《现代国家中的自由权》，商务印书馆1959年版，第33页。

[2] 马克思：《马克思选集》（第三卷），人民出版社1995年版，第443页。

[3] 李龙：《依法治国论》，武汉大学出版社1997年版，第92页。

村经济结构转型,社会主义市场经济不断发展,人民生活得到了改善,加之社会思想解放运动的发展,人们也追求着更高的自由价值理念,促使社会不断从封闭、半封闭到对外开放转型,社会从人治开始向法治转变,相伴而来的便是中国特色社会主义法律体系的不断健全和依法治国的全面推进,以及建设社会主义法治国家的深入发展。广大农村人民群众的自由理念也随之得到体现和张扬,并得到了国家政策制度和宪法法律的认可和保障。农村人民群众实现自由的重要途径便是通过民主选举、民主决策、民主管理和民主监督,实现村民自治,实现自由目标。

(三)平等

平等是人类追求的基本价值之一,与自由民主一样,也是民主政治的基础。平等主要有两个层面的意思,一个层面,指同等的机会,就是尽可能给每个人同等的机会去施展才能。另一个层面,指同等的权利,就是指任何人平等地享有同等的权利。没有平等的理念,就不可能有自由民主的社会状态。平等又分为自然平等和社会平等。社会平等是指不同社会主体在一定的社会交往关系中,社会地位平等,必须履行同等的义务,拥有同等的权利。从唯物史观的角度来说,实质的平等是确保任何人或者一个国家的任何公民都有平等的基本权利、政治地位、社会地位[1]。我国宪法明确规定,公民在法律面前一律平等。但是,在我国传统社会中,人被人为地划分为三六九等,权力的平等和社会地位的平等在很长一个时期内根本不存在。平等理念是随着农村政治经济的改革和发展才被逐步重视的问题。

(四)权利

从法治国家的视角来看,权利是与民主、自由、平等同等重要的社会价值追求。从权利的起源来看,古今中外有天然权利、神示权利、天赋权利、君授权利和法定权利等权利理论。而就权利的含义而言,权利就是自由、利益、能力、资格[2]。从法治的角度来看,我国宪法规定国家尊重和保障人权,并规定了人民享有一切为人的基本权利。由此可见,权利就是任何公民平等地享有的作

---

[1] 马克思:《马克思选集》(第三卷),人民出版社 1995 年版,第 304-444 页。

[2] 何泽中:《当代中国村民自治》,湖南大学出版社 2002 年版,第 14 页。

为一个人所享有的必要的社会利益。具体到对农村治理的权利理念的理解,权利是农村民主自治的行动指南,广大农民群众自然地享有宪法和法律规定的各项基本权利。

综上所述,农村自治的法理基础是基层民主自治理念,包括民主、自由、平等、权利四个要素,四个要素之间是辩证统一的关系。其中,自由和平等是权利的基础和根本,民主是权利的保障,权利是自由、民主、平等的具体化。概括而言,自由是最高价值追求,是精髓;平等是实现其他三个要求的前提;民主是关键;权利是核心。四个要素既各自独立,又相互联系,相辅相成,共同促进了农村民主观念、自治思想、意识、机制、方式、方法的产生与发展,并由此指导农村民主自治的实践,促进农村经济发展,农民生活水平的提高,促进农村自治的法治化进程。

三、现状分析:农村自治相关主体间的多重矛盾

(一)基本现状:四种典型的治理方式

近年来,随着社会主义新农村建设、美丽乡村建设的深入推进,农村的生产、生活、村容、村貌等各方面得到了极大的改善。但是,农村自治的法治问题并没有得到相应的发展,反而随着新农村建设、美丽乡村建设的深入,加上基层行政权的扩张,使得农村自治问题在实践中更加复杂,出现了乡政村治的法治模式被异化,农村自治所依托的方式并非法治的力量,而更多的是依托法治之外的强势力量来推进农村自治,导致农村自治的法治化与实践出现严重脱节的现象。当前农村治理方式根据所依托的力量来源的不同可以概括为以下四种。

1. 通过国家基层权力的治理

乡政村治是当前我国农村治理的法定模式。《村民委员会组织法》明确要求乡镇人民政府对村民委员会的工作进行指导、支持和帮助,也明确了村民委员会有协助乡镇政府开展各项职能工作的义务。与此同时,也明确规定了乡镇政府在指导村委会开展工作时,不得干预按照法律规定原本属于村民自治范围内的事项。然而,在我国农村地区,村委会包括民主选举、民主决策、民主管理等农村各项工作主要都是在乡镇政府的行政权力的控制下推进的。具体而言,控制方式主要有以下四个方面。其一,掌握选举。比较普遍的做法是以

"指导"的形式变相提名村干部候选人，或者对村民提名候选人加以控制。一些地方出现选举结果与组织意图不一致的情况后，甚至找各种理由宣布选举无效。其二，下达指令。乡镇政府每年都会将经济社会发展任务细化为若干具体指标，编制成具体计划下达给各村。比如要求各村根据具体情况，年度村集体经济发展规模达到2万元以上。此外还有阶段性的工作，比如完成征兵指标、硬性完成贫困户脱贫指标，等等。其三，干预村务。依据《村民委员会组织法》的规定，村里主要干部的工资、村里务工补贴的标准和人数，应通过村民会议讨论表决决定后，从本村村级经费中单独列支。但是，在实践中，这些开支大多数由乡镇政府甚至更上一级的政府决定，而不是经过村民会议或村民代表会议讨论决定。由乡镇政府乃至其上级政府审批村干部报酬，一方面，剥夺了村民自治民主决策、民主监督的权利；另一方面，对村干部个人经济利益的决定权使得国家基层政权对农村自治的干预和控制更加明显。其四，控制财务。财务管理是村民自我管理最基本的内容，也是村级最基本的自治权。但是，近年来，一些地方普遍推行村财乡管，将会计权收归乡镇政府，将出纳权留村，村里办公经费、劳务经费、基础设施完善经费等费用的支出，必须先报乡镇政府审批。这样将原本完整归属于村的财政权部分收归乡镇政府管理，实际上加大了乡镇政府对村级财务的控制，扩大了乡镇政府对农村治理的干预，削弱了农村的自治权。

2. 凭借个人能力的治理

自古以来，我国农村就有乡绅凭借自身威望和势力治理的传统。虽然当前我国农村实行民主自治，由村民自己选举村委会及村委会成员，但是村民最后选出来的村干部绝大多数都是在农村有突出成就或者较大影响的农村精英。一般而言，农村精英都会在某个领域或者某个方面有较突出的成就或者有较大的影响力，在本村或者屯里具有较大的威望或者较大的势力。当前，最常见的农村精英就是先富起来的那一部分人，他们凭借在经济方面的优势，被作为农民致富的带头人，更容易当选为村里的干部。然而，这些农村精英被选为村干部后，在农村治理的过程中，农村集体事项的处理往往会借助其自身的影响力或者势力开展农村治理工作，而不是依赖法律赋予的权力，依靠法治的力量，来推动农村自治。农村精英凭借自身的经济优势而成为村干部后，有了农村治理、资源分配的主要权力，对农村社会的影响力扩大，控制力增强，甚至出现权力绝对集中，产生特权思想，开始独断专行，对村集体事务违背普通村民的意愿，自行其是，而忽略了法律规制，使得民主自治变成村民领导人的自治。虽然从农村精英治理的初期来看，凭借其个人能力能够为农村经济发展作出一定贡献，但是从长远来看，凭借农村精英个人能力的治理，会异化成"霸痞经济人"[1]治理，而破坏了农村市场经济秩序，既不利于农村公平有序的市场竞争环境的建立，影响农村经济的长远发展，也不利于农村自治法治化进程。

3. 依托宗族（民族）势力的治理

在传统社会，农村一般以家庭为基本单位，并通过宗族关系、伦理道德、风俗习惯等来维系整个家族的和谐稳定，从而实现农村社会治理的目的。农村农民不仅认同宗族或民族治理，也依赖宗族（民族）势力在农村社会中获得相应地位并生存和发展。因此，以血亲为纽带的宗族（民族）势力在农村治理中发挥了一定的作用，并影响着后来农村治理的方式。如前所述，在改革开放初期，国家在农村地区实行乡政村治的农村自治模式，国家行政权力从农村抽离，在农村自治的权力组织尚未充分发展的情况下，农村地区出现了一定程度的权力真空。宗族（民族）势力便乘虚而入，渗透到农村自治组织中，转化成为村干部，由此演变出了村级组织权力以宗族姓氏分配的模式。比如，根据调研走访，广西桂平大洋镇鹿旺村五个屯，有林、龚、甘三个姓氏，村干部就以屯的宗族姓氏分配，每个屯的姓各占一个村干部名额。宗族（民族）势力在村民选举中具有很大的影响力，宗族姓氏人口较多的，为了保证本家族在本村的社会地位，往往会排挤其他候选人，通过控制选举过程，左右选举结果，来实现对本村的权力控制，且宗族（民族）势力的影响力会被村干部延续到之后的日常农村治理中。这种依靠人多势众的宗族（民族）势力优势左右村民选举，控制农村自治组织，管理农村事务，更偏向于宗族意愿。虽然每个宗族（民族）势力可能都能够在农村自治组织中占据位置，在一定程度上也平衡了不同宗族间力量，但是其本质偏离了民主的初衷，阻碍了农村自治的法治方向。

---

[1] 张益刚、厉翠菊：《乡村治理的困境：经济能人向霸痞经济人的蜕变》，《当代世界与社会主义》2009年第5期，第165-168页。

4.混合黑恶势力的治理

在农村治理中,黑恶势力常常混合在农村精英、宗族(民族)势力中,具有隐蔽性和分散性的特点。在我国一些农村地区的选举中,尤其是黑恶势力猖獗的地区,那些地痞、流氓、恶霸等黑恶势力通过恐吓、威胁,甚至使用暴力手段,控制选举过程,按其意愿左右选举结果。在这种情况下,村民不能真正行使选举权,选举的结果也不能真实反映村民的愿望。农村黑恶势力利用非法手段控制选举程序,左右选举结果,保证其对农村权力的控制,民主选举的制度就流于形式,农村自治也是徒有虚名。而这些恶霸通过选举取得村干部的合法身份后,往往又采用暴力方式治理农村,处理农村事务,为自己谋取非法利益,这种典型的"恶人治村"模式,引发村干部与村民的冲突,成为农村不和谐的根源。

在推进法治农村建设的进程中,前述四种方式的农村治理普遍存在,在某些村庄,甚至四种方式不同程度地混合在一起,使得农村治理的形势更加复杂。

通过以上分析可见,当前农村治理所依靠的非法治力量主体往往忽视法律规制,不是将法治作为农村自治的依靠支撑和坚强后盾,使得在农村治理中,法律的作用未能有效发挥,法律成了摆设。这使得农村治理偏离了法治轨道,也因为法治悬浮而产生诸多矛盾。

(二)矛盾叠加

1.农民自身民主自治意识的矛盾心态

改革开放以来,农民的民主意识不断提高,对民主原则、民主制度和民主程序等也有所了解。但是从具体情况来看,大多数农村农民对民主权利和事务既冷漠又热情。一方面,对直接推荐候选人和直接投票选举表现得并不热情。有的村民对选举漠不关心,甚至抱着无所谓态度。但是,另一方面,对与自身利益密切相关的事情又相对积极。比如对于村集体土地的分配等事项就比较关注,也积极参与。究其根源在于现阶段农村农民民主参与的形式仍然是一种利益参与型。农民政治参与的主要目的在于维护自身利益,而不是出于对政治的关注,对民主的理解,也不是出于政治觉悟和文化素质的提高。

2.国家行政权和村民自治权的双规并存

如前所述,当前农村治理形式中,国家行政权的干预是其中一个重要形式。在农村社会治理中主要指乡镇政府的行政管理权,与农村村民自治权构成了当前农村社会乡政村治的总格局。在当前乡政村治的格局中,一方面,国家将部分农村权力收归乡镇。主要是将非属于自治范畴权力收归到乡镇,加强控制。如前所述的通过掌握选举、下达指令、干预村务、控制财务等方式,以指导和监督的名义,加强对农村社会的控制,也保留一定的空间给农村社会实行自我管理和自我发展。另一方面,已成为利益主体的农民、农村在自身发展与国家、集体的局部利益发生冲突时,可能会为了自身权益表现出通过自主行动、自我管理并影响国家政策的愿望。从根本上来说,乡镇政府的行政管理和村民自治权两个方面的综合运作,其根本目的是一致的,村委会离不开乡镇政府的指导、支持和帮助;村民自治也有利于促进乡镇的行政管理。尽管如此,由于二者的权力性质不同、角度不一,在实际运行中配合的也不是很协调、默契,甚至会产生控制和自治的摩擦。村民大多希望由自己选举出来的代言人,开展自我管理、自我服务、自我实践、自我发展等自治事项,促进农村资源的开发利用,维护村民自身利益。乡镇政府则担心农村自治陷入流于形式的状态,对农村各项事务的指导职责仍然表现为领导权力,延续用原来行政命令的手段对农村自治加以控制。由此可见,当前农村自治是行政权控制下的自治,农村的民主也是打折扣的相对民主。

3. 村干部与村民利益的冲突和融合

村干部立于村民与乡镇政府之间。一方面,村干部是村民利益的代表,必须为村民代言。因为村干部由村民民主选举产生,并受其监督,所以村干部必须代表村民意志,以服务村民来取得村民的支持和信任。村民也都希望由其选举产生的村干部控制农村资源、处理农村各项事务、维护村民利益。另一方面,村干部又是乡镇政府的代理,必须协助乡镇。乡镇的许多工作需要通过村干部组织落实。从村干部的职责目的来说,代表和代理的双重身份追求的目的是一致的,只是在具体工作中,由于多方面的原因,村民的意愿和乡镇的行政意志难免不尽相同,甚至有的地方会出现矛盾和冲突。扮演代表和代理双重角色的村干部在关系到村民的利益上就会有时融合,有时冲突。就融合而言,有三个方面的表现:其一,村干部和村民对行政控制的抵触和农村自治的愿望是一致的。其二,从生产生活的实际利益来看,村干部的家属和亲友也都是村民，村干部与村民是厉害与共的。修路、建桥、通自来水等村办公益事业，村干部和村民都是受益者；而收缴垃圾处理费等，村干部和村民都必须缴纳。其三，从村干部和村委会的职责来看，村干部和村委会由村民选举产生，受其监督，所以村干部和村委会必须维护村民利益，服务村民，做好农村各项工作。而就冲突而言则体现在两个方面：一个方面，是对不尽符合村民利益的乡镇指令和举措，村干部尽管不愿置身于农民的对立面，但是大部分情况下都会选择贯彻落实乡镇指令，而导致与村民产生显性或者隐性冲突。另一个方面，是村干部个人利益与村民利益的冲突。比如有的村干部办理村民危房改造项目时吃拿卡要，有的村干部利用集体资源做私人生意等。

4. 农村三驾马车并行的权力冲突

农村治理中主要有村党支部、村委会和村集体经济合作社三个行动组织，并称为农村的三驾马车。三驾马车在农村有限的范围内各自行使职权，发挥作用，难免会职能交叉、重复，甚至彼此矛盾。虽然《村民委员会组织法》以法律形式明确了村党支部的领导核心地位，但是同时也以法律形式赋予村委会处理农村政治、文化事务，发展农村社会经济，管理农村社会生活等方方面面的职责。这种相互重复性的模糊规定导致村党支部和村委会职能的交叉和重复，甚至矛盾。有的村党支部和村委会各自按照法律规定进行更为利己的运作，有意或无意地争夺农村资源的处置权，导致村党支部和村委会的关系非常紧张，甚至存在隐性或显性的矛盾。虽然一直强调党支部的领导权力，核心地位，但是村委会也是依法产生，职权由法律授予，履行农村自治事务法律依据充分，民意基础夯实，由此村党支部包揽一切事务的状况就受到了挑战，二者的矛盾也就显而易见。具体而言，村党支部与村委会的矛盾集中体现在三个方面：其一，工程项目、集体项目承包经营等重大村务的决策权上；其二，公务接待、办公经费支出等财务支出的签字权上；其三，电工、保洁员等人员的任用权上。而为农民生产提供支持和服务，为农村经济发展提供平台支撑的经济组织，在村党组织和村委会两虎争霸的情况下有名无实，往往成为二者权力争夺的重点。

5. 国家法律政策的超前与滞后

如前所述，村民自治是广西壮族自治区合寨村农民群众的伟大创造，但是其在全国大范围实行,是通过政府行政的、法律的、政策的手段加以推行的结果。因此,在一定程度上来说,农村自治是一种具有中国特色的制度设计,并不完全是原发性的自治。符合实际情况,体现广大农民的民主要求是制度设计的必然要求,但是现行农村自治的制度设计规范则存在有的超前、有的滞后的情况。由于全国各地农村经济、政治、文化发展程度不一,受农村基层民主总体水平的限制,农村自治的有关规定在一些农村还不完全具备实施条件的情况下,落实制度难度就比较大,也就是说制度设计较之现实生活表现出了一定程度的超前性。在目前农村自治的制度设计中,只有贴近农民利益,考虑农民需求,立足农村实际条件,讲究可操作性的制度和法律才是有效的,有实施的积极性。而恰恰是立足现实这一方面,国家政策和法律法规往往滞后于农民的现实需求。如《村民委员会组织法》虽然明确了乡镇政府与村委会的指导关系,即乡镇政府对村委会有指导、支持和帮助之职责,村委会则协助乡镇政府开展工作;但是并未明确如果乡镇政府不是指导,而是以指导之名行领导之实,干预村委会自治,或者如果村委会不协助乡镇政府开展工作,对乡镇政府、村委会又应该采取怎样的惩戒措施。此处的制度设计就明显滞后,不利于乡镇政府和村委会关系的和谐。

四、法治路径：从模式选择到措施推进的立体完善

（一）模式选择

农村自治是国家社会治理的重要内容之一。随着社会历史的发展,当前世界各国的治理方式都向法治化方向发展,在法治发展较早、法律制度较为完善的国家,公民有很强的法治意识和民主观念,法治思想和民主观念也早已深入人心。法治化的社会治理方式也已渗透到包括农村治理在内的国家治理的方方面面。在全面推进依法治国,加快法治中国建设的当下,我国农村自治面临着新的形势,暴露了诸多新的问题,而纵观世界其他国家法治建设进程,按照当前法治建设推动主体的不同,农村自治的法治路径有三种模式。其一,社会演进型。该模式社会发展本身就是社会法治化的推动力,其法治主体是顺应历史潮流的广大人民群众,具有随意性和不确定性,探索成本较高,需要通过长期探索,积累经验。社会演进型法治化模式是随着社会历史发展自发形成的,是社会顺应法治规

律演变的必然结果,是一个长期的,甚至会出现反复的历史过程,也是广大人民群众顺应历史规律靠自身努力奋斗的成果。诚如学者高鸿钧所言,一个国家最终是否能够走向法治,所依靠的是民众、社会的自发选择,是自由选择的结果[1]。其二,政府推进型。即顺应世界历史发展潮流,政府作为主体推动国家法治的发展,是国家政府主动选择的结果,必须依靠国家强制力推行,具有明确性。但是这一模式忽略了社会自然发展的规律,忽视了广大人民群众对法治的渴求和参与。其三,政府社会互动型。该模式综合了前两种模式的优点,是以最优的方式推进法治建设进程的一种模式。政府社会互动型法治模式在法治发展初期以政府推动为主,随着法治化的深入发展,政府会逐步限权,借助社会力量推动法治发展,向社会演进型模式转变,使法治迈入健康安全可靠轨道,由社会和广大人民群众自行推动。这一混合型模式既克服了社会演进型模式随意性和不确定性问题,也解决了政府推进型模式国家权力的过度干涉。政府社会互动型模式的优势明显,成为当前法治发展较落后国家的理想选择。

如前所述,尽管是在行政权力真空下由农民群众自发创造的,但是其全国范围的普及却是国家通过法律政策手段推行的结果。因此,以村民自治为核心的农村自治,是一种典型的政府推进型法治发展模式。然而,经过一段时期的实践和发展,当前农村自治出现了忽略法治力量而依靠非法治力量来维持农村社会治理,推进农村社会运行的状况,导致了广大农村在村民自治方面矛盾突出。鉴于当前农村自治面临的实际问题,推进农村自治法治化进程必须综合运用政府推进型和社会演进型,采取政府社会互动型模式促进农村自治的法治化进程。

(二)具体措施

1. 加快立法,建立健全农村自治法律法规体系

当前农村自治的法律法规只有《宪法》《村民委员会组织法》作为法律支撑,且规定的大都是原则性问题,农村自治具体工作则主要依靠条例和政策推进。因此,必须加快立法,促进农村自治法律法规体系的完善。其一,加快制定村民自治制度的配套法律。村民自治是农村自治的核心,应围绕村民自治制度,有效借鉴《民族区域自治法》等相关法律,结合农村自治实际情况,单

---

[1] 高鸿钧:《现代法治的出路》,清华大学出版社2003年版,第1页。

独制定《村民自治法》，进一步明确村民自治的主体、内容，详细规定村民自治的监督方式和救济途径，弥补《村民委员会组织法》的不足。其二，健全村民自治相关法律规定。一方面，在法律中进一步明确村党支部和村委会的职能范围。明确村党支部的决策权、提出建议权及核心地位；明确村委会的具体自治事务，严格划分村党支部和村委会的职能分工，解决二者职责的重复和矛盾，促进二者各司其职。另一方面，进一步明确乡镇政府行政权和村委会的职能范围。通过法律规定明确乡镇政府对村委会指导、支持和帮助的工作形式和内容，划分乡镇政府和村委会的工作界限。其三，加强农村自治法律文化的提炼。随着历史变迁，农村形成了丰富的风俗习惯、宗教文化、伦理道德，在推进农村治理的过程中发挥了重要作用，是重要的法律文化资源，应当加以提炼，促进村规民约等民间习惯法的规范化、成文化、法律化。

2. 完善机制，促进农村自治法治化的顺利推进

其一，鼓励社会力量推动农村自治。培养社会力量，健全法律体系，为农村专业合作社、农民维权组织等社会组织提供法律依据，把农民个体和社会组织等社会力量纳入农村自治主体，与村党支部、村委会共同推进农村自治向法治化发展。其二，完善村民民主参与方式。在村委会村干部的选举中，必须确保选举公正、公平，确保程序的公开、透明，保证村民依法充分行使选举权和被选举权，确保选举结果真实反映村民意愿。而在农村自治的运行中，必须保障村民依法参与决定村集体事务的权利。必须细化村民参与农村自治的工作流程，确保工作成效。其三，细化村委会工作流程和程序。必须完善村委会工作制度，制定村委会、村干部的权力清单和办事流程清单，提高村干部依靠法治力量，采用法治方式解决问题的能力，保障村委会工作的规范性。其四，拓宽农村自治的监督渠道。严格村务公开制度的落实，必须定期依法公开村务信息，确保村民对村集体重大事项依法享有知情权、决定权和监督权。加强行政监督，发挥乡镇政府工作监督作用，定期组织监督检查。严格农村自治的惩处机制，依法加强对村干部、村委会的权力滥用、非法履职、贪污腐败等方面的查处和预防。

3. 转变职能，提高乡镇政府依法行政水平

作为最基层的国家政府机关，乡镇政府对农村自治影响重大，乡镇政府的

行政水平决定了农村自治的法治化水平,必须促进乡镇政府的角色转变,通过限权等形式建立有限的乡镇政府和服务型的乡镇政府,为农村自治保留一些社会发展空间。一方面,乡镇政府必须严格依法行政。必须依法明确乡镇政府的职能,将乡镇政府权力严格限制在依法制定的权力清单之内,厘清乡镇政府的权力边界,编制乡镇政府的权力流程清单,要求乡镇政府严格在权力清单内依法行政,促进各项职能工作的制度化、规范化和法治化。另一方面,乡镇政府必须以服务为中心。乡镇政府应放宽对农村社会的全方位控制,对农村工作仅仅进行宏观指导,把工作重点转向农村发展提供政策咨询、公共基础设施建设等公共服务方面上来。

4.解放思想,不断提高农民民主意识和法治观念

其一,广泛加强普法宣传教育。通过送法进村、送法进校园、法治大讲堂、法治之窗等形式开展普法宣传教育,普及法律知识,促进农民法治意识的提高,让农民知法、懂法、守法、用法。其二,加强农村民主建设。法治是民主的保障,民主是法治的前提。通过发放宣传手册、张贴宣传海报、开设讲堂等形式宣传《宪法》《村民委员会组织法》等法律法规,宣传农村自治的先进经验,提高村民民主意识,鼓励村民积极参与农村治理,改变农民对农村政治参与的冷漠态度。其三,加快农村法治文化建设。通过设置法治文化宣传栏、发放法治读本、张贴法治海报、播放法治电影等形式,开展普法宣传活动,提高农村整体法治文化的覆盖率,让法治文化普及到农村的各个角落,让法治文化深入人心,让广大农民群众真正能够认识法律、理解法律、运用法律。

以权力清单推进地方法治政府建设研究[①]

摘要：改革开放以来，中央高度重视法治建设，采取了一系列行之有效的措施推进法治建设，尤其是党的十八大以来，明确了全面推进依法治国的总目标，描绘了全面建成小康社会的法治愿景。权力清单制度是全面深化改革的一项创新举措，高度契合全面推进依法治国、建设法治国家的理念要求。全国各地在推行权力清单制度的过程中，推进了法治政府建设，取得了一定成绩，本文对富有地方特色的河南样本、广州经验、富阳模式三个省市县（市、区）作了重点分析，并归纳出权力清单制度在实践中的三个特点，即"权力清单制度取得一定的实际成效、权力清单制度纵横推进不平衡、权力清单制定主体及程序相对统一"，在对桂平市权力清单推进法治政府建设的实践现状分析的基础上，概括出其存在的问题，进而提出通过完善权力清单制度推进法治政府建设的对策和建议。

关键词：权力清单；法治政府；考评机制；依法行政

一、引言

1.研究背景

随着经济全球化和区域经济一体化的深入发展，我国综合国力、国际地位不断提升，人民的生活水平显著提高，已经成为仅次于美国的世界第二大经济体。然而，当前，我国仍然面临着世情、国情、党情的深刻变化，面临着前所未有的发展机遇与风险挑战。在这样一个新的历史时期，党中央提出了"四个全面"战略布局，正团结带领全国各族人民为实现"两个一百年"的奋斗目标

[①] 本文荣获2018年第九届法治河北论坛三等奖。

和中华民族伟大复兴的中国梦而努力奋斗。而随改革而来的权力寻租和腐败的滋生，行政权力的"越位""缺位""错位""滥权"等问题愈加突出，不仅影响着改革发展稳定的大局，甚至严重腐蚀着改革发展取得的成果。"四个全面"战略布局是个庞大而复杂的系统工程，全面深化改革、全面推进依法治国则是其中两个复杂的子工程，深化行政体制改革便是全面深化改革、全面推进依法治国的重要内容，而建设法治政府便是其中的题中应有之意。

先秦法家代表人物韩非子曾曰："国无常强，无常弱。奉法者强，则国强；奉法者弱，则国弱。"（《韩非子·有度》）改革开放以来，中央高度重视法治建设，采取了积极有效的措施不断推进法治建设。特别是党的十八大以来，不仅描绘了全面建成小康社会的法治长远蓝图——依法治国基本方略全面落实，法治政府基本建成①，而且明确了"不断完善中国特色社会主义法治体系，建设社会主义法治国家"依法治国的总体目标②。党的十八届三中全会还鲜明地提出了"进一步完善和发展中国特色社会主义制度，推进国家治理体系和治理能力现代化"的全面深化改革总目标。为此，必须深化行政体制改革，促进政府职能转变，创新行政管理方式，加大简政放权力度，不断增强政府公信力和执行力，建设廉洁高效的法治政府和服务型政府；必须推行政府及其职能部门权力清单制度，依法编制权力清单，绘制权力运行图"③。党的十八届四中全会也鲜明地提出"深入推进依法行政，加快建设法治政府"和"推行政府权力清单制度，坚决消除权力设租寻租空间"④。随后，中共中央、国务院发布了《法治政府建设实施纲要（2015—2020年）》，确定了法治政府建设的总目标，即经过持续不断的努力，到2020年基本建成"职能科学、权责法定、执法严明、公开

---

① 胡锦涛：《坚定不移沿着中国特色社会主义道路前进 为全面建成小康社会而奋斗——在中国共产党第十八次全国代表大会上的报告》，《求是》2012年第22期，第3-25页。

②《中共中央关于全面推进依法治国若干重大问题的决定（2014年10月23日中国共产党第十八届中央委员会第四次全体会议通过）》，《求是》2014年第21期，第3-15页。

③《中共中央关于全面深化改革若干重大问题的决定（2013年11月12日中国共产党第十八届中央委员会第三次全体会议通过）》，《求是》2013年第22期，第3-18页。

④《中共中央关于全面推进依法治国若干重大问题的决定（2014年10月23日中国共产党第十八届中央委员会第四次全体会议通过）》，《求是》2014年第21期，第3-15页。

公正、廉洁高效、守法诚信"的法治政府,即法治政府建设"24字标准",并明确了"大力推行权力清单、责任清单、负面清单制度并实行动态管理"①。

自党的十八大以来,尤其是党的十八届三中、四中全会作了推行权力清单制度,深入推进依法行政,加快建设法治政府的决策部署安排后,通过推行权力清单制度,来促进法治政府建设的实践,并在全国范围内全面铺展开来。就最新公开的有关资料显示,目前,有31个身份公布了省级部门权力清单,其中,公布了责任清单的省份29个,公布了市县两级政府权责清单的省份有17个。此外,国务院有57个部门公布了权力清单;一些省份还开始了乡镇政府权力清单和村务工作权力清单的探索实践;自贸试验区的负面清单已从2013年的193项减至目前的122项……② 2016年2月至7月,笔者被抽调到桂平市推行政府部门权力清单制度工作领导小组办公室参与桂平市推行权力清单制度的审核工作,借此机会,对桂平市推行权力清单促进法治政府建设的实践进行了全面详细的调查研究。在此基础上,便引出了本研究的主题——"权力清单:地方法治政府建设路径研究",即通过推行权力清单制度,厘权、清权、确权、配权、晒权、制权,构建在法治体系下的权力运行机制,促进地方法治政府建设。

2. 研究意义

(1) 理论意义

推行权力清单制度是全面深化改革的一项重要举措,与全面推进依法治国高度契合,也吻合建设法治国家的理念要求。作为一个全新的明确的概念,权力清单提出的时间还较短,虽然截至目前单就权力清单制度的研究有一定数量,但是从权力清单的角度进行地方法治政府建设的研究还比较少。本文从权力清单与法治政府的基本理论和法理渊源出发,结合地方推行权力清单促进法治政府建设实践的调查分析,对权力清单制度与法治政府建设进行具体的规范化调查研究,可以弥补有关权力清单与法治政府法学研究的空白,具有一定的理论意义。

---

① 《法治政府建设实施纲要(2015—2020年)》,《人民法院报》2015年12月28日,第2版。

② 张洋:《推进"放管服"改革,完善"清单"管理 权责有单可查 政府照单履职("放管服"改革回头看·督察进行时)》,《人民日报》2017年5月18日,第6版。

（2）实践意义

当前全国各地已基本推行了权力清单制度，以此推进地方法治政府建设，也取得了一定成绩，但是在推进的过程中也存在不少问题。因此，在对全国各地推行权力清单制度，促进法治政府建设现状分析和经验总结的基础上，对桂平的实践进行调查分析，进而提出完善权力清单制度推进法治政府建设的对策和建议。

3. 研究现状与综述

（1）法治政府

从 1990 年以来，我国学术界就开始关注法治政府的理论与实践研究。自 2004 年《全面推进依法行政实施纲要》发布之后，对法治政府理论与实践的研究呈井喷式发展。截至 2016 年 11 月 3 日，中国知网数据库有关法治政府理论与实践方面的研究成果共有 10524 篇（含报纸），从 1990 年的 1 篇到 2004 年的 466 篇，再到 2015 年 1887 篇。其中，学术期刊 5262 篇，博士学位论文 79 篇，优秀硕士学位论文 1116 篇。此外也不乏有关法治政府理论与实践的学术专著，其中比较有代表性的是苏州大学沈荣华教授于 2000 年出版的专著《现代法治政府论》，以及中央党校王勇于 2010 年出版的专著《法治政府建设》。前者从现代范式与法治理论入手，论证了现代化与法治的内在联系，并深入阐述了不同现代化模式下的法治政府，总结了我国法治政府建设进程和实践经验，指出法治政府是现代化进程的必然，也是法治现代化的一个重要标志[①]。后者则从法治政府的内涵入手，论述法治政府与经济制度的辩证关系，在得出"法治政府是社会经济发展到一定阶段的必然要求"之结论的基础上，深入分析了法治政府建设的背景、标准以及具体的制度建设，理论联系实际，具有很强的实践指导意义[②]。无论是学术论文还是学术研究专著，有关法治政府理论与实践的研究内容非常丰富，包括了法治政府的概念、法治政府的理论基础和思想渊源、法治政府的特点和法治政府的评估，以及建设法治政府的意义、作

[①] 孙关宏：《现代化理念下的法治政府——〈现代法治政府论〉读后感》，《政治学研究》2000 年第 4 期，第 96 页。

[②] 王勇于：《法治政府建设》，国家行政学院出版社 2010 年版，第 58 页。

用、现状、问题和路径等方方面面。可以说，我国学术界对法治政府理论与实践的研究已经非常深入、非常全面、非常系统了。

①法治

西方学者对于法治内涵的界定有广义和狭义的明确区分，广义上的法治强调人民应当服从法律，接受法律的统治；而狭义上的法治仅指政府应当受到法律的统治，遵从法律[1]。我国学者在对比中西方对法治认识的基础上指出："法治是社会文明和人类进步的表现，法治是民主制度存在和运动的方式，民主是法治的合理内核。"[2] 也有学者从法治的内容指出："法治不仅仅是依法管理，而且必须包括法律至上、良法之治、民主制度、公民权力保障与公共权力制约等内容"[3] 凡此总总，对法治内涵的论述比较全面而深入。

②法治政府

就法治政府的内涵而言，有学者对比"人治政府"概念，认为法治政府是指政府受法律的支配和控制，而法律独立于政府之外[4]。也有学者从政府权力的来源指出："现代意义上的法治政府，简单地说，是按照法治原则运作的政府，是依法办事的政府，是把保障公民权利和自由当作出发点和落脚点的政府。政府的一切权力来源于法律，政府行为及其运行都要受到法律的支配、控制、制约、规范。"[5] 也有学者从行政法治理念和目标的角度提出："法治政府不仅要求政府（行政机关）坚持依法行政，从而促进政府组织和行为的合法化、程序化和规范化，而且要求政府（行政机关）及其行为秉承法治的价值和理念；要求政府必须是'有限政府''民意政府''诚信政府'和'责任政府'。"[6] 有学者从法律角度归纳出法治政府的一般特征：政府受法律约束和控制；有健全的法律

---

[1] 约瑟夫·拉兹、李林：《论法治原则》，《环球法律评论》1990年第5期，第7-10页。

[2] 李宾华：《依法治国，关键是依法治权》，《云南法学》1998年第2期，第5-8页。

[3] 王金堂：《论法治的内涵及法治国家的实现》，《青岛科技大学学报（社会科学版）》2000年第3期，第30-32页。

[4] 周成新：《依法治国需要建立法治政府》，《特区理论与实践》1997年第2期，第21-23页。

[5] 韩卓丽：《论公民知情权与法治政府建设》，河北师范大学2008年硕士学位论文。

[6] 郭学德：《试论"法治政府"的基本内涵与特征》，《理论前沿》2005年第15期，第19-20页。

体系，法律有效，以人为本，完善的制衡监督体系[①]。也有学者指出，"法治政府是有限的政府，是有为的政府，是透明廉洁的政府，是诚信负责的政府，是便民高效的服务型政府"，并在此基础上提出"建设法治政府的基本途径是加快行政管理体制改革"[②]。随着法治政府理论研究与实践的发展，就法治政府建设的意义，有学者着眼于我国法治现状，以及政府在国家政治、经济、文化、社会生活中所扮演的重要角色，指出："我国推进法治政府建设将对中国共产党的执政地位、科学发展观、社会主义市场经济、服务型政府建设以及和谐社会的实现等思想和实践领域产生积极普遍的影响。"[③]而就我国法治政府建设的路径，有学者提出"行政公开是法治政府建设的第一道关口"[④]。也有学者认为我国加快法治政府建设面临着人治传统观念根深蒂固、政府驱动力不足、政府自身利益扩张、体制机制缺陷等诸多问题，对此，"加快法治政府建设要将其纳入全面推进依法治国和促进国家治理现代化的顶层设计之中，从创新政府治理理念和方式，廓清政府调控和市场自理的边界，促进政府依法履行法定职能，依法行使行政权力，健全依法行政制度等方面入手，推进政府治理现代化"[⑤]。而针对推进法治政府建设所面临的困境，有学者从"控权—服务"论的角度指出："全面推进法治政府建设，必须从法律体系与政府建设角度出发，坚持立法先行、严格司法、监督执法，与此同时，还要增强法治意识、培育法治文化，规范权力运行、加强权力监督，转变政府职能、完善体制机制，健全组织领导体系、强化领导者法治权威。"[⑥]在法治政府评估指标体系方面，有学

[①] 保爽：《法治政府的一般特征》，《法制与社会》2007年第5期，第480-481页。

[②] 马怀德：《法治政府特征及建设途径》，《国家行政学院学报》2008年第2期，第36-39页。

[③] 张鹏：《我国法治政府建设的对策研究》，山东农业大学2012年硕士学位论文。

[④] 黄斌：《政府治理创新与加快法治政府建设的路径选择》，《西安财经学院学报》2016年第1期，第103-107页。

[⑤] 陈春：《法治政府首先要求政府做到信息公开——我国政府信息公开存在的问题及对策》，《商》2016年第30期，第250-251页。

[⑥] 何占涛、邹也：《"控权—服务"论视域下的法治政府建设》，《理论研究》2016年第4期，第49-52页。

者指出:"作为政府绩效考评的组成部分,法治政府绩效考评要以提升公众满意度、提升政府法治的公信力为目标,强化结果导向,指向政府管理法治化的表现情况。而建立健全法治政府绩效评估体制机制是建设法治政府的内在要求与保障条件,涉及理论体系、制度机制、组织体系、技术体系、智能化等主要元素。"[1] 可见,理论界对涉及法治政府的内涵、特点、标准,以及建设法治政府的意义作用、方法路径以及评估机制等方方面面都有深入的研究。

(2) 权力清单

权力清单是近几年才出现的一个概念,虽然权力清单这一提法最早可以追溯到 2005 年河北省邯郸市在全国率先公开市长"权力清单"。截至 2016 年 11 月 3 日,中国知网数据库有关权力清单制度与实践的研究成果已有 2460 篇(含报纸),2005 年只有 8 篇,到 2015 年达到了 1003 篇。其中,学术期刊论文 1058 篇,博士学位论文 4 篇,优秀硕士学位论文 61 篇。虽然有关权力清单制度与实践的研究文章不少,内容也涵盖权力清单的概念、特点、作用、实践现状、实践中存在问题以及完善的对策建议,等等。但是,至今仍未有这方面的学术专著出版。因此,可以说对权力清单制度与实践的研究还不是很全面系统。

就权力清单的界定,有学者结合权力清单的内容,将权力清单表述为"权力清单是对于各级政府及其职能部门权力的数量、权力种类、适用条件、运行程序、行使边界等内容进行详细统计罗列,进而形成的目录清单"[2]。也有学者把权力清单简单地归纳为"权力清单就是详细规定政府权力究竟应该干什么,不能干什么,到底怎么干"[3]。就权力清单的意义,有学者从加强政府自身建设的角度指出:"权力清单制度是建设责任政府的具体要求,是建设服务型政府的现实需要,是建设法治政府的根本途径。"[4] 从权力清单制度的提出,到全国

---

[1] 郑方辉、卢扬帆:《法治政府建设及其绩效评价体系》,《中国行政管理》2014 年第 6 期,第 26-31 页。

[2] 程文浩:《国家治理过程的"可视化"如何实现》,《学术前沿》2014 年第 5 期,第 90-94 页。

[3] 袁浩:《期待"权力清单"的出台》,《党政论坛》2014 年第 1 期,第 64 页。

[4] 全津、雷欣:《厘清政府市场边界推进权力清单制度》,《理论导报》2014 年第 2 期,第 27 页。

范围的探索实践，权力清单制度的推行也面临着一些困境和问题。有学者指出权力清单制度推行中面临的问题"主要表现在行政机关的消极应对和形式主义；权力清单本身规范不够、覆盖不全；权力清单推行的保障机制存在立法滞后和监督乏力等等"[1]。而解决这些问题的主要途径是"要加强权力清单制度的顶层设计和统一领导，要推进权力清单制度的标准化和全面化建设，要加快权力清单制度的立法保障，还要健全监督制约机制"[2]。也有学者指出推行权力清单要强化"四个建设"，提高"四个水平"，即"完善民众权利制度建设，突出制衡意识，着力促进国家治理民主化水平的提高；完善权力运行制度建设，确保照单履权，着力促进国家治理规范化水平的提高；完善权力配置制度建设，加强顶层设计，着力促进国家治理制度化水平的提高；完善权力监督制度建设，构建问责机制，着力促进国家治理科学化水平的提高"[3]。尽管经过几年的理论研究与实践发展，对权力清单的理论研究也有一定的数量，内容也包括权力清单概念界定、权力清单的作用和意义、权力清单推行的现状、推行权力清单面临的问题以及完善权力清单制度对策等方面，但是笼统的研究居多，缺乏从特定视角展开的深入研究。

（3）法治政府与权力清单

截至2016年11月3日，中国知网数据库有关法治政府与权力清单二者辩证关系及相互作用的研究只有132篇，其中学术期刊论文74篇，优秀硕士学位论文4篇，2011年相关文章1篇，2014年32篇，2015年58篇。从数据来看，有关法治政府与权力清单之内在关系与相互作用的研究起步较晚，研究成果较少。从内容来看，多是论述推行权力清单制度是建设法治政府的手段。如有学者指出："推行权力清单制度是推进依法行政的主要载体和重要途径，是

---

[1] 陈伟、杨超：《权力清单制度建设中的主要问题及消解路径》，《南方论刊》2015年第7期，第35-37页。

[2] 陈伟、杨超：《权力清单制度建设中的主要问题及消解路径》，《南方论刊》2015年第7期，第35-37页。

[3] 谢建平：《权力清单制度：国家治理体系和治理能力现代化的制度性回应》，《华东师范大学学报（哲学社会科学版）》2014年第6期，第108-112，152页。

促进法治政府建设的关键环节和必然要求。"[1] 也有学者从权力清单制度对简政放权的价值角度提出:"推行权力清单制度能够推进中国特色社会主义法治政府的建设。"[2] 还有学者在指出"权力清单是改进政府治理的源头性问题"的基础上,指出推行权力清单制度对构建法治政府具有"四个有利于"的重要意义,即"有利于促进行政审批制度改革,有利于深化政府职能的转变,有利于促进政府治理的现代化和法治化,促进法治政府的建成;有利于将政府权力关进制度的笼子里,促进打造有限、有为、有效的法治政府和服务型政府"[3]。也有学者提出:"推行权力清单的根本目的就是厘清政府机关行使公权力、干预私权利的边界,构建既符合现代市场经济规律,又满足现代法治发展要求的政企(政社、政民)关系,进而约束行政权力、保障公民权利、服务社会大众、建设法治政府。"[4] 也有学者从权力清单的属性入手,提出"权力清单制度是法治政府建设的突破口"[5]。而通过权力清单推进法治政府建设的路径,有学者指出:"关键在于提高公民权利意识,培育权力法治文化,廓清政府权力边界,强化政府权力监督和落实行政追责制度。"[6] 这些研究多是单方面论述权力清单对法治政府建设的作用,而未能辩证全面地论述权力清单与法治政府的相互关系与相互作用。因此,本文结合推行权力清单构建法治政府的实践,阐述权力清单与法治政府的对立统一关系及相互作用,最后得出权力清单是推进地方法治政府建设重要路径的结论。

4. 研究思路与方法

本文立足"四个全面"战略布局的时代大背景,以"全面推进依法治国,

---

[1] 梁春立:《贯彻四中全会精神 推行权力清单制度》,《机构与行政》2014 年第 12 期,第 26-27 页。

[2] 陈坤、仲帅:《权力清单制度对简政放权的价值》,《行政论坛》2014 年第 6 期,第 23-26 页。

[3] 李强:《用权力清单把政府权力关进制度笼子》,《今日浙江》2014 年第 4 期,第 8-9 页。

[4] 莫于川:《推行权力清单,不等于"依清单行政"》,《中国司法》2014 年第 6 期,第 4 页。

[5] 尹媛、王锐兰:《法治政府语境下权力清单的性质、困境与法治化路径探究》,《东华大学学报(社会科学版)》2015 年第 4 期,第 179-183 页。

[6] 曾慧华:《权力清单制度与法治政府建设》,《四川省社会主义学院学报》2015 年第 4 期,第 33-37 页。

建设社会主义法治国家法治中国"为目标,从法治政府理论渊源和权力清单概念界定入手,深入分析二者的法理基础,在分析权力清单促进法治政府建设的实践现状的基础上,结合对桂平市推行权力清单促进法治政府建设的调查分析,深入论述权力清单在推进地方法治政府建设中面临的现实困境,并提出完善权力清单制度,推进地方法治政府建设的路径规划,既可以填补权力清单与地方法治政府建设关系方面的理论研究之不足,也可以为地方法治政府建设及权力清单制度运行提供一些参考。

本文主要采取文献法、访谈法展开研究,重点对桂平推行权力清单制度促进法治政府建设的实践进行详细的调查研究,充分论证权力清单制度在推进地方法治政府建设中的作用,分析面临的现实困境,并提出相应的对策建议。

二、理论阐述：法治政府与权力清单的基本考察

（一）法治政府

1. 法治

"法治"的定义有广义与狭义之分。广义"法治"是指 rule by law，即以法治之,与"人治"相对。而现代意义上的"法治"一般指的是狭义上的"法治",即 rule of law,"法律之统治"的意思,是一种治理模式,且在这一治理模式中,与政府权力相比较而言,法具有普遍性、有效性、优先性、强制性、至上性和权威性等特征。也就是说,政府必须服从法律,受法律规制,必须维护、保障乃至扩大公民的自由和权利[①]。

率先对法治的内涵概念进行阐述的是古希腊学者亚里士多德（Aristotle，公元前 384—前 322）。他在关于建设政治国家的设想中,明确主张"法治必须优于人治"。他还从两个层面解释"法治"内涵：一个方面,已成立的法律应当获得普遍的遵守和服从；另一个方面,人们所遵守服从的法律最重要的是已制定良好的法律。而良好的法律即良法又有三个标准：首先,良法必须体现公共利益；其次,良法应当彰显道德价值；最后,良法必须永远维护合理的城邦

---

① 张成福：《面向 21 世纪的中国再造基本战略的选择》，《教学与研究》1999 年第 7 期，第 4-10 页。

制度①。在此基础之上，亚里士多德之后的思想家们，诸如洛克、孟德斯鸠、潘恩、杰弗逊、亚当斯等，分别从不同的角度丰富补充了法治思想。

英国哲学家约翰·洛克（John Locke，1632—1704）认为"统治者不是以临时的命令和未定的决议，而必须以正式公布的法律和被接受的法律来加以统治"。他还鲜明地指出："政府所有的一切权力，目的所指就是为社会谋求幸福，因而必须根据既定的和公布的法律来行使，而不应该是专断的和凭一时高兴的肆意妄为"。他还指出："法律制定颁布实施后，任何个人的权威都不能超越于法律，任何人都不能规避法律的约束和支配。"②

法国古典自然法学派的权威代表人物、启蒙思想家查理·路易·孟德斯鸠（Charles de Secondat，Baron de Montesquieu，1689—1755）和让-雅克·卢梭（Jean-Jacques Rousseau，1712—1778）比较系统地阐述了法治思想。孟德斯鸠主张，没有法律就没有自由，权力将肆意妄为。因此，法治是"法律之下的自由和权利"。而为防止权力滥用，遏制权力腐败，形成权力制约，孟德斯鸠还提出了对后世影响深远"三权分立"学说。卢梭在丰富法治思想方面提出了"天赋人权""人民主权""社会契约"三个对构建现代法治思想影响深远的著名学说，其内容都包含着丰富的法治思想和法治观念。深入对比孟德斯鸠和卢梭的法治观念不难发现，二人都比较偏向于自由主义和个人主义。他们都认为，国家权力不是绝对的，是国家法律赋予的，是相对的。国家和任何个人都不能超越法律，都必须受法律约束和支配。法律的根本目的在于保护个人权利和自由，保护个人不受国家权力的非法侵害③。

美国著名思想家托马斯·潘恩（Thomas Paine，1737—1809）指出："人权是先天就有的权利，即天赋人权，任何人乃至国家都不能将其剥夺；而政府产生的根源在于人类的邪恶，是人类不可能避免的危害；政府的权力运行应受到法律等规则的制约和约束。"同时他还认为："在专制政府中，国王就是法律，相反的，在自由国家中，法律便成为国王"。④

---

① [古希腊]亚里士多德：《政治学》，吴寿涛译，商务印书馆1983年版，第167-168页。
② [英]洛克：《政府论（下篇）》，叶启芳等译，商务印书馆1964年版，第85-86页。
③ 沈宗灵：《现代西方法理学》，北京大学出版社1992年版，第19页。
④ [古希腊]亚里士多德：《政治学》，吴寿涛译，商务印书馆1983年版，第167-168页。

德国思想家伊曼努尔·康德（Immanuel Kant，1724—1804）等人提出了"法治国"的概念。他们认为"法治国"存在的基础是人的权利和自由，法治国存在的目的就是为了人的权利和自由。简单地说，法治国就是人民在法律下自由的结合体。

西方资产阶级启蒙思想家的法治思想和理论主张不仅指引着资产阶级革命的方向，而且促进了资产阶级民主与法制的诞生和发展。在资产阶级革命取得胜利之后，民主制度的建立让法治思想变为现实，成为治理国家的主流思想意识。

我国古代并没有意义上的法治学说或法治实践。清末维新变法时期，梁启超等人引入了西方的法治理念。梁启超认为"法治主义是今日救时唯一之主义"，并在其《中国法理学发达史》一文中多次使用了"当今之法治国"的提法[1]。康有为、梁启超等人发起的清末维新变法运动，从一定层面上来说是近代中国法治的开篇，也为法治中国建设做了最先的准备。

改革开放以来，中央高度重视法治建设，采取了一系列行之有效的措施推进法治建设。党的十一届三中全会确定了"有法可依，有法必依，执法必严，违法必究"的十六字方针，做出了将工作重点放在社会主义现代化建设上来的决策部署，着重强调要加强社会主义法制，促进社会主义民主。从一定层面上来说，翻开了中国依法治国的新篇章。

江泽民在1996年2月第一次提出了"依法治国，建设社会主义法治国家"的任务，并将这一任务在当年3月份召开的八届全国人大四次会议上以报告的形式确定下来。而为了能够更加准确地反映现代法治的基本内涵，能够更加准确地表现出现代法治的价值标准，1997年9月党的十五大报告中开始使用"依法治国，建设社会主义法治国家"这一更为准确的表述，而1999年3月九届全国人大二次会议通过的宪法修正案，将"依法治国，建设社会主义法治国家"写进宪法，以最高法律规定的形式明确了法治的表述，更加明确了法治的目标与意义。

现代意义上的法治，内涵十分丰富，具体包括法律观点、法律原则、法律原理、法律思想等等内容。张成福教授将法治看作"一种治理状态，一种治理模式，一种治理秩序，在这种治理状态或治理秩序中，相对于政府权力而

---

[1] 范中信：《梁启超法学文集》，中国政法大学出版社2000版，第71页。

言，法具有普遍性、有效性、优先性、强制性、至上性和权威性等特点。而政府必须受到法律的控制，必须服从于法律，其最终目的是维护、保障乃至扩大公民的权利和自由"[1]。同时他也认为，法治具有形式的法治和实质的法治两个层面。形式的法治着重依法办事、依法行政、以法治国的治国思想理念、方式方法和制度机制，偏向于思想和制度层面。实质的法治强调"法律至上""法律制约权力""法律保障权利"的价值原则和法治精神，偏向于内涵和思想层面。张文显教授认为，法治是一种宏观层面的思想理论；是一种治国安邦的战略方针；是一种理性的办事原则；是一种民主的法制模式；是一种理想的社会状态；通常与作为法的精神与理念、观念、原则连用，称为法治理念、法治观念、法治原则[2]。

综上而言，在不同时期，不同学者对法治的内涵有同阐述，且有广义和狭义之分、实质法治和形式法治的界定。但是就法治内涵的基本内容而言，不同学者则呈现出趋同性，即法律至上，法律应具有预设性、全面性、稳定性和确定性等等。

2. 法治政府

（1）法治政府内涵

"法治政府"从语义学循环的角度来看，法治是政府的限定词，政府受法治的限制。因此，从这个层面而言，法治政府是法治的一个重要内容，法治政府是实现法治的坚实基础。比较"法治"与"人治"的关系，"法治政府"也是与"人治政府"相对的，其思想渊源可以追溯到古希腊时期亚里士多德的政治哲学思想。亚里士多德在其《政治学》中鲜明指出，一个秩序良好的共和国，不是由人来统治的，而必须由法律来支配和统治。在其之后，古罗马的西塞罗把共和国看作是法人团体，提出共和国要依法而治的法治主张。17世纪，英国著名的启蒙思想家詹姆士·哈林顿（1611—1677）则有一个鲜明表述，即"共和国是法律的王国，而不是人的王国"。而哈林顿之后18世纪的大卫·休谟（David Hume，1711—1776）则更加明确地提出了共和国"不是人治政府，

---

[1] 张成福：《面向21世纪的中国再造基本战略的选择》，《教学与研究》1999年第7期，第5-11页。

[2] 张文显：《法理学》，法律出版社1997年版，第236页。

而是法治政府"的论断①。北美殖民地马萨诸塞州的 1780 年宪法则以法律规定的形式,对法治进行了法律条文的表述,该部宪法权利宣言第 30 条将法治政府表述为"三权分立"的政府。该宪法规定"在这个共同体的政府中,为了实现一个不是人治的政府而是法治的政府,立法部门将永远不得行使执行权和司法权或其中之一权力;执行部门将永远不得行使立法权和司法权或其中之一权力;司法部门将永远不得行使立法权和执行权或其中之一权力"②,即以宪法原则的形式确定了立法权、行政权、司法权"三权分立"的思想。

法治政府的概念内涵是西方的舶来品。我国直到 1993 年,在北京召开的全国八届人大一次会议上,才第一次正式提出了依法行政的概念。从此之后,我国理论界对于法治政府的内涵才有了比较系统全面的论述。我国学者程燎原教授在研究法律人之治时提出,法治政府是西方政治哲学和法治理论政府结构、原则和运行规则的一种总体构想,广义上指由立法、行政和司法构成的政权结构体,是西方法治思想能够实现并维持秩序的政府模式。他还将西方学者对法治政府内涵的阐述提炼总结概括为以下几点:首先,从实质的法治的内涵来解释"法治政府"。法治政府是依法成立,依法治理,依法行使行政权力的政府。一方面,政府行使权力必须有其严格的、具体的、明确的法律规定,即坚持权力法定原则。另一方面,政府行使权力的法律依据应当是得到社会普遍公认的规则和原则,也是限制自由裁量权的规则和原则③。其次,法治政府是"三权分立"的政府。最后,法治政府与保障公民自由和权利紧密相连。当公民的自由和权利受到侵害时,都有权用法律武器维护自身的自由和权力,为公民的自由和权力依法提供保护是政府的一项基本职责④。而学者孙聚高在《法治政府论》一文中鲜明地指出,法治政府是指整个政府的设立、变更、运行都必须符合法律规定,确保合法、规范,而政府的整体行为和个体行为也必须受

---

① 休漠:《政治论文选》,张若衡译,商务印书馆 1993 年版,第 59 页。
② 张千帆:《西方宪政体系(上册·美国宪法)》,中国政法大学出版社 2000 年版,第 59 页。
③ [英]威廉·韦德:《行政法》,徐炳译,中国大百科全书出版社 1997 年版,第 25 页。
④ 程燎原:《护法律人之治:"法治政府"的主体性诠释》,《西南民族大学学报(人文社科版)》2001 年第 12 期,第 107-114 页。

到法律的限制，受到规范的调整。政府的整体行为主要强调政府决策与抽象行政行为必须依法进行，符合规范；而政府的个体行为则主要指政府执法行为必须严格依法进行，做到权力法定[①]。学者朱德米从政府的广义和狭义来界定法治政府，认为法治政府也有广义和狭义的分别。从广义的层面来看，法治政府就是指政府的权力、行政行为、政府的运行，都要受法律的支配和控制，也就是说，政府权力来源于法律，其行为与运行受法律制约，简单地说就是法律高于权力。而从狭义的层面来看，法治政府一般仅仅指的是对行政权的限制和控制。[②]

在2004年3月召开的全国十届人大二次会议上，温家宝在政府工作报告中正式用了"法治政府"的表述。随后，在国务院发布的《全面推进依法行政实施纲要》中明确提出，经过10年左右持续不断的努力，基本实现法治政府建设的目标。并突出强调推进法治政府建设，必须着力建立"三个体制"，具体而言就是要建立行为规范、运转协调、公正透明、廉洁高效的行政管理体制；建立科学、民主、规范与高效的行政决策体制；建立权责明确、行为规范、监督有效、保障有力的行政执法体制。与此同时，也明确了政府的具体行政管理、行为及活动必须做到公平、公正、公开、诚信、高效、便民[③]。党的十八大，不仅描绘了全面建成小康社会的法治长远蓝图——依法治国基本方略全面落实，法治政府基本建成[④]，而且明确了"不断完善中国特色社会主义法治体系，建设社会主义法治国家"的总体目标[⑤]。经过十多年的理论研究和实践发展，"法治政府"一词越来越为大家所熟悉，对其解读也越来越系统全面。其

[①] 孙聚高：《法治政府论》，《广东行政学院学报》2001年第4期，第24-32页。

[②] 朱德米：《当代中国法治政府建设的困境和前景》，《衡阳师范学院学报》2001年第1期，第9-12页。

[③] 《全面推进依法行政实施纲要》，《人民日报》2004年4月21日，第1版。

[④] 胡锦涛：《坚定不移沿着中国特色社会主义道路前进 为全面建成小康社会而奋斗—在中国共产党第十八次全国代表大会上的报告》，《求是》2012年第22期，第3-25页。

[⑤] 《中共中央关于全面推进依法治国若干重大问题的决定（2014年10月23日中国共产党第十八届中央委员会第四次全体会议通过）》，《求是》2014年第21期，第3-15页。

中，曹康泰在《全面推进依法行政实施纲要辅导读本》中对法治政府进行了较为科学、合理、全面的解读。他指出，法治政府就是坚持"权力法定"原则运作的政府，政府的权力来源于法律，政府的行政行为、行政权力运行都要受到法律的控制与支配，规范与制约[①]。综上所述，法治政府就是指整个政府设立、变更、运行以及行政立法、行政决策、行政执法等包括政府整体和个体行为都必须合法化、合理化、规范化，并且对各种政府行为的监督也必须合法化、合理化、规范化[②]。

（2）法治政府的法理分析

行政权的行使主要是执行权力机关制定的法律、法规和政策，而随着现代社会的发展进步，社会事务越来越复杂，行政权所要解决的问题也越来越层出不穷，导致行政权的不断扩张，而建设法治政府就不得不加强对行政权的制约。

首先，法治政府必须坚持宪法法律至上原则。作为一种社会治理的政府模式，"法治政府"的核心应当是其基本法律即一国之宪法，也就是说法治政府必须是依照宪法组建，并依据宪法法律运行的政府。政府所行使的权力，是全体社会公民赋予的，并通过宪法及法律的形式表现出来。因此，政府要保障公民的权利和自由，不能干涉和损害公民合法的权利和自由，不能超越宪法和法律，去行使那些未被宪法和法律赋予的、自设的权力。政府的行政执法、行政处罚等行政行为要严格依据法律法规的规定，做到"法无授权不可为"，一切行政行为都必须于法有据，合法合理。在宪法和法律面前，政府的地位与普通公民的地位相同，政府要依法组建，受法制约，而一旦越权、滥权，超越法定权限，脱离法治轨道，就要承担相应的法律责任，受到法律的制裁。

其次，法治政府必须坚持权责统一原则。立法机关、司法机关与行政机关之间相对独立，各自依照宪法和法律自主运行，相互配合，相互监督，各司其职，互不越权，互不干涉，以保证行政的严谨公信，执法的严格规范，司法的客观公正，真正做到"有权必有责，用权受监督，侵权要赔偿，违法受追

---

① 曹康泰：《全面推进依法行政实施纲要辅导读本》，中国法制出版社2004年版，第19页。
② 吴家文：《权力清单：地方法治政府建设路径选择》，《法治社会》2017年第2期，第60-66页。

究"。透视法治政府背后的法治思想,法治政府应以保证公民权利和自由,追求实质法治,追求公平正义,促进社会发展为目标。法治政府要求政府行使权力要受到法律的制约,不能超越法律胡乱作为,坚持"法无授权即禁止"。如果超越宪法和法律,越位越权,滥权乱为,就要承担法律责任,以贯彻权责统一原则。

最后,法治政府要坚持保障人权原则。法治政府从其内在的本质来界定,应该是坚持公民本位的政府治理模式,必须以保证公民权利,追求实质法治,确保实质正义,促进社会发展为主要内核。法治政府应该是一个在法律框架下,坚持权力法定的民意政府、服务政府、有限政府、公开政府、诚信政府、责任政府、生态政府、效能政府。所谓民意政府,是指政府权力的行使要体现最广大人民群众的根本利益。服务政府,是指行政机关及其公职人员不再是发号施令者,而是依法行政的社会公共服务的提供者。有限政府,是指政府权力和政府职能不是无限的,而是有限的。政府的权力来源于人民,政府权力的行使要严格按照法律的规定进行,而不能无限扩张。政府职能的有限性根源于政府权力有限,政府不是万能的,在不同历史时期,政府职能大不相同,都有一定的限度。公开政府,是指政府信息、政府权力运行的依据、行为及结果等事项都要公开。诚信政府,是指政府的行为必须是善意的、真实的、确定的,一经作出,不经法定程序和法定事由,不能任意改变、撤销和废除。责任政府是"有权必有责、用权受监督"原则的体现,政府权力的行使要严格依照法律,还要接受各界监督,违反法律要承担相应责任。生态政府,是指在依法行政的过程中,应当统筹协调经济社会发展与环境保护的关系,落实可持续发展观,既要金山银山,又要绿水青山。效能政府,是指政府权力行使中既要体现合法公正的要求,也要注重效率,还要注重节约成本,降低资源消耗,杜绝腐败发生。

(二)权力清单

1.权力清单的渊源

清单本身是个经济学的概念,意旨详细记录有关事项的单子,诸如"薪水清单""购物清单"等等。随着社会的发展,清单一词不再局限于经济学中,在医学、政治学等领域均开始使用。随着我国行政体制改革的发展,对行政权力的梳理工作,范围不断扩大,效用越来越明显,已成为我国行政体制改革的一项重要举措。政府及其职能部门对权力的梳理，明确各级政府职能部门的行政审批事项，清晰划分各级行政审批权力范围，与经济学中的清单有共通之处。因此，"清单"一词便被运用于行政权力梳理工作，"权力清单"制度便应运而生。"权力清单"是一个新近几年才提出的概念，与舶来品"法治政府"相比，权力清单是地道的中国原创。2005年河北省邯郸市在开展行政体制改革工作的过程中，向社会公开了一份列有93项权力事项的市长"权力清单"，这是我国最早的一份权力清单。这份市长权力清单由邯郸市法制办制定推出，旨在解决权力腐败问题，挤压权力寻租空间。直接原因是原河北省对外贸易经济合作厅副厅长李友灿于2001年8月至2004年4月利用河北省进口汽车配额审批大权收受贿赂4744万元的巨额受贿案。而中央关于"权力清单"的正式公开的表述是在2009年，当时中纪委、中组部在江苏睢宁县、河北成安县、四川省成都武侯区三地开展"县委权力公开透明运行"试点工作，要求梳理权力事项，统计权力总数，划清部门权力边界，向社会公布"权力清单"。直到2013年，权力清单才第一次在中央文件中出现，在当年国务院下发的《关于地方政府职能转变和机构改革的意见》中，明确提出"梳理各级政府部门的行政职权，公布权责清单"。此后，在党的十八届三中全会上，进一步明确提出，推行地方政府及其职能部门权力清单制度，依法公开权力清单和权力运行流程[①]。自此全国各地掀起了推行权力清单制度的热潮，有关权力清单制度的理论研究也从此方兴未艾。

虽然官方以红头文件的形式正式提出了"权力清单"制度，地方政府也在推进法治政府建设的进程中，对权力清单制度开展了积极的探索和有益的实践。例如广东省于2013年12月2日公布了一份内容包括省、市、县三级全部行政审批事项的清单，详细厘清了该省三级政府行政审批事项，共387项，进一步明确了三级政府行政审批权力的范围，进一步划清了三级政府及其职能部门间的行政审批权力的界限。2014年6月25日，浙江省将包含57个省级部门的4236项行政权力以省级行政权力清单的形式在省政府政务服务网上向社

[①] 《中共中央关于全面深化改革若干重大问题的决定（2013年11月12日中国共产党第十八届中央委员会第三次全体会议通过）》，《求是》2013年第22期，第3-18页。

会公布。2015年3月17日，国务院审改办通过中国机构编制网，向社会公开了60个国务院各部门的行政审批事项汇总清单。但是，官方并没有对"权力清单"给出一个具体明确的阐述。囿于角度的不同，理论界对"权力清单"的论述也是五花八门，存在一定的差异。河海大学法学院王春业教授从权力清单的内容来阐述权力清单，他认为权力清单就是对政府及其部门根据法律规定，依法享有的各项公共权力进行梳理，统计总数，摸清底数，细化边界，明确权限，列出清单，还要详细说明每项行政权力的职能定位、管理权限、操作流程等[①]。清华大学公共管理学院程文浩教授则从公共管理学角度出发解释权力清单，他认为权力清单就是对政府及其职能部门的权力数量、权力种类、行使依据、运行程序、权力边界等内容，进行全面的梳理、统计，细化明确，而形成的目录清单，以此为权力划定清晰界限[②]。任进则从权力清单功能上来解释权力清单，他认为权力清单就是以厘权、清权、确权、配权、晒权、制权为原则和目的，用罗列清单的形式，将权力事项、实施主体、法律依据、运行程序等内容一一列举，形成清单，公之于众，为依法行政提供依据，为企业和公民提供便利[③]。时任江苏省委书记、原浙江省省长李强从权力清单实践目的角度出发提出了一个观点，即权力清单就是为了让职权配置更加优化，让职权边界更加清晰，让职权运行更加公开，让职权监管更加到位[④]。因此，总的来说，权力清单是指为了将权力关进制度的笼子，放在阳光下运行，围绕法治政府建设，为建设法治政府提供基本依据和监督途径，把政府及其职能部门的权力事项、实施主体、法律依据，进行梳理统计，划定界限，明确职权，再造流程，形成以权

[①] 王春业：《论行政权力清单制度及其法制化》，《中国法理学研究会2014年年会暨"推进法制中国建设的理论与实践"学术研讨会论文集：（下册）》2014年版，第887-888页。

[②] 程文浩：《国家治理过程的"可视化"如何实现——权力清单制度的内涵、意义和推进策略》，《政治评论》2014年第5期，第90-95页。

[③] 任进：《推行政府及部门权力清单制度》，《行政管理改革》2014年第12期，第48-53页。

[④] 李强：《推行权力清单制度 打造有限有为有效的法治政府和服务型政府》，《中国机构改革与管理》，2014年第9期，第6-8页。

力事项、权力种类、法定依据、运行程序、责任监督等为内容的目录清单[①]。

2. 权力清单的法理基础

透视权力清单背后的实质,权力清单制度的法理基础在于权力法定。权力清单制度是检视依法行政的一种有效措施,是依法行政的要求,体现着行政法定、行政公开、行政便民的原则。第一,权力清单制度体现行政法定原则。行政法定原则就是权力法定原则,是合法行政原则的重要内容,合法行政原则是行政法的首要原则,要求政府权力的行使,必须符合法律的规定和授权,因为政府权力来源于法律,即权力法定。此外,政府权力的行使必须严格依据法律法规确定的程序,不得任意行使,即程序法定。推行权力清单制度就是严格依据法律法规等规范性文件的具体规定,对政府权力事项依法进行厘权、清权、确权、配权、晒权和制权,这正是行政法定原则的体现。第二,权力清单体现行政公开原则。行政公开包括信息公开和公众参与等。要求行政主体必须将重要信息公布公开,确保公民的知情权。而推行权力清单制度,要求将清理出的行政权力,以权力事项、实施主体、法律依据、运行程序和监督等等为内容,编成权力清单,绘制程序流程图,向社会公布,让权力公开亮相,在阳光下运行,受社会监督,以保障公民的知情权和监督权,确保公民参与权力清单制度的推行,有效监督行政权力的运行。第三,权力清单体现行政便民原则。行政便民原则即方便公民,方便行政相对人,体现了公民本位思想。行政主体在行使行政权力时,要转变传统的官本位思想,坚持公民本位,转变管理理念,树立服务意识,采取更方便行政相对人的方式和程序实施行政行为,坚持便利行政相对人为原则。推行权力清单制度,将权力清单、权力运行程序图、监督方式,向社会公开,方便公民知悉和监督,正是行政公开和行政便民的体现。[②]

3. 权力清单的特点

根据权力清单的渊源、内涵及法理基础,可以将权力清单的特点总结为合

---

① 吴家文:《权力清单:地方法治政府建设路径抉择》,《法治社会》2017年第2期,第60-66页。

② 吴家文:《权力清单:地方法治政府建设路径抉择》,《法治社会》2017年第2期,第60-66页。

法性、强制性、公开性、有限性。其一,合法性。由于政府权力来源于法律,是广大人民通过宪法和法律赋予的。推行权力清单在于限制政府权力,保障公民权利。因此,推行权力清单制度就必须合乎国家法律法规等规范性文件的规定,不能有超越法律法规等规范性文件的规定而制定权力清单。此外,权力清单的制定、权力事项、运行程序、监督方式以及权力事项的确定、变更和调整,都必须在法律法规的框架内进行,不能越位越权,不能突破法律法规的支配和控制,做到"法无授权不可为"。其二,强制性。相对于政府而言,权力规范的是行政行为,制约的是行政权力,"法律规定必须为",即清单之内是必须履行到位的职责;而"法无授权不可为",即清单之外原则上属于市场、社会和公民的自由范畴,政府就不能超越权限,胡乱作为,否则就属滥用职权、违法作为,就必须受责任追究。其三,公开性。如前所述,权力清单体现了行政公开原则。在推行权力清单的过程中,清理权力事项,制定权力清单,编制权力运行流程,要坚持公开为原则,以不公开为例外,除了极少数涉及保密的事项外,都必须向社会全面公开,具体包括行政权力事项、实施主体、法律依据、权力边界、运行程序、监督方式以及责任追究事项等内容。主动接受社会监督,做到行政决策、行政管理、行政服务、行政结果的全面公开[3]。通过推行权力清单,促进政府行为更加规范、有序,以便建立公开公正、廉洁高效的法治政府。其四,有限性。受官本位思想影响,传统行政权力界限较为模糊,"管得过宽",而编制权力清单的目的在于限制政府权力,要求政府在法律法规等规范性法律文件的授权下,正确处理政府与市场、政府与社会、政府与公民的关系,坚持市场和社会优先原则,放开对市场和社会过多的干预和限制,让市场、社会和个人有更多的自由活动[4]。市场、社会能够自行解决的问题,政府就放手让其自由调整,不再额外设定管辖权。权力清单时刻提醒着政府明确自己的权力边界,清楚自己的职能定位,不能"越位",这体现了行政权力的有限性。

---

[3]《中共中央关于全面深化改革若干重大问题的决定》,《人民日报》2013年11月16日,第1版。

[4] 中央编办理论学习中心组:《深化行政体制改革推进国家治理体系和治理能力现代化》,《求是》2014年第3期,第36-39页。

三、实践现状：权力清单对法治政府建设的促进作用

（一）权力清单制度推行整体情况

1. 整体情况

如前所述，权力清单是地道的中国原创，最早可以追溯到2005年。当时，河北省开展政府权力公开透明运行改革试点工作，试点单位包括邯郸市、国土资源厅和商务厅。其时，邯郸市成为全国第一个推行权力清单的地方政府，积极推进权力公开透明运行改革，公开政务运行流程，将全市57个政府职能部门的行政权力进行详细梳理，共清理出权力事项2084项、市长权力93项，并将梳理出的权力事项，编成权力清单，详细绘制出权力运行流程图，通过网络等各种途径向社会公开，让市民知悉，接受社会监督。党的十八届三中全会明确了推行权力清单制度，权力清单也因此成为推进法治政府建设的一项重要制度，正式出现在了党的重要文件中，引起了社会各界的广泛关注。而从2005年地方试点先行到党的十八届三中全会的明确部署，权力清单也已经从地方实践，发展成了一项具有重大意义的具体制度在全国范围内推行并完善。据相关资料显示，截至2016年1月份，全国公布了省级政府部门权力清单的省份有31个，其中，公布了责任清单的省份有24个，公布了市县两级政府部门权力清单和责任清单的省份有17个[1]。而据最新资料显示，目前全国公布了责任清单的省份增加到29个。此外，国务院部门公布了权力清单的已有57个；自贸试验区的负面清单已从2013年的193项减至目前的122项；部分省份还开始了乡镇政府权力清单和村务工作权力清单的探索实践[2]。

2. 地方经验

我国政府权力清单从地方试点开始到全国全面推行，经历了一个相当长的过程。以下选取启动较早、效果较明显、较有代表性的河北、广州、富阳三个地方政府的经验，进行总结分析。

---

[1] 赵兵：《促进简政放权 完善运行机制 全国省级政府部门权力清单全部公布》，《人民日报》2016年1月29日，第1版。

[2] 张洋：《推进"放管服"改革，完善"清单"管理 权责有单可查 政府照单履职（"放管服"改革回头看·督察进行时）》，《人民日报》2017年5月18日，第6版。

（1）河北经验

河北是全国试行权力清单制度，深化行政体制改革最早的省份，起因如前所述是2004年原河北省对外贸易经济合作厅副厅长李友灿巨额受贿案。而为从源头遏制贪污腐败，河北省委决定在邯郸市、国土资源厅和商务厅试行权力清单制度。邯郸市坚持"权力法定"原则，以规范行政权力、促进依法行政为目标，依法对政府权力事项进行全面梳理，摸清权力底数，划清权力界限，编制权力清单，绘制权力流程图，通过清理，全市64个政府职能部门保留行政权力2272项，市长仅依法保留93项。同时试点权力清单的国土资源厅，清理权力事项后，保留部门行政权力151项，商务厅只依法保留57项。试行权力清单后，减少了审批流程，进一步规范了权力运行，促进了行政效率的明显提升和行政风气的向好转变。在总结试点经验的基础上，2015年1月，河北省政府由办公厅公布了省政府权力清单，经过清权，保留行政权力3995项。随后，省教育厅、人社厅、发改委、财政厅、国税局等部门也相继公布了各自的部门权力清单，接受社会监督，并实行权力清单随着形势发展和法律法规等规范性文件的立改废的动态管理机制。总结河北推行权力清单制度的经验，可以概括为"三个最"：一是行政审批事项最少化。最少数量保留行政审批内容，依据法律法规等规范性文件，能减就减，该放则放。二是行政公开最大化。坚持以公开为原则、不公开为例外，除极个别保密事项外，将行政权力事项、权力类别、实施依据、运行流程及办理结果等内容全面及时地向社会公开。三是社会监督最严化。对于涉及人民群众切身利益、涉及地方发展和民生的重大项目审批权、审核权等重要、要害权力事项都一一列入清单，向社会公布，让权力在阳光下运行，接受社会的广泛的、严格的监督。河北省率先推行权力清单制度，有效遏制了权力腐败，提高了行政效率，提升了政府公信力，取得了政治效果和社会效果有机统一的双重效果。

（2）广州经验

作为全国一线城市，广州市经济基础好、社会发展较快、开放程度较高、商业贸易发达、人口众多密集、人口流动性大、公民权利意识和法治观念也较高、社会管理理念较先进、社会治理机制较完善健全。党的十八届三中全会确定推行权力清单制度后，勇立潮头的广州市积极贯彻落实，通过清权确权，在全国率先发布了省会市的权力清单，全市48个行政部门，共列出4972项行政职权，其中 387 项行政审批、3138 项行政处罚、123 项行政强制权、76 项行政征收、9 项行政裁决权、49 项行政给付权、310 项行政检查、881 项其他行政事项[①]。如市公安局依法保留行政审批权 45 项，保留行政处罚权 328 项。市发展改革委只保留了 13 项针对企业及政府自身的行政审批权。市政府还将大部分权力事项链接到网上办事大厅，向市民、企业等行政对象提供了 1483 项网上办事服务项目，其中，涵盖市民有关婚姻、生育、入学、住房以及企业有关注册、年审、投资、缴税等事项共 571 项，基本实现了与市民生活密切相关的事项均可通过网上全程办理。广州市这份权力清单，按类划分，界限清晰，审批权主要实施主体包括发改委、经贸委等职能部门，处罚权实施主体包括公安、国土等职能部门。此外，广州市的这份权力清单涉及的权力事项还有行政强制权、行政征收权、行政裁决权，等等，权力类别较清晰，全面明晰了行政执法部门的权力事项、运行流程，让政府及其职能部门在清单内依法行使行政权力，否则将会受法纪制裁。广州推行权力清单值得借鉴的经验，就是充分利用现代信息网络技术公开公布权力清单和权力流程图，坚持以公开为原则，以不公开为例外；坚持以网上办事为原则，不在网上办事为例外。广州充分利用现代信息网络技术推行权力清单制度的探索为大中城市提供了实践经验。

（3）富阳经验

富阳位于浙江省杭州市的西南角，古称富春，杭州市辖县级区（于 2015 年 2 月 15 日撤市设区，成为杭州市辖区，改称富阳区），经济发展迅速，在深化行政改革方面也走在省内前列。为了促进政府及其职能部门加大简政放权的力度，从 2008 年开始，富阳就着手实施了行政权规范运行改革，以"清权、减权、确权、制权"为主要内容，这一改革有效促进了行政权力的公开、促进了权力运行的透明、促进了行政效率和行政能力的提高，也为后来权力清单制度的实施积累了实践经验，奠定了坚实基础。2014 年 1 月，浙江省人民政府以《浙江省人民政府办公厅关于在富阳市推行权力清单制度试点的通知》红头文件的形式，把富阳列为浙江省推行权力清单制度的试点县级政府，主要目的是探索实践、先试先行、总结经验，以期为全省各级政府及其职能部门推行权力清单制度积累经验，提供范本。为了落实好权力清单制度，富阳成立了权力

[①] 张林、穗纪宣：《广州公布"行政权力清单"》，《羊城晚报》2013 年 11 月 22 日，第 A4 版。

清单制度试点工作领导小组,由富阳主要领导担任组长,并设立了权力清单制度试点工作办公室。富阳权力清单制度的推行工作主要由法制办牵头,各部门各司其职相互配合,坚持"能减则减、能放则放"的原则,按照厘权清权、减权简权、确权制权的工作任务,环环相扣,节节相连,在查阅 5000 多部法律法规规章等规范性文件和数十万条法律条文基础上,梳理出 39 个政府及其职能部门的行政权力 4825 项,削减幅度达 38.1%,并将梳理出的权力事项依据是否经常使用、是否与人民群众生活密切联系的标准,划分为"常用性权力"和"非常用性权力"。其中,非常用性权力清单包含 3351 项权力,常用性权力清单保留 1474 项权力。通过推行权力清单制度,富阳各部门从 88 个分管领导、150 个审批职能科室,精减、整合到 35 个分管领导、44 个审批职能科室,不仅促进了行政审批流程精简化,而且促进了行政审批效率的提高[1]。富阳推行权力清单制度值得借鉴的有三点:其一,将梳理后的权力清单划分为常用权力清单和非常用权力清单,进一步体现了便民原则。其二,引进高校法学和行政管理专家组成智囊团,为推行权力清单制度提供理论指导。其三,将行政权力事项划分为"9+X"模式(9 代表九种具体行政权力类型,X 代表其他行政权力),即在专家论证的基础上,将所有权力事项严格依据现有法律法规等规范性文件划分为行政许可、非行政许可审批、行政处罚、行政强制、行政征收、行政给付、行政裁决、行政确认、行政奖励和其他行政权力等类型。

(二)权力清单制度实践特点

纵观我国权力清单制度试行及其全面推广的现状,总结分析施行较早、效果较明显、具有代表性的省、市、县三级地方政府推行权力清单的经验,就权力清单制度实践情况来看,可以概括为以下三个特点。

1. 权力清单制度的推行取得了一定的实际效果

其一,权力事项有较大幅度的缩减。全国绝大部分地方政府推行权力清单制度后,权力事项的数量均有较大幅的缩减,大部分地方政府权力事项的精简率都超过了 40%。如安徽省推行权力清单制度后,经过详细清权,将一些省级权力事项依法下放、整合乃至取消,仅保留 1712 项,精简率 68.3%[2]。广西推

---

[1] 刘建华:《广州晒出政府权力清单之后》,《小康》2013 年第 12 期,第 56-57 页。

[2] 乔树飞:《推进权力清单制度 加快法治政府建设——安徽的探索与实践》,《安徽行政学院学报》2016 年第 1 期,第 5-8,47 页。

行权力清单后,按照"职权法定"原则,将权力事项削减、整合,64个职能部门梳理出5942项行政权力,依法清理3569项,精简率达60%[①]。广西桂平市推行权力清单制度后,共保留权力事项2863项(包括各部门共性权力11项),精简率达到了46.4%[②]。其二,行政审批程序得到进一步规范。本着"应减就减、能放就放"的原则,在清理行政审批事项的过程中,对于非行政审批事项依法能够取消的,都被全部取消;对于虽有法律依据,却暂不执行和保留的行政审批事项,则依法改变管理方式,严格审批的流程,从而促进了行政审批效率的提高。其三,行政权力下放成常态。为了贯彻高效便民原则,政府放权成为常态,不少省级政府在法律框架内,坚持公民本位,纷纷下放行政审批权,将省与市县共有的行政权下放到市县管理。比如2016年江苏省政府推行权力清单制度后,加大简政放权的力度,不断深化行政审批制度改革,取消、下放行政审批等权力事项60项。地方政府可以结合地方实际情况实现就近管理,从而促进行政效率的提高。其四,政府干预资源配置的情况有所改观。推行权力清单制度一个重要的目的在于限制政府权力,以减少政府权力对市场的干预,加大向社会下放权力的力度,在资源配置中充分发挥市场这只"看不见的手"的微观调控作用。比如,对于土地资源的开发利用、重大投资项目审批,进行了程序的规范和精简,对于一些资金的分配,涉及市县地方政府部门职能的,由省级政府部门先对接市县,再由市县与企业进行对接,省级政府职能部门不直接对接企业。

2. 权力清单制度纵向和横向的推行不均衡

权力清单虽然是试点先行,但总体而言,与其他重大制度一样都是自上而下的改革措施或制度重构。鉴于我国条块管辖的行政机构管理特性,在落实权力清单制度的过程中,也出现了横向的快与慢和纵向的先后的区别。就纵向而言,权力清单制度的推行,基本上按照国省市县乡行政五级的先后顺序依次推行,即使是试点先行的地方政府,也是上级以文件精神的形式,明确先行先试,总结经验,提供样板。而从横向而言,由于东西部经济社会发展水平的不

[①] 庞革平:《广西全面建立政府部门权力清单和责任清单制度 64个部门共清理权力事项3569项,精简权力事项比例达60%》,人民网-广西频道2015年9月28日。

[②] 方郎、吴家文:《桂平市推进政府部门权力清单制度有序运行》,《贵港日报》2016年6月15日,第2版。

同、各地历史文化的差异和法治意识水平的高低，使得权力清单制度的落实在横向上也有快慢之分。

3. 权力清单制定主体和实施程序相对统一

全国各地权力清单制度的推行，基本以各地政府为主导，明确编办或者法制办牵头，联合人大、政协、法院、检察院、纪检监察部门等集中审核意见。纵观全国各地，绝大多数地方政府明确编办牵头，如广西三级政府均以编办牵头；而也有少数地区以法制办牵头，如前述浙江富阳。而就程序而言，从各地政府的落实情况来看，基本都是先有政府各职能部门自行梳理权力事项，依据法律法规等规范性文件调整权力事项，经过"厘权、清权、确权"等程序，编制权力清单、绘制权力流程图，形成自查报告，上报牵头部门汇总，牵头部门组织人大、政协、法院、检察院、纪检监察等部门集中审核，提出审核意见，并组织专家组研究论证，提出审议意见，反馈给政府职能部门调整修订，重新上报，再由牵头部门最终审定，上报政府研究通过，最后政府门户网站设置专栏公布，让公众知悉，接受社会监督。

（三）权力清单制度对法治政府建设的推动作用

从权力清单制度的地方试点，到党的十八届三中、四中全会将推行权力清单制度列为深化行政体制改革，加快法治政府建设的重要制度以来，就全国各地推行权力清单的实际情况来看，落实政府权力清单制度，对实现行政权力规范化、法治化，深化行政体制改革，加大简政放权力度，促进建设法治政府起到了巨大的推动作用。具体来说，权力清单对推进法治政府建设的作用可以概括为"三个有利于"。

1. 有利于政府法治意识的提高

在全面推进依法治国的新形势下，我国各级政府大力推行权力清单制度，加强法治政府建设，其主要目的就是全面推进依法治国，加快社会主义法治国家、法治政府和法治社会的一体化建设。依法行政是行政法的基本原则，也是加快推进法治政府建设的重要要求。"有权必有责"，政府及其职能部门在行使行政权力的同时，也要承担相应的责任，实现权责统一。因此，建设法治政府行政主体具有较高的法治意识和责任意识，掌握运用法治思维和法治方式来推进依法行政，推进社会治理的现代化和法治化。落实权力清单制度可以有力督促各级行政主体，包括政府及其职能部门以及数量庞大的公职人员，学法、懂法、知法、守法、用法，从而营造良好的法治环境，促进守法光荣、违法可耻良好风气的形成。在全面推进依法治国，加快法治政府建设的进程中，主要强调的是权力和责任的对立统一，即权责统一原则，着力解决政府职能的错位问题，坚决杜绝政府权力滥用。因此，推行权力清单制度，依法厘权、清权、确权、配权、晒权、制权，把权力关进制度的笼子里，有效促进政府法治意识的提高，确保政府治理的现代化和法治化。2005年率先试行权力清单的邯郸市，清权后市长仅仅保留了93项法定市长权力。但是时任邯郸市市长王三堂并未觉得责任减少，在接受采访时指出，推行清单后，虽然手中的权限比原先预想的少了很多，但是实际上，工作的压力和责任一点都没减少。因为，晒出权力清单后，有多少权力、权力如何运行，人民群众一目了然。这样让权力公之于众，让人民群众能更好地监督，这就促使政府及其职能部门、公职人员不得不增强法治意识，更加谨慎地依法行使政府权力[①]。

2. 有利于行政权力行使的规范

自古以来，受"官本位"传统观念的影响，使得"权力极大""政府神秘"成为广大人民群众对政府及其公职人员的刻板印象。现实生活中"权力任性""错位越权"的现象也屡屡发生。权力清单制度的推行，各级政府及其职能部门通过依法梳理的权力事项、划清权力种类、明确权力依据、摸清权力底数、编制权力清单、再造权力运行流程，把政府权力关进权力清单的"笼子"，使其受制于"笼子"，在法定范围内依法运行。清理政府权力，廓清权力边界，给政府及其职能部门行使权力一个确定的界限，以制度规范政府权力，用制度约束政府行为，可以有效避免缺位、错位、越位、失位、滥用等"政府失灵"现象的出现。权力清单将政府权力公之于众，放在阳光下运行，一方面，可以拉近政府与人民群众的距离，消除人民群众对权力的误解，缓解人民群众对"权力总是那么任性"的错误认识，进而消除权力设租寻租的空间，解决权力运行中的暗箱操作问题，从源头上杜绝权力腐败和权力任性。此外，权力清单

[①] 徐彬：《国内首份市长权力清单：邯郸市长的93项法定权力》，《南方周末》2005年8月25日，第2版。

既明确了横向的权力关系，也明确了纵向的职权关系。明确了中央和地方的职权关系，各级政府及其部门之间的权责关系，清单内的权力横向到边，划清部门权力界限，纵向到底，从中央到地方政府机构自上而下都要公布各自权力清单。使权力清单制度在政府及其职能部门实现全覆盖，让政府行使行政权力，于法有据，违法必究，从而规范政府行为，促进依法行政。比如广州市推行政府权力清单后，促进了行政执法的合法化、规范化，执法异常率锐减，从权力清单施行前的21.59%减少到0.012%，效果可见一斑[①]。

3. 有利于政府治理水平的提高

在现实中，权力任性，越权滥权，有法不依，执法不严等问题屡屡发生。推行权力清单制度，将政府部门权力交叉、职责重叠、职能相近的权力事项，严格依据法律法规规章等规范性文件加以重新界定，廓清权力边界，厘清职能划分，明确主办协办，依法进行统一、整合、分配，从而缓解政府部门职能不清、权力交叉、多头管理、脱位扯皮等问题。而在清权的基础上，依据有关法律法规规章和部门三定规定，梳理部门职责，编制责任清单，将行政责任公开"亮相"，使隐性权力公开化，让显性权力规范化，于法有据。让政府不该管的不要管，将政府"越位""错位"的权力削减，将该管的管好，做好法定职责。同时将"法定权力"清单化，将不合理的权力关进制度的笼子里，让市场这只看不见的手在资源配置中发挥基础性作用，这既可以有效监督政府及其职能部门的行政行为，也是深化简政放权，推进法治政府建设的有效举措。

四、现实困境：权力清单在推进法治政府建设中存在的问题

（一）桂平市推行权力清单制度促进法治政府建设的调查研究

1. 实施依据与总体要求

2014年12月26日，广西区人民政府在自治区、市、县（市、区）三级政府部门开始推行权力清单制度。广西严格按照"职权法定"原则，通过梳理权力事项，将不规范不合理的、没有法定依据且不符合改革方向的权力事项大

[①] 张林、穗纪宣：《广州公布"行政权力清单"》，《羊城晚报》2013年11月22日，第A4版。

大削减,将职责重叠、交叉的权力事项进行整合明确。广西 64 个部门(单位)梳理出权力事项 5942 项,清理 3569 项,精简率达 60%。清理后,行政权力"零事项"的部门有 19 个,主要是政府内部管理和不直接面向社会公众行使职权的部门(单位),其他 45 个部门共明确保留权力事项 2362 项,共性权力事项 11 项[①]。

桂平市作为广西人口第一大县,严格贯彻上级关于推进地方政府权力清单的决策部署,结合桂平实际,在借鉴全国和广西试点先行地方政府推行权力清单制度经验的基础上,于 2015 年 9 月初开始推行地方政府权力清单制度。为落实好权力清单制度,促进法治政府建设,桂平市专门成立了办事机构,即桂平市推行政府部门权力清单制度工作领导小组,下设办公室,由编办牵头具体负责权力清单制度推行工作事宜,制定了推行桂平市人民政府部门权力清单制度实施方案,并以红头文件的形式下发了通知,明确了推行政府部门权力清单制度的依据和要求、任务和步骤。桂平市推行权力清单制度,严格按照"法无授权不可为,法定职责必须为"的合法行政原则,以推动政府职能转变、提升治理能力为核心,以加快建设法治政府为目标,进一步厘清部门权力,明确部门责任;进一步廓清政府与市场、政府与社会、政府部门之间的关系;进一步完善决策科学、执行坚决、流程优化、监督有力的行政权力运行机制;进一步完善政府职能体系,为打造法治桂平提供体制机制保障。

桂平市推行政府部门权力清单制度坚持五大原则:一是坚持权力法定原则。"法无授权不可为,法定职责必须为",严格按照法律法规规章等规范性文件"厘权、清权、确权、配权、晒权、制权"。二是坚持简政放权原则。能减则减、能转则转、该放就放、当并则并,加大向市场、社会和下级政府放权力度。三是坚持高效便民原则。优化权力运行流程,提高办事效率,优化行政服务。四是坚持公开透明原则。以公开为原则、不公开为例外,实行权力清单、责任清单及其运行过程全公开。五是坚持权责一致原则。有权必有责,违法受追究,违规或不当行使权力,将依法依规承担相应责任。

[①] 庞革平:《广西全面建立政府部门权力清单和责任清单制度 64 个部门共清理权力事项 3569 项,精简权力事项比例达 60%》,人民网-广西频道 2015 年 9 月 28 日。

2. 权力事项与权力主体

（1）权力事项

就权力事项的分类，桂平市基本借鉴了富阳经验，将法定行政机关或组织行使的，对公民、法人和其他组织的权利义务产生直接影响的具体行政行为，划分为行政许可、行政处罚、行政强制、行政征收、行政给付、行政检查、行政确认、行政奖励、行政裁决和其他行政权力等10个类别。

（2）权力主体

桂平市推行权力清单制度的部门（单位）主要包括政府职能部门、列入党委机构序列但依法承担行政职能的部门（机构）、依法承担行政职能的事业单位和其他组织以及自治区、贵港市垂直管理部门设在桂平市的机构。桂平将全市62个部门（单位）划分政府部门、事业单位和其他机构3类，其中政府部门36个、事业单位16个、其他机构10个。具体详见表1。

表1 桂平市推行权力清单制度部门（单位）名单

类别	数量	部门（单位）名称
政府部门	36	财政局、人社局、法制办、政务办、教育局、粮食局、物价局、工信局、科技局、发改局、公安局、民族宗教事务局、住建局、林业局、国土资源局、环保局、人防办、民政局、司法局、市政管理局、交通运输局、水利局、农业局、扶贫办、文化体育和广播电视局、卫生和计划生育局、审计局、统计局、旅游发展委、水产畜牧兽医局、安监局、外事侨务办、食品药品监督管理局（食安办）、工商局、质监局、金融办
事业单位	16	房产管理所、地震局、档案局、机关后勤服务中心（机关事务管理局）、农机中心（农机局）、招商促进局、史志办、水库移民局、黄金水道办、社会保险事业局、经济与社会发展研究中心、招生办、长安经济管委会、供销社、二轻联社、农业区划办
其他机构	10	保密局、信访局、国税局、公路局、烟草专卖局、台办、地税局、气象局、邮政局住房公积金桂平管理部

注：笔者制表。

3. 工作任务与实施步骤

（1）工作任务

在借鉴全国各地政府部门推行权力清单制度的实践经验的基础上，桂平市结合实际，在推行权力清单制度的过程中，主要完成以下6项工作任务。

一是厘权。严格依据法律法规规章、国务院和自治区政府制定的规范性文件以及部门"三定"规定①等,对现有行政权力按照前述行政许可、行政处罚等10个类别进行详细梳理,全面摸清权力底数,详细梳理权力总数,详细列出权力名称、行使主体、实施依据等内容,编制成行政权力目录。

二是清权。在厘权的基础上,严格坚持"权力法定"的原则,以加大简政放权力度,推进依法行政为目标,对于那些不合法、不合理的权力事项,依法提出取消、下放、转移、整合、暂不执行、保留等6种清理意见。取消,即将没有法定依据的行政权力事项予以取消,将不符合法律法规规定、利用"红头文件"设定的非行政许可审批事项予以取消,重点取消生产经营活动审批、资质资格许可和认定、投资项目审批、评比达标表彰等行政审批事项。下放,即向市场、社会和下级政府下放权力事项。转移,即将因部门职能变更而引起的权力主体变更的权力转移给变更后的职能部门。整合,即将工作内容相同或相似的,具有前后反复核准的,依据高效便民的原则尽量予以整合。暂不执行,即对多年不发生管理行为、没有管理对象的行政权力列入暂不执行;对于虽有依据,但依据相互冲突且矛盾的行政权力列为暂不执行。保留,即没有前述五种处理意见情景的权力事项都要依法保留。

三是确权。按照高效便民的原则,以规范行政权力为目标,对保留的权力事项,以权力序号、权力名称、行使主体、实施依据为内容,编制权力清单,绘制权力运行流程图。对于没有法律法规明确程序的,坚持高效便民原则设置流程;对于法律法规已明确程序的,按照权力法定原则细化流程。对于权力运行流程基本相同的同种类行政权力事项,可以绘制通用的权力运行流程图;对于权力运行流程有明显差别的行政权力事项,应当分别单独绘制权力运行流程图。进一步规范和优化行政审批流程,提高行政审批效率,大力减少行政相对人负累。

四是配权。按照"法定职责必须为"的要求,在"清权"的基础上,严格依据有关法律法规规章和部门"三定"规定,梳理部门职责,并以部门职责、

---

① "三定"规定是中央机构编制委员会办公室(简称中央编办)为深化行政管理体制改革而对国务院所属各部门的主要职责、内设机构和人员编制等所作规定,属于国务院的规范性文件。

与相关部门的职责边界、公共服务事项、事中事后监管制度为主要内容，编制责任清单，明确行政责任。严格依据政府部门职责规定，按照发展规划、政策法规、专项业务和其他事项4个类别，明确具体工作事项。对于政府部门之间职责交叉、责任重叠的事项，要重点厘清理顺，明确职能边界。对多头管理的职责，严格依据现有规定和部门职责设定，分清职责分工，明确牵头部门，分清主办、协办关系，建立健全协调配合机制和监督制约机制。对有争议的部门职责，原则上参照上级对应部门的职责分工进行划分，先由部门协商解决，协商不一致的由市编委办负责协调，重大问题由市人民政府裁定。

五是晒权。坚持公开为原则，不公开为例外。除保密事项外，将经过审核确定的部门权力清单、责任清单、行政权力运行流程图等在政府门户网站、部门（单位）门户网站、市政务服务中心等平台，设置专栏，向社会全面公开。公开内容具体包括：行政权力的项目编码、权力名称、权力类别、实施依据、实施主体、承办机构；责任事项的主要职责、与相关部门的职责边界、公共服务事项、事中事后监管制度；行政权力运行的办理程序（包括申请、受理、审查、决定等）、涉及部门、承办机构和岗位、办理期限、服务方式、相对人权利、监督投诉方式方法，等等。

六是制权。一方面，建立事中监督机制。在梳理政府部门权力事项过程中，由桂平市推行政府部门权力清单制度工作领导小组办公室牵头，以编办为主，组织法制办、法院、检察院等部门对政府部门（单位）清理的权力事项进行集中审核，并邀请人大代表、政协委员、专家学者、社会组织和企业界代表等，组成专家组，对审核意见进行专题研究论证。并将审核和专家组审议通过的意见，通过网络平台等方式进行公示，征求社会公众意见。另一方面，建立事后监督机制。坚持高效便民的原则，借鉴前述广州充分利用网络推行权力清单制度的经验，建设行政权力网上运行平台，打造集权力运行、民意征集、效能监察为一体的行政权力信息平台，将与市民生活密切相关的结婚、生育、入学等事项，以及与企业密切相关的设立、变更、投资、交税等事项，坚持便民原则，全面开通网上办事，公开办理流程和监督方式，明确办理时限，及时反馈办理结果。建立权力清单和责任清单动态调整机制，对于权力清单的新增、取消、调整和责任清单的调整和完善，应当严格按照权力清单制定程序进行调整，报有关部门审核确认后，向社会全面公开。

（2）实施步骤

桂平市推行权力清单制度，采取了"四步走"方案。

①编制权力清单和责任清单阶段。桂平市从2015年9月1日至10月31日，由各职能部门（单位）按照推行权力清单制度的要求，自行梳理本部门（单位）权力事项，提出调整意见，填写行政权力事项清理表，编制权力清单，撰写自查报告。并在权力清单的基础上，编制本部门（单位）的责任清单，填写责任事项登记表，并分类编制本部门（单位）事中事后监管制度；编制权力运行流程图。

②集中审核。2015年11月1日至2016年5月31日，由桂平市推行政府部门权力清单制度工作领导小组办公室牵头对权力清单、责任清单、权力运行流程图进行审核，提出审核意见，并组织专家研究论证，征求相关方面意见，提出权力事项清理规范和责任清单调整意见，反馈给各部门（单位）修改调整。审核结果经部门（单位）门户网站公示，征求意见后，报市人民政府审定。

③公布运行阶段。2016年6月1日至7月31日，桂平市各职能部门（单位）的权力清单、责任清单、权力运行流程图报市人民政府审定后，分别在市政府门户网站、部门（单位）门户网站、市政务服务中心三平台公布，接受社会监督。

④检查完善阶段。2016年8月1日至12月31日，由桂平市推行政府部门权力清单制度工作领导小组办公室对各职能部门清单制度运行情况进行跟踪调查，发现问题及时协调解决，督促整改；对遗漏事项，及时调整补充，按相应程序依法列入清单。

（3）权力清单的法治效果

桂平市推行权力清单制度以来，严格依据"法无授权不可为，法定职责必须为"的合法行政原则，坚持"能减则减、能转则转、该放则放、当并则并"的准则，除7个中、区、贵港直属部门（单位）自行清理外，对全市55个部门（单位）的5341项权力事项，进行了全面梳理，取消、下放、转移、整合部门权力事项2483项，保留权力事项共2863项（包括各部门共性权力11项），精简率为46.4%。明确工商局、质监局等47个部门（单位）主要职责503项，具体工作事项1991项，部门间职责边界事项121项，部门公共服务事项145项，建立事中事后监管制度279项。在桂平市政府门户网站开设桂平市政府部门权力清单专栏全面公布权力清单、责任清单和权力运行流程图,让公众知悉,接受社会监督。桂平市实施权力清单制度后,依法对政府及其职能部门的权力事项,进行了全面的梳理,详细统计了权力总数,彻底摸清了权力底数,明确划清了权力边界,编制了权力清单、责任清单,绘制了权力运行流程图,并坚持以公开为原则,以不公开为例外,将"两单一图"向社会公开,将政府及其职能部门的具体权力事项、实施主体、法律依据、运行程序、监督途径等行政权力内容公之于众,接受社会监督,从根源上消除了权力寻租设租空间,缓解了权力运行的随意性,有效遏制了权力腐败现象,促进了行政审批流程精简,提高了行政效能,推进了桂平市法治政府建设的进程和政府治理的现代化、法治化。

(二)桂平推行权力清单制度促进法治政府建设中存在的问题分析

如前所述,从一定层面上说,权力清单制度的推行深化了行政管理体制改革,加大了简政放权的力度,有效促进了地方法治政府建设。但是不可否认,地方政府落实权力清单制度,促进法治政府建设的过程中,依然遇到了诸如立法滞后、改革先行的问题。具体来说,在推行权力清单制度促进法治政府建设的探索实践中,主要存在以下三个问题。

1. 政策规范与权力法定原则之冲突

"权力法定"是依法行政的基本原则,是建设法治政府的必然要求。"法无授权即禁止",现代社会,政府的存在基于法律的授权,行政行为的行使,赖于法律法规的明确规定。权力清单作为一种限制政府权力的重要制度,理所当然地要受到法律的支配与控制。然而,权力清单制度从最初的试点先行,到后来的全国推行已历经十多年,但是至今仍未有一部正式的法律法规依据,来规制权力清单制度的推行。尽管党的十八届三中、四中全会决定以及国务院下发的《关于推行地方各级政府工作部门权力清单制度的指导意见》为权力清单制度的推行,深化行政体制改革,促进法治政府建设指明了方向,提供了政策依据,但是政策先天的不稳定性,并不具有法律的强制执行力,使得制度的落实显失规范。

(1)权力清单的制定缺乏法定依据

包括桂平市在内,各级政府及其职能部门在权力清单制度的推行过程中,遇到最为突出的问题就是如何处理政策规范和权力法定的问题。纵观各地政府推行权力清单制度的实践中，在遇到政策与现有法律法规产生分歧时，各地政府为了保证权力清单制度的顺利推行和贯彻落实，往往以相关政策和制度作为制定权力清单的依据，导致权力规定变动在先，法律规定变动在后的奇怪现象。而现实工作中政府部门行政权力的规定也确实需要根据新形势、新要求、新情况而作出相应的变更。在法律法规不能满足现实需求时，现实的做法也往往是通过对现行法律的扩大解释，以适应现实生活的需要。而这种行动在前、法律制定在后，制度的法律化解释代替立法的规范等做法与权力法定原则格格不入，将会对法律体系的和谐形成巨大的冲击，不利于权力清单制度的推行。权力清单制度推行的目的就是监督政府权力、限制行政权力。然而，在权力清单制度推行的过程中就存在于法无据的乱象，从长远来看，无疑违背了制度推行的初衷，也将无益于法治政府建设。

（2）权力清单牵头部门缺乏法定统一

如前所述，桂平市为贯彻中央关于推行政府部门权力清单制度，专门成立了桂平市推行政府部门权力清单制度工作领导小组，由市领导担任组长，各部门负责人为领导小组成员，并设立了桂平市推行政府部门权力清单制度工作领导小组办公室，由编办牵头从法制办、法院、检察院、司法局、工商局等部门抽调人员具体负责权力清单制度推行工作。而在前述的河北经验和富阳经验中，河北省权力清单的推行工作由隶属于国务院到县（市、区）政府的审改办系列的河北省行政审批制度改革工作领导小组办公室负责。富阳的权力清单制度的推行则由法制办牵头，而浙江省省级权力清单工作由省编办牵头负责，上下级负责部门不统一。江西省的权力清单制度推行工作则将省网上审批系统建设推进工作小组更名为省"三单一组"建设工作领导小组[1]。全国推行权力清单制度的牵头部门未能完全统一，主要根源还是没有法定规范，容易出现各地牵头部门各自为政、各不相同的乱象，不利于权力清单制度在全国统一规范的推行。

---

[1] 谭翊飞、郑升：《各省如何摸清家底：权力责任清单编制路线图》，《21世纪经济报道》，2015年4月3日。

(3)权力清单运行缺乏法定约束

推行政府部门权力清单制度的目的,旨在实现权力运行的合法化、规范化,将权力放在阳光下运行,公之于众,将权力关进制度的笼子,约束制约,以遏制权力任性。如前所述,桂平在推行权力清单制度过程中,在集中审核阶段,桂平市推行政府部门权力清单制度工作领导小组办公室集中审核后,邀请专家组对审核意见进行专题论证,并将审核意见和专家组论证意见在部门门户网站等平台进行公示,征求社会公众意见。但是,无论在集中审核阶段,还是最后权力清单公开公布阶段,桂平市人民政府门户网站、各部门门户网站等平台均不见权力清单征求意见专栏。2011年,浙江省人力资源和社会保障厅曾将其39个部门(单位)的权力清单、运行流程等内容在其官方网站上公开并征求意见,但是不久后便被撤回[①]。可见,单靠政府自身,想实现权力清单的顺利运行总会出现一些问题。因此,需要将重大决策部署和党的重要政策以法律形式表现出来,用强制力保障诸如权力清单制度等重要制度的顺利实施。

2. 权力观之转变与改革可能的形式主义

中华有上下五千年的历史文明和传统文化,而在这漫长的历史传统文化中,"官本位"思想影响深远,至今仍根深蒂固。"居庙堂之高",高高在上、唯我独尊、脱离群众、欺软怕硬、蛮横专断、盲目单干等官僚之风盛行;"处江湖之远",望子成官、学优则仕、唯权唯上、趋炎附势仍是现实的众生相。现实社会中,一方面,受传统权力至上、官本位等观念影响,不少政府公职人员现代公共服务理念淡薄,认为国家机关是用来管老百姓的而不是为老百姓服务的,有的甚至将手中的行政权力当作牟取私利的工具。这种扭曲的权力观不仅影响政府的形象和公信力,而且容易滋生腐败,影响公信力,阻碍法治政府建设。另一方面,权力清单制度的施行将明晰行政权力边界,使权力运作公开化透明化,减少权力寻租的空间,触及少数官僚阶层的既得利益,因此,个别行政主体就将推行权力清单当作一种走过场的形式,没有给予足够的重视。在权力清单制度推行中,极少数政府职能部门及其公职人员认为权力清单不能发

[①] 孔令泉:《上网的权力清单为何自己收回》,《民主与法治时报》2011年11月14日,第A03版。

挥实际效用，只是一个花花架子，以致在落实权力清单制度时，抱着"以形式对抗形式"的心态，对权力清单工作应付了事。有个别部门从表面上看，虽然按照制度要求，梳理了权力事项，明确了权力边界，公布了权力清单和权力运行流程，但是为了个人及小团体的利益，对于那些能够取消、整合、暂不执行等权力事项，应减的不减，该放的不放，应并的不并，该转的不转。一言以蔽之，如果传统的官本位思想不转变，对权力清单制度应付了事，就会严重损害政府公信力，影响法治政府建设的进程。

3.监督机制不健全导致的权责不对应

一方面，监督措施虚设，未能发挥监督实效。纵观各地政府推行权力清单制度的情况，绝大多数地方政府对推行权力清单制度的监督机制还不是很健全，有的甚至没有落实监督措施。还有的在制定落实权力清单制度工作方案时，虽明确了一些监督方式，比如广州采取的纪检监察部门的网上监察，北京西城区的投诉举报专线电话，等等，但是这些监督方式并未发挥实质的监督作用。再比如桂平市推行权力清单过程中，明确要求职能部门根据专家组的审议意见修改调整的权力清单及修改调整说明情况，必须在网络平台公示，征求意见。但是，实际上各职能部门并未实施这一步骤，而是将修改调整后的权力清单直接报送桂平市权力清单办公室审核认定。另一方面，终审主体不适格，审核过程流于形式。包括桂平市在内的各地政府，在推行权力清单制度的过程中，权力清单的制定主体是各级政府及其职能部门，而权力清单的审核监督机关也是政府或其职能部门。也就是说，政府自身就是权力清单的制定者和监督者，在推行权力清单制度的这场运动中，政府既是"运动员"，又是"裁判员"。这种自己审核自己的方式，极易导致权力清单审核不全面、走过场，从而不能及时发现权力清单中的漏洞，影响责任的追究，违反了"权责统一"原则。

五、路径抉择：完善权力清单制度推进地方法治政府建设

推行地方政府权力清单制度，是依法行政的内在要求，是推进法治国家、法治政府、法治社会一体化建设的必然要求。《关于推行地方各级政府工作部门权力清单制度的指导意见》（中办发〔2015〕21号）明确提出了"全面梳理现有行政职权、大力清理调整行政职权、依法律法规审核确认"等"八大任务"①。但是，如前所述，尽管推行权力清单在推进法治政府建设中取得了一定成效，但是也遇到了一些问题。因此，在完善权力清单制度推进地方法治政府建设的进路中，要坚持循序渐进的原则，立足全面推进依法治国的大局，结合地方经济社会发展的实际，不断完善权力清单相关制度。

（一）加快政策入法，实现权力清单制度于法有据

如前所述，在推行权力清单制度中，遇到最首要的问题是法律缺位以及政策规范和权力法定原则之间的矛盾。因此，加强权力清单制度的顶层设计，加快权力清单制度立法，是完善权力清单制度的第一要务。

1. 加强国家立法对权力清单制度的规制

首先，明确权力清单制度是政府的法定职责。加快立法步伐，制定国家层面的关于推行权力清单的法律法规，明确省级人大有权制定关于地方政府及其职能部门推行权力清单制度的地方性法规，明确各级政府及其部门推行权力清单制度促进法治政府建设的法定义务，同时明确规定权力清单公布的程序、牵头部门。应当明确由法制办作为牵头部门，因为作为地方政府规章等规范性文件的制定和解释机关，法制办相较于负责部门间职责分工的编办更具有法律的优越性，而责任清单则可以由编办负责牵头组织。其次，明确权力清单内容。严格规定权力事项、法律依据、实施主体、行政对象、运行程序、监督方式以及责任追究途径等作为各级政府及其职能部门公布权力清单的内容。这样以法律法规的形式明确权力清单内容，可以确保各地政府权力清单的相对统一，有利于确保法律法规的权威性。再次，明确权力清单的动态管理。赋予地方政府对权力清单进行修改、调整和补充的权力。因为随着法律法规的立改废以及政府机构、职能的调整，政府及其职能部门的权力会发生相应的变化。最后，明确推行权力清单的法律责任。明确规定权力清单是依法行政的重要内容和监督方式，推行权力清单制度是评估地方法治政府建设的重要指标。以法律的形式引导行政主体树立正确的权力观，严格遵循"权力法定"和"法无授权即禁止"

---

① "八项任务"指《关于推行地方各级政府工作部门权力清单制度的指导意见》（中办发〔2015〕21号）提出的"全面梳理现有行政职权、大力清理调整行政职权、依法律法规审核确认、优化权力运行流程、公布权力清单、建立健全权力清单动态管理机制、积极推进责任清单工作、强化权力监督和问责"八项任务。

之原则,各级政府及其部门不得"越权",行使清单之外的权力,违者受追究,承担明确的法律责任。这样明确法律责任后,推行权力清单制度将成为政府及其部门的法定义务,而不是可为可不为,可以"以形式对抗形式"的走过场。

2. 加强地方法规对权力清单制度的规制

地方应当结合地方经济社会的发展水平,在宪法和法律的框架下,加快制定有关权力清单制度的地方性法规等规范性文件,对推行权力清单制度工作目标和要求、主体和程序,以及权力清单的权力事项、权力运行程序、权力监督方式等等加以更加细化、更加具体、更加精准的规定。从一定层面上来说,这样既能够充分发挥地方权力机关人大的监督作用,又能充分体现地方人民的意志,更有利于地方推行权力清单,促进地方法治政府建设。

(二)健全考评机制,实现法治政府考核科学合理

党的十八届四中全会决定明确了建立法治政府的"24字标准"[①]。法治政府建设的成效如何,需要一个客观公正评价,一个科学合理的评估。对照权力清单评价行政行为是监督政府权力的有效途径。因此,推行权力清单制度也是法治政府建设的重要内容,更是评估法治政府建设的重要标准。因此,建立健全以权力清单为主要内容的法治政府"373"考评机制,是检验法治政府建设成效的重要方法和有效途径。

1. 坚持三项原则

建立以权力清单为主要内容的法治政府考评机制,必须坚持合法性原则、合理性原则和实用性原则。

(1)合法性原则

无法律则无行政,合法性原则是行政法的首要原则,就是政府权力来源于法律,受法律的限制,政府行使权力必须以法律规定为依据,受法律制约。权力清单作为监督政府权力的一种途径,其推行也必须有法律的明确规定。权力清单的编制主体、制定程序、监督机关都要有法律的明确规定。而建立以权力清单为主要内容的法治政府考评机制,就必须严格遵守合法性原则,确保考评

[①] 法治政府的"24字标准"指《中共中央关于全面推进依法治国若干重大问题的决定》提出的"建立权责统一、权威高效的依法行政体制,加快建设职能科学、权责法定、执法严明、公开公正、廉洁高效、守法诚信的法治政府"。

机制的内容和方式符合法律规定，考评的主体、对象和程序也符合法律规定，坚持权力法定，做到于法有据。

（2）合理性原则

以权力清单为主要内容的法治政府考评机制要科学合理，确保考评机制能够有效检验地方法治政府建设的现状，真实反映地方法治政府建设的水平。在法治政府建设考评指标的设计上，除了对照权力清单检视政府及部门依法行政的情况外，还要通过权力清单观照政府及其部门参与法治政府建设的情况。此外，还要严格依据"职能科学、权责法定"等法治政府的"24字标准"，设计全面涵盖法治政府各个方面的指标，各级指标要全面科学合理，做到宏观和微观兼顾。法治政府考评标准要有对政府考评的常规指标，也要有体现不同对象的专项指标和特色指标，以保证法治政府考评标准的可比性和针对性。要结合法治政府建设实践，形成以权力清单为重要内容考评标准，避免一些突击造假完成的主观指标，以确保考评结果的客观性。要随着法治政府建设的进程，对考评标准作出相应的动态调整，以保证考评标准的实效性。此外，由于不同地区经济社会发展水平不同，各地公民的法治意识也有明显差异，各地政府的法治化水平也不尽相同，因此，统一法治政府建设考评标准不切实际，也不符合公平公正的原则，因此要因地制宜，在统一考评标准的基础上，允许有区分差别。

（3）实用性原则

权力清单为主要内容的法治政府建设考评机制的建立不是最终的目的，只是检视法治政府建设成效的一种手段和方法。是为了通过权力清单进行科学考评，更好地促进法治政府的建成。因此，考评机制的建立要充分考虑可操作性，考评机制的具体内容、方法、步骤以及等级的划分，等等，都要坚持实用性原则，确保既能进行横向的比较，又能满足纵向不同层级的适用。具体而言，法治政府建设考评标准的设计，要确保每一个末级指标所选择的内容必须能够进行实际考评，还要确保对考评标准有具体准确的量的规定。此外，以权力清单为重要内容的法治政府建设考评机制，要引入第三方参与考评，确保考评的社会化和考评结果的权威性；要促进法治政府建设考评的制度化和常态化，形成不定期考评和定期考评相结合的机制，还要建立奖惩机制，对于考评结果优秀的予以奖励，不合格的予以惩处，以保证法治政府建设的顺利推进。

2. 设定七大一级指标

中共中央、国务院发布的《法治政府建设实施纲要（2015—2020年）》，把法治政府建设归纳为依法全面履行政府职能、完善依法行政制度体系等7个方面。据此，可将法治政府建设的考评设定为7项一级指标，40项二级指标（见表2）。

表2 地方法治政府建设考评指标

一级指标	二级指标
（一）依法全面履行政府职能	1. 深化行政审批制度改革
	2. 大力推行权力清单、责任清单、负面清单制度并实行动态管理
	3. 优化政府组织结构
	4. 完善宏观调控
	5. 加强市场监管
	6. 创新社会治理
	7. 优化公共服务
	8. 强化生态环境保护
（二）完善依法行政制度体系	9. 完善政府立法体制机制
	10. 加强重点领域政府立法
	11. 提高政府立法公众参与度
	12. 加强规范性文件监督管理
	13. 建立行政法规、规章和规范性文件清理长效机制
（三）推进行政决策科学化、民主化、法治化	14. 健全依法决策机制
	15. 增强公众参与实效
	16. 加强中国特色新型智库建设，建立行政决策咨询论证专家库
	17. 加强合法性审查
	18. 坚持集体讨论决定
	19. 严格决策责任追究
（四）坚持严格规范公正文明执法	20. 改革行政执法体制
	21. 完善行政执法程序
	22. 创新行政执法方式
	23. 全面落实行政执法责任制
	24. 健全行政执法人员管理制度
	25. 加强行政执法保障

(续表)

一级指标	二级指标
（五）强化对行政权力的制约和监督	26. 健全行政权力运行制约和监督体系
	27. 自觉接受党内监督、人大监督、民主监督、司法监督
	28. 加强行政监督和审计监督
	29. 完善社会监督和舆论监督机制
	30. 全面推进政务公开
	31. 完善纠错问责机制
（六）依法有效化解社会矛盾纠纷	32. 健全依法化解纠纷机制
	33. 加强行政复议工作
	34. 完善行政调解、行政裁决、仲裁制度
	35. 加强人民调解工作
	36. 改革信访工作制度
（七）全面提高政府工作人员法治思维和依法行政能力	37. 树立重视法治素养和法治能力的用人导向
	38. 加强对政府工作人员的法治教育培训
	39. 完善政府工作人员法治能力考查测试制度
	40. 注重通过法治实践提高政府工作人员法治思维和依法行政能力

注：笔者制表。

（1）依法全面履行政府职能情况

主要包括深化行政审批制度改革情况、行政审批事项权力情况、非行政审批事项取消情况、权力清单制度实施情况、创新社会治理情况、优化公共服务情况等内容。

（2）完善依法行政制度体系情况

主要包括政府立法体制机制完善情况、重点领域立法情况、社会公众参与立法情况、规范性文件监督管理情况等内容。

（3）推进行政决策科学化、民主化、法治化情况

主要包括重大行政决策程序制度完善情况、重大行政决策事项征求公众意见情况、行政决策咨询论证专家库、严格责任追究机制等内容。

（4）坚持严格规范公正文明执法情况

包括行政执法改革情况、完善城管执法体制情况、行政裁量权基准制度、完善行政执法权限协调机制、创新行政政法方式、行政执法责任制落实情况、行政执法人员管理情况、行政执法保障情况等内容。

（5）强化对行政权力的制约和监督情况

包括行政权力运行制约和监督体系建设情况，落实并完善党内监督、人大监督、民主监督、司法监督、政府内部层级监督、社会监督和舆论监督、政务公开、纠错问责机制落实情况等。

（6）依法有效化解社会矛盾纠纷

包括依法化解纠纷机制建立情况、行政复议工作开展情况、完善行政调解、行政裁决、仲裁制度；人民调解工作开展情况；信访法治化改革情况，等等。

（7）全面提高政府工作人员法治思维和依法行政能力

具体包括政府工作人员的法治教育培训情况、用人制度完善情况、政府工作人员法治能力考查测试制度完善情况、公务员晋升依法行政考核制度实行情况、政府工作人员运用法治思维依法行政情况等方面。

3.落实三个步骤

第一步，根据法治政府建设的"24字标准"，由政府部门自行对照权力清单和法治政府建设考评标准，检视自身法治政府建设情况，进行自我评估，对照考评标准，自行打分，最终形成评估报告，附佐证材料报送至由法制办牵头建立的法治政府建设考评工作办公室（以下简称"法治政府考评办"）。

第二步，由法治政府考评办，组织人大、政协、检察院、法院、纪检监察局、审计局、法制办等部门业务骨干，成立考评小组，分组对各政府部门报送的法治政府建设自我评估报告和佐证材料进行审核，并对照考评标准，严格进行打分，形成评估意见。如有必要，可以实地评估。评估意见应向社会公示，征求社会公众意见，或者以购买第三方评估机构服务的方式，进行复评，形成最终评估结果。综合各政府部门法治政府建设的评估结果，对照上级法治政府建设评估标准，进行地方政府法治建设的自我评估，形成评估报告，附佐证材料报送上级法治政府建设考评工作办公室。

第三步，由上级法治政府考评办组织人大、政协、检察院、法院、纪检监察局、审计局、法制办等部门业务骨干，成立考评小组，对下级政府的自评报告和佐证材料进行审核，并对照考评标准，严格进行打分，形成评估意见。如有必要，可进行实地评估。评估意见应向社会公示，征求社会公众意见，或者购买第三方评估机构的服务，进行复评，形成最终评估结果[①]。

（三）完善监督机制，实现权责统一原则贯穿始终

权责统一原则是行政法的重要原则，是指政府要依法行使权力，依法履行职责，如果违法或者行使不当，要承担相应的责任。如前所述，权力清单，是检视政府依法行政的监督方式，依法行政，必须坚持权责统一原则。以权力清单促进法治政府建设，只有不断健全完善监督制约机制，才能有效避免权力清单流于形式，确保符合"24字标准"的法治政府的顺利建成。

1. 完善监督机制制约权力清单

有监督，才能确保权力清单取得法治实效；有监督，才能确保权力清单有效地促进法治政府建设。因此，要完善监督机制体制，来制约权力清单。首先，设立专门的监督机构。加快权力清单制度立法，明确权力清单的法定监督机构为各级人大及其常委会。这样既能发挥地方人大的监督职能，又能实现对推行权力清单制度的有效监督。其次，加强事中监督。在落实权力清单制度时，要加强对可能出现的制度错位、清单流于形式以及权力事项的随意增减等问题加以监督，及时纠正，必要时追究相关责任。比如，在权力清单集中审核阶段，应当将政府及其部门通过"厘权、清权、确权、配权"后制定的权力清单，编制权力流程图，进行集中审核，形成审核意见，邀请人大代表、政协委员、高校教授、政府法律顾问、著名律师组成专家组，进行研究论证，形成专家审议意见，并根据专家组审议意见修改后，通过网络平台等方式进行公示，广泛征求社会意见。再次，加强事后监督。即在权力清单向社会公开之后，要加强对权力清单制度落实情况的跟踪监督，以确保权力清单发挥法治效果，促进法治政府建设。要监督地方政府是否按权力清单减权放权，如果政府部门为了小团体的既得利益而隐藏权力，秘而不发，不依法清权、晒权，则由人大及其常委会，联系纪检监察部门，启动追责程序，依法追究相关主体的行政责任。最后，充分发挥群众监督的作用。公众参与是行政法程序正当原则的重要内容，是公民行使知情权和监督权的有效方式和重要手段。当下政府权力的运

[①] 吴家文：《权力清单：地方法治政府建设路径抉择》，《法治社会》，2017年第2期，第60-66页。

行模式已由传统的单向模式变为公众普遍参与的互动模式。因此，在权力清单制度实施的过程中，要引入听证程序，采取召开听证、公布监督电话、开设网络问政平台等方式，广泛征求人民群众对权力清单的权力事项、实施主体、运行程序、监督方式等内容意见和建议，以充分保障公民的知情权和监督权，促进公正公开、守法诚信的法治政府的顺利建成。

2. 建立责任制度确保权责统一

（1）增强行政主体的法治观念

如前所述，受传统官本位思想影响，政府行政权力观错位，滥用权力，以权谋私、胡乱作为，甚至权力腐败现象频发。因此，必须提升公职人员的法治意识，引导公职人员树立正确的法治观念，端正权力观，让公职人员充分认识到推行权力清单制度的重要意义。明确推行权力清单不是为政府行使行政权力设置障碍，而是为了规范政府行为，确保政府法定责任；是为了简政放权，方便群众办事，将政府工作的重点集中到为广大人民群众创造良好的法治环境，提供更加优质高效服务上来；是为了树立程序规范、权力为民的服务理念，树立政府良好形象。要借权力清单制度引导公职人员正确认识权力和责任的对立统一关系，不断增强法治素养和依法履职的责任感，切实做到依法行政。

（2）建立责任追究机制

有权必有责，违法受追究。在推行权力清单制度的过程中，建立责任追究机制，能够确保权力清单制度的有效推行，促进权责法定的法治政府的顺利建成；能够确保政府及其职能部门依法"厘权、清权、确权、配权、晒权、制权"，深化行政体制改革，加大简政放权。因此，在权力清单制度推行的过程中，如果发现政府部门梳理权力事项不全面，界定权力边界不清晰，出现权力事项该减不减、该放不放等行为，应当给以相应的行政处分；造成严重损失，产生重大影响，构成犯罪的，应当追究相应的刑事责任。[①]

---

① 吴家文：《权力清单：地方法治政府建设路径抉择》，《法治社会》2017年第2期，第60-66页。

六、结语

法治政府的根本目的在于限制政府权力,实现依法行政、落实权责统一。推行权力清单制度,让政府及其职能部门通过依法"厘权、清权、确权、配权、晒权、制权"来加大简政放权力度,推进法治政府建设。近年来,地方政府在推行权力清单制度,加快法治政府建设方面进行了一系列的探索和实践,积累了一些有益经验,比如河南省的行政审批事项最少化、行政公开最大化、社会监督最严化的"三个最"经验;依托现代网络技术全面公开权力事项、运行流程、网络审批的广州样本;以及划分"常用权力清单"和"非常用权力清单"的富阳便民经验;坚持五大原则、落实六大任务、采取四步走计划的"五六四"桂平实践,等等,都充分证明了权力清单对加快法治政府建设具有重要的促进作用。但是,在推行政府部门权力清单的实践中,我们仍然遇到政策规范与权力法定原则的冲突、监督机制不健全导致的权责失位和改革实践中可能的形式主义等问题。为此,只有通过加快政策入法,坚持合法、合理、便民"三项原则",建立"七大指标",落实"三个步骤"的以权力清单为主要内容的"373"法治政府建设考评机制,不断完善监督机制,以此来推进权力清单制度,落实简政放权,贯彻"法无授权不可为,法定职责必须为"的依法行政要求,必将促进地方法治政府的顺利建成。

从检十年

（后记）

时光如梭，岁月如歌，人生在世，世事无常。

经济学专业的我，大学期间执着于记者的文字征程，一心一意想考新闻学专业的硕士研究生，奈何天生愚笨，想着凭借后天的勤奋来实现心中所想，也许太过于重视，执念甚深，以至于研究生入学考试并未发挥好，成绩也不理想，虽然达到国家线，但并没有达到我所报考学校的成绩要求。后来调剂又不及时，导致应届考研败北。

庆幸的是，凭借大学期间学习的勤奋刻苦和对文字征程的执着坚持，积累了择业的资本。拿着大学期间发表于校内外各级媒体的消息、通讯、诗歌、散文、评论以及大学期间所获得的国家励志奖学金、国家奖学金等荣誉证书汇编而成的《守望晴空——吴家文个人作品选集》，我也敲开了柳州市委党校、广西四建等很多单位的大门，拿到了很多 offer。在此，感谢母校玉林师范学院为我的成长成才提供了很好的学习和实践的平台，也感谢杨梅老师、陈一栋老师、许进杰教授等老师的关心、支持和帮助。

后来，经女友（现在的妻子）提议，边工作、边择业的同时，我也准备了当年广西政法干警定向招录的考试，并且顺利考上了我现在的工作单位——桂平市人民检察院。之后，根据定向培养协议，到定向培养学校中南财经政法大学，进行了两年第二学士学位法学专业的学习，扎实了法学知识，树立了法治观念，提高了法治意识，提升了运用法治思维与法治方式分析问题、解决问题的能力。在此，感谢中南财经政法大学及老师，丰富了我的知识背景，开阔了我的眼界，并结识了一批来自五湖四海的同窗好友。

转眼间，从定向学校毕业回到基层检察院工作至今，已是整整十个年头。

十年来，工作上，我追求进步。其间也时不时有躁动的心，但当理想照进现实，也都迫于现实的骨感而安于现状。其间，除了被短期借调到桂平市委办、贵港市委宣传部、桂平市权力清单办、贵港市委组织部等部门参与专项工作，到大洋镇、麻垌镇参与脱贫攻坚工作外，我都在桂平市人民检察院工作，主要负责检察理论研究、检察信息宣传、检察综合文稿等相关工作。而无论在哪个部门工作，我始终本着尽心尽力、认真负责、谦虚谨慎的工作态度，恪尽职守，尽责履职，取得了一定的工作成绩。理论研究成果频频获奖发表，为单位多次争得先进集体；综合文稿质量好，得到领导同事的广泛好评；为人处世、待人接物赢得广大基层干部、群众的普遍认可；自己也从中积累了工作经验，提升了综合能力，增长了社会阅历，丰富了人生经历，结识了新的朋友。在此，感谢领导同事的理解和支持、关心和帮助，也感谢组织的培养。

十年来，学习上，我追求优秀。坚持"活到老、学到老"的理念，潜心向学，坚持学习，其间，一次性通过全国统一在职法硕联考，考上了广西师范大学的法律硕士，并按时毕业，取得法律硕士学位。通过两年的法律硕士学习，不仅夯实了我的法学专业知识，还提升了我独立开展理论研究的能力，从中我也结识了一批师友。其间，坚持考博，在圆梦博道的路上，我坚持了四年，辗转天南地北，磕磕碰碰，最后于2021年顺利考上了兰州大学法学院的博士，进入了刘志坚教授的门下，结识了马天锋师兄、赵嘉玲师姐、王鑫圆、邓建华等同门兄弟姐妹。在此，感谢教育部"少干"计划、贵港市人才政策以及母校广西师范大学、兰州大学为我在职深造提供了平台、创造了条件。感谢我硕士生导师周世中教授的指导，感谢博士生导师刘志坚教授不看出身、不问来处、不分贵贱，将我收入门下，感谢圆梦博道的征程上，给予我支持、鼓励和帮助的广西师范大学的周世中教授、郭剑平教授、段海风教授、黄祖合副教授，广西民族大学的谢尚果校长、李远龙教授，玉林师范学院的许进杰教授，中国政法大学的柯华庆教授，广州大学的卢护锋教授，东南大学的杨登峰教授，西南财经大学的汤火箭教授，西南大学的张新民教授，华中师范大学的谭家超博士，南宁师范大学的杨剑锋博士，福建师范大学的吴长锦博士，青海省黄南藏族自治州泽库县人民检察院专职检委马连龙博士，湖南省郴州市中级人民法院执行局副局长陈建华博士……

十年来，生活上，我追求平凡。我一直都认为，生活才是人生全部，工作、学习都只是生活的一部分。因此，不管工作上怎样去追求进步、学习上怎样去追求优秀，其中得失，我都本着"得之坦然、失之淡然、顺其自然、争其必然"的心态去面对，而把更多的心思花在追求生活的平凡。这十年来，我既经历了"洞房花烛夜""金榜题名时""初为人父""乔迁新居"之喜，也经历了"子欲孝而亲不待"的丧亲之痛。与妻子师大校园相识、相知、相爱，恋爱七年，在没房没车、礼金还少的情况下，妻子愿意与我结婚，住在旧单位的宿舍里过小日子，并于结婚后的第二年生下女儿泽泽，泽泽没有爷爷奶奶的照顾和疼爱，只能由外公、外婆多帮衬。而患帕金森多年的母亲却在我和妻子领证之后，还未走完婚礼仪式之前就突然离世，我深感遗憾和愧疚；父亲自1998年和2010年两次摔坏脑袋后，留下后遗症，需人照顾，自和兄长一起到桂平新装修好的房子生活不到两年后，在我考上兰州大学博士刚到学校报到的第四天，也撒手西去，我亦感心痛和惭愧。兄长为照顾家里，牺牲太多，经历了结婚后又离婚，为方便照顾父亲一起来广西桂平生活工作至今还未另遇佳人，我们都为他着急……

人生在世，不如意事十之八九，唯有珍惜当下，珍惜眼前人。在此，感谢我的妻子湘，一路相亲相爱，相持相扶，不离不弃；感谢湘爸、湘妈、湘哥、湘嫂子的理解和支持；感谢兄长为照顾父亲所付出的一切；感谢一路走来给予我关心、支持和帮助的亲朋好友、兄弟姐妹、老师同学、领导同事们……

从检十年

寒窗苦读数十年，

建功立业浔江边。

相亲相爱理连枝，

相扶相随不羡仙。

在职考生求进步，

新生硕士返校园。

啼哭婴儿来世间，

初为人父喜笑颜。

后记

慈母仙逝留憾事，
孩儿不孝遵遗言。
债台高筑置广夏，
亲朋好友贺乔迁。
圆梦博道兰山下，
追风学子恩师怜。
父病多年子不易，
安然驾鹤上九天。
文以志业不忘本，
心怀感恩永向前。
十年从检志未改，
一生向学意志坚。
世事无常皆淡看，
唯愿余生梦能圆。

  写下以上文字，我抬头，望向窗外，春风吹过，千里陇原犹显苍凉，只待冰雪融化，万物复苏，草长莺飞，柳挂新翠，万紫千红，春光明媚……

  我的思绪飘向远方，遥想来年这个时候，能够像写完本书的后记一样顺利写完我的博士学位论文的致谢，那该有多好啊……

  路漫漫其修远兮，吾将上下而求索。革命尚未成功，同志仍需努力。我仍将以"得之坦然、失之淡然、顺其自然、争其必然"的心态，肩挑道义，笔走天涯，乐知明法，文以志业，追求优秀，守望晴空，心怀感恩，健康生活。

  谨以此书献给本就平凡，但是一直坚持努力、追求优秀、守望晴空的自己。

吴家文

2022 年 3 月 3 日于兰州大学积石堂